흉노(匈奴)

연(燕)

무종(無終)

대(代)　　계(薊)

중산(中山)

영수(靈壽)

제(齊)

이석(離石)　　형(刑)

임치(臨淄)　　기(紀)

진(晉)　　한단(邯鄲)

곡부(曲阜)　　비(費)

평양(平陽)　　위(衛)

거(莒)

조가(朝歌)　　조(曹)

노(魯)

황 해

곡옥(曲沃)　　성복(城濮)

등(滕)

안읍(安邑)

담(郯)

낙양(洛陽)　　정(鄭)

송(宋)

주(周)　　상구(商丘)

팽성(彭城)

함곡관

진(陳)

서(徐)

상(商)

종리(鐘離)

오(吳)

채(蔡)

수춘(壽春)

광릉(廣陵)

신(申)

성양(城陽)　　황(黃)

연릉(延陵)

등(鄧)　　당(唐)

고소(姑蘇)

수(隨)

육(六)

초(楚)

서(舒)

회계(會稽)

영(郢)

악(鄂)　　양쯔 강

월(越)

구(甌)

노자 도덕경

명쾌본

노자 도덕경

노자 지음 · 김원중 옮김

Humanist

일러두기

1. 이 책은 노자의 《도덕경道德經》을 완역한 것으로, 원문에 충실한 직역 위주로 작업하면서 매우 제한된 범위에서 의역을 곁들였다. 단, 《도덕경》은 주로 노자 개인의 사유의 집약체이고 운율이 있는 한 편의 시와 같으므로 그런 어감을 살려 감칠맛 나는 문장으로 번역하려 했다.

2. 이 책의 구성은 전체 해제와 81장의 번역문과 원문, 해설, 각주로 구성되었다. 각 장의 첫 구절을 제목으로 달아 독자들이 쉽게 내용을 찾을 수 있게 했다.

3. 《도덕경》은 판본상 상당한 논란거리가 있어 여러 책을 비교하여 차이 나는 대목을 바로잡는 작업을 거쳤음을 밝힌다. 통행본에 의거하면서도 한비자의 주석을 비롯하여 왕필본, 하상공본, 백서본, 영락대전본 등 대표적인 판본들과 비교 대조함으로써 적절한 자구와 번역어를 선택했으며 해당 각주를 통해 구체적인 사실을 명기했다. 특히 중요하다고 생각되는 경우 국내외 번역의 차이 등을 각주를 달아서 구체적으로 설명했다.

4. 본문에 나오는 주요한 노자의 사상과 자구 등을 중심으로 해설을 덧붙였고, 개념 설명이나 문장 서술을 통해 옮긴이의 독단과 감상이 개입되는 것을 경계했으며, 1장부터 81장까지 각 장의 상호 연관 관계에 특히 주목했다.

5. 번역문에서 대괄호 안의 문구는 내용 이해를 위해 옮긴이가 추가한 것이고, 소괄호 안의 내용은 해당 단어에 대한 간단한 설명으로 이 역시 독자의 이해를 돕기 위해 덧붙인 것이다. 이 책의 소제목은 기본적으로 노자의 첫 구의 번역문으로 달아놓았는데, 노자의 원의를 가장 정확히 전달할 수 있기 때문이다.

6. 특별한 경우를 제외하고는 본문의 한자를 참고할 수 있어 번역문에는 일일이 병기하지 않았다.

7. 찾아보기는 주요 개념어 등을 중심으로 작성했으며 노자 사유의 핵심 어휘를 망라하고자 했다.

서문

"도가 말해질 수 있으면 영원한 도가 아니다(道可道非常道)"라는 선언으로 노자老子의 이야기는 시작된다. 이는 역설과 도발의 언어다. 노자는 언어를 파괴함으로써 의미를 획득해나간 사상가로 알려져 있다.

《도덕경》은 겨우 5000여 글자에 불과할 정도로 짧다. 하지만 여기에 담긴 사유는 매우 심오하며 곱씹을수록 의미가 풍부해진다. 더 이상 덜어낼 수 없을 만큼 언어를 아꼈지만, 역설적으로 사유의 세계는 더 넓어졌고 더욱 강력한 보편성을 획득하게 되었다. 역설과 부정의 사유 체계가 하나의 방법론으로 이만큼 진가를 발휘하는 사례가 없기에 인류의 고전으로 자리매김한 듯하다.

나에게 노자의 사상은 신비로움 자체이고 거대한 산맥이었다. 노자는 접하면 접할수록 미궁으로 빠져들게 하는 묘한 매력을 지닌 사상가였다. 사마천司馬遷의 《사기史記》 〈노자한비열전老子韓非列傳〉을 읽으면서 노자와 공자孔子의 만남을 알게 되었고, 두 이질적인 사상가의 책인 《논어論語》와 《도덕경》을 비교해가며 읽어왔다. 또한 학위 논문을 쓰느라 종이가 닳도록 읽었던 《문심조룡文心雕龍》에도

"미언불신美言不信"을 비롯한 노자의 사유가 깊은 영향을 끼쳤다는 사실을 알 수 있었다. 그리하여 철학은 물론 문학과 미학 전반에 퍼져 있는 노자의 사유에 관심을 기울이게 되었다.

지난 16년 세월 동안《사기》완역 작업을 하면서 사마천의 사유에도 노자의 사상이 큰 버팀목이 되고 있다는 것을 알았다.《한비자韓非子》를 번역할 때도 누구보다 뛰어난 노자 주석가였던 한비자韓非子의 해석을 통해 노자의 진면목을 깨달을 수 있었다. 그러던 차에《사기》완역 이후 늘 마음속에 품어왔던《논어》와《도덕경》의 번역 작업에 착수하여 1년의 시간차를 두고 두 권을 선보이게 되었다.《도덕경》역시 오랫동안 읽어온 지라 생소한 텍스트는 아니었지만, 워낙 판본이 다양하고 해석이 분분한 대목이 많아서 일일이 비교하고 적절한 번역어를 선택하는 일이 결코 녹록지 않았다. 그래도 이렇게 결과물을 내놓게 되어 무척 다행스럽게 생각한다.

책의 구성은 번역문에 이어 원문이 붙고, 다시 해설과 각주로 이어지는 기존 원칙을 따랐다. 해설은 본문의 중요한 개념이나 쉽게 이해할 수 없는 문장의 의미를 분명히 하는 데 초점을 맞췄으며 단어에 대한 보충 설명도 곁들이려고 했다. 그 과정에서 사상적이고 철학적인 해석을 하기보다는 원전이 말하는 바를 간취하고 명확한 우리말로 옮겨서 독자들이 직접 음미하고 사유할 수 있게 하는 데 역점을 두었다. 이 때문에 가능하면 주관적인 해설을 줄이고 자구의 정확한 의미와 문맥에 따른 의미, 앞뒤 장의 연관 관계 등에 중점을 두고 풀이했다. 더러는 한비자의 주석을 비롯하여 노자의 사유에 어울리는 해석의 사례들을 넣기도 했다. 거친 해설로 오히려 고전의 진면목을 훼손하는 어리석음을 범하지 않으려고 노력했다.

다만《도덕경》은 판본상 이설이 상당히 많아서 일정 부분 교감(같은 종류의 여러 책을 비교하여 차이 나는 것들을 바로잡음)을 거쳤다. 물론 가장 널리 읽히는 통행본에 의거하면서도 한비자의 주석을 비롯하여 왕필본, 하상공본, 백서본, 영락대전본 등 대표적인 판본들과 비교 대조함으로써 적절한 자구를 선택하고자 했다. 판본들의 글자가 서로 다를 때 앞뒤 문맥과 문자학적, 문헌학적 의미 등을 종합해 판단을 내렸다는 말이다. 그 구체적인 내용은 본문에 이어지는 각주로 독자들이 확인할 수 있게 했다. 더러 미묘한 해석의 차이를 보이는 경우, 대표적인 해석들을 거론하여 왜《도덕경》에 다양한 해석본이 있을 수밖에 없는가를 두고 독자와 함께 고민하고 싶었다.

《도덕경》을 우리말로 옮기면서 이번에도 번역의 어려움을 절감했다. 노자의 사유를 21세기 오늘에 그대로 재현한다는 것은 어찌 보면 무모하고 필자의 능력을 넘어서는 일이기 때문이다. 나라 안팎에 내로라하는 번역서가 다수 있고 뛰어난 학자들의 연구가 많아 매우 조심스러웠지만, 나의 다른 고전 번역 작업과 마찬가지로 내가 가장 큰 원칙으로 삼는 '가독성'을 염두에 두고 작업했다.《도덕경》은 노자의 일관된 사상이 펼쳐진 철학서이자 동시에 운율을 갖춘 여든한 편의 시와도 같기 때문에, 한 문장 한 단어의 깊이와 결을 살려 번역하는 데 공을 들였다.

특히 이번 전면 개정판에서는 번역문을 좀 더 세밀하게 검토하여 가다듬었으며, 본문의 해설도 적지 않게 보완하고 수정하여 나름대로 노자의 원의에 접근하고자 노력했다.

시간이 갈수록 고전 번역과 연구는 내 삶의 모든 것이 되어버린 듯하다. 새벽에 일어나, 잠자는 시간을 빼면 하루의 거의 모든 시간을 고전 속에서 살아왔다. 이 책의 서문을 쓰는 이 순간도 예외가 아니다. 노자는 당면한 현실적 문제를 직시하면서도, 공자와 마찬가지로 시대를 거스르면서 그 어떤 사상가보다도 날카로운 통찰력을 발휘하며 사유의 지평을 확장했다. 세상은 시대의 조류와는 일정한 거리를 두고 살다 간 자들에 의해 더욱더 살 만하게 바뀌어간다는 사실을 새삼 느낄 수 있었다.

고전을 사랑하는 이 시대의 독자들에게 바란다. 노자가 그토록 싫어하고 해체하고자 했던 당대의 문제들이 무엇인지 생각해보면서, 그가 되뇌었던 아픔의 언어들을 한 글자씩 음미해보았으면 한다. 느리게 아주 천천히 곱씹어보면서 노자 사유의 깊은 차원과 접속해 뜨거운 감동을 느껴보기 바란다.

2018년 8월
죽전의 연구실에서
김원중 적다

차 례

상편 도경道經

해제

노자는 누구인가?

주周나라가 몰락하고 제후국들이 점차 강대해졌다. 천자의 질서가 유명무실해지면서 정치적 분열과 도덕적 위기가 생겨났고, 먹고사는 문제가 더욱더 절박해졌다. 패권주의가 난무하는 살풍경한 시대에 수많은 사상가가 온갖 논리로 제후들을 설득하려 했으니, 이른바 춘추전국시대 백가쟁명의 장이 열린 것이다.

노자의 무위無爲와 공자의 덕치德治는 비주류에 머물러야 했으나 이 둘의 관계 역시 물과 숯처럼 서로를 용납하기 어려울 만큼 간극이 있었다. 노자는 주나라의 덕德이 무너지고 세계가 제각기 찢겨나가는 것을 바라보았다. 모든 제후와 신하가 욕망을 채우려고 앞다투어 광분하는 모습, 교묘한 언설로 상대를 속이고 자기 자신을 기만하는 행위들을 보면서 노자는 세상의 도道와 덕德을 회복해야 한다고 생각했다.

노자는 주나라의 장서藏書를 관리하던 사관史官으로 알려졌다. 그의 삶은 예나 지금이나 신비롭기 그지없다. 전한前漢 한무제 시기의 사마천에게도 노자는 아득한 옛 시대의 인물이었다. 그래도 노자의 사적을 정식으로 기록한 역사서는 바로 사마천의 《사기》다. 그에 따르면 노자는 초나라 사람으로 성은 "이씨李氏, 이름은 이耳, 자는 백양伯陽, 시호는 담聃이다. 그는 주나라의 장서를 관리하는 사관이 었다."(사마천, 《사기》〈노자한비열전〉) 그런데 문제는 노자가 '이씨李氏' 라는 사마천의 말을 과연 믿을 수 있는가 하는 점이다. 고증학자들 은 춘추시대에 이씨란 성이 없었다고 지적한다. 전국시대에 이르러 서야 비로소 이씨 성이 등장하니 '노老'가 '이李'로 와전되었다는 게 통설이다. 상식적으로 따져보더라도 《좌전》의 노좌老佐나 노기老祁, 《논어》의 노팽老彭이나 《사기》에 인용된 노래자老萊子 등 이씨 성은 없고 노씨 성이 많은 것을 보면 분명 사마천의 '이씨설'에는 논란의 소지가 상당히 많다.

그리고 주목할 점은 공자, 묵자墨子, 장자莊子, 순자荀子 등 제자백 가들이 모두 자신의 성 뒤에 '자子'를 붙였다는 것이다. 노자 역시 자신의 성인 노老에 자子를 붙였을 것이다. 유독 노자의 성만 '이'라 는 것은 설득력이 부족하다. 따라서 노자의 성명은 노담老聃이라는 설이 맞을 개연성이 높다. 당시 '노老'와 '이李'가 음이 유사해 오독 되었을 가능성이 있다고 보는 설 역시 설득력이 있다.

노자가 언제 태어났고 언제 죽었는가의 문제는 확실하게 고증하 기 어렵다. 대체로 공자와 같은 시대에 태어났다는 데 학자들은 동

의한다. 사마천은 노자가 160세 혹은 200여 세까지 살았다고 기록
했는데 그대로 믿기는 어렵다. 사마천 역시 전해지는 설을 기록하면
서도 의문을 품고 '대체로'라는 의미의 '개蓋'와 '아마도'라는 의미의
'혹或', 두 글자를 통해 자신의 관점을 은연중에 드러내고 있다. 후
스胡適는 최초의 중국 철학사로 분류되는《중국철학사대강中國哲學史
大綱》에서 "노자가 장수를 누렸지만, 많아봐야 90여 세를 넘기지 않
았을 것이다"라고 했다.

　우리가 흥미롭게 눈여겨볼 대목은 사마천이 〈노자한비열전〉에
공자가 노자에게 예禮를 물으러 왔다고 기록했다는 사실이다. 즉
이 둘의 만남을 기록하며 사마천은 공자보다 노자가 연배가 높고
더 고차원의 철학적 경지에 이르렀다고 높이 평가한다.

　당신이 말하는 사람들은 뼈가 이미 썩어 없어지고 오직 그들의 말
만이 남아 있을 뿐이오. 또 군자는 때를 만나면 달려가지만, 때를 만
나지 못하면 쑥처럼 이리저리 떠도는 모습이 되오. 내가 듣건대 훌륭
한 상인은 [물건을] 깊숙이 숨겨두어 텅 빈 것처럼 보이게 하고, 군자
는 아름다운 덕을 지니고 있지만 모양새는 어리석은 것처럼 보인다고
하였소. 그대의 교만과 지나친 욕망, 위선적인 모습과 지나친 야심을
버리시오. 이러한 것들은 그대 자신에게 아무런 도움도 되지 않소. 내
가 그대에게 알려주는 까닭은 이와 같기 때문이오.(사마천, 김원중 역,《사
기》〈노자한비열전〉)

인용문에서 보듯 사마천의 기록은 노자가 공자에게 해준 충고이지, 공자와 노자가 나눈 진지한 담론이 아니다. 공자는 일방적으로 노자에게 면박을 당했다. 부질없이 떠돌아다니는 공자를 보면서 노자는 "그대의 교만과 지나친 욕망, 위선적인 모습과 지나친 야심을 버리시오"라며 공자를 나무라고 있는 것이다. 실로 당대 최고의 사상가요 수많은 제자를 거느린 공자는 노자를 만나고 돌아와 제자들에게 이렇게 말했다.

나는 새는 잘 난다는 것을 알고, 물고기는 헤엄을 잘 친다는 것을 알며, 짐승은 잘 달린다는 것을 안다. 달리는 짐승은 그물을 쳐서 잡을 수 있고, 헤엄치는 물고기는 낚시를 드리워 낚을 수 있고, 나는 새는 화살을 쏘아 잡을 수 있다. 그러나 용이 어떻게 바람과 구름을 타고 하늘로 올라가는지 나는 알 수 없다. 오늘 나는 노자를 만났는데 그는 마치 용 같은 존재였다.(사마천, 앞의 책)

공자는 노자를 영험한 존재로 칭송하고 심지어 용과 같은 존재라고 말한다. 이것은 노자의 삶이 이성적이고 합리적인 눈으로 볼 때 납득하기도 설명하기도 어렵다는 불만의 표시이기도 하다. 사마천은 《사기》에서 〈공자세가〉 〈중니제자열전〉 〈맹자순경열전〉 〈유림열전〉 등 무려 네 편을 통해 유학자와 유학을 다뤘지만, 노자와 장자 등 도가를 다룬 편은 〈노자한비열전〉뿐이다. 편 수는 유가에 많이 할애했지만, 우리는 사마천의 사상적 뿌리가 분명 도가 계열이고 황로黃老사상에 있다는 것을 안다. 황로사상이란 전설상의 황제인 황제黃帝와 도가의 창시자 노자의 사유를 신봉하는 것으로 법가와 도가를 융합한 사상이기도 하다. 그래서 노자를 단 한 번 등장시키면서도 그토록 강렬한 메시지를 던진 것 같다.

노자가 보기에 예禮란 허식이요 조급하게 살아가게 되는 원인을 제공한다. 예는 감정을 겉으로 드러내는 방법이고, 의로움을 꾸미는 수단이다. 군주와 신하, 아버지와 아들 간의 관계를 정하고, 귀함과 천함, 현명함과 어리석음을 분별하는 수단이다. 좋게 보면 사회를 유지하는 질서의 기초이지만, 나쁘게 보면 허례와 허식일 수도 있다. 노자가 보기에 예는 꾸밈이고 거짓이었다. 혹은 그렇게 귀결될 수밖에 없는 성질을 지녔다. 그래서 그는 공자에게 "훌륭한 상인은 [물건을] 깊숙이 숨겨두어 텅 빈 것처럼 보이게 하고, 군자는 아름다운 덕을 지니고 있지만 모양새는 어리석은 것처럼 보인다고 하였소"라고 충고했다.

그러므로 우리는 노자가 왜 유가의 중요한 가치인 예를 가장 낮은 단계로 밀어냈는지 알 수 있다. 대신 노자는 예의 자리에 도道를 두었다. 이에 대한 사마천의 총평은 이렇다. "노자가 귀하게 생각하는 도는 허무虛無이고, 자연을 따르며 무위無爲 속에서도 다양하게 변하는 것이다. 그러므로 그가 지은 책은 말이 미묘하여 이해하기 어렵다."(사마천, 앞의 책)

《도덕경》이라는 책

2500여 년의 시간을 넘어 빛나는 노자의 사유는 특유의 모순어법 때문에 언제나 알 듯 모를 듯하다. 세상의 대립과 모순을 역설적인 언어로 설명해내는 방식을 취하고 있는 그의 문장은 대단히 신비스러운 아우라에 싸여 있다.

《도덕경》이 경서經書로 분류된 것은 기원전 2세기경인 한나라 경제景帝 때의 일이다. 송나라 이방은 《태평어람太平御覽》 권191에 양웅揚雄의 〈촉왕본기蜀王本紀〉를 인용해 "노자는 관령 윤희를 위하여 도덕경을 지었다(老子爲關尹喜著道德經)"고 했는데, 이는 노자가 지은 이 책을 《도덕경》이라고 칭한 최초의 자료다. 이 《도덕경》은 상편 1장 "도가도, 비상도"의 "도道"와 하편 1장 "상덕부덕上德不德"의 "덕德"을 합쳐 만든 명칭이다. 즉 애초에 《도덕경》이라는 이름으로 지은 책이 아니라 후대에 《도덕경》으로 불리게 됐다는 말이다. 이 노자의 저술은 세월이 흐르면서 차츰 《노자》로 불리다가 오늘날 주로 《도덕경》이란 제목으로 자리 잡게 되었다.

현재의 81장본은 왕필王弼(226~249)과 하상공河上公의 판본에 의거하여 상편 도경道經 37장, 하편 덕경德經 44장으로 구성된다. 하상공본에는 "체도제일體道第一" "양신제이養身第二" 등 각 장의 서두에 두 글자의 표제가 있다. 이는 하상공이 주관적으로 붙인 것이지 노자의 본래 의도에 부합하는 것은 아니다. 왕필과 하상공 이후 주석가들이 끊임없이 《도덕경》을 분류하고 재분류했으나 대체로 81장으로 구성되고 이에 대한 이설은 거의 없다.

《도덕경》에 최초로 주석을 단 이는 한비자였다. 법가에 속하는 한비자는 노자의 영향을 많이 받아 〈해로解老〉와 〈유로喩老〉라는 장문의 해설을 통해 예리하게 노자 텍스트를 재해석했다. 다소 억지스러운 법가의 시각도 개입돼 있는 이 해설이 신빙성 있는 최초의 주석이라는 데는 이설이 없다.

그 후 왕필, 하상공의 주석본이 위진 시대 이래 유행했고, 당나라 초기의 위징魏徵(580~643)의 《하군서치요河群書治要》는 하상공본을 저본으로 했으며, 육덕명陸德明(556~627), 부혁傅奕(554~639)은 하상공본을 부정하고 왕필본을 저본으로 삼았다.[1] 송나라 이후에는 오히려 왕필본이 하상공본을 대체하게 되었다. 송대의 범응원范應元은 《노자고본집주老子古本集注》를 통해 다양한 주석을 비교하면서 번역사를 고증했다. 이후 판본의 역사에서는 특이한 점이 없었는데, 현대에 들어와 고고학 발굴이 이뤄지면서 판본을 둘러싼 논의에 새 장을 열었다. 1973년에 발견된 마왕퇴 백서본과 1993년에 발견된 곽점노자본 등이 노자 연구의 새 역사를 열었다.

1950년대 이후 《도덕경》 연구의 방향은 노자라는 인물과 책의 성

---

1) Rudolf G. Wagner, *A Chinese Readingofthe Daodejing-Wang Bi's Commentary on the Laozi with Critical Text and Translation*, State University of New York Press, 2003, pp. 3~4.

격, 노자의 세계관 및 사상 등으로 가닥을 잡았다.《노자평전老子評傳》의 저자 쉬캉성許抗生 교수의 지적처럼《논어》와는 달리《도덕경》은 한 사람이 지은 책이다. 몇몇 자구는 후학의 증보를 거쳤으나 기본적으로 한 사람의 저작이라는 사실을 뒤집지는 못한다. 노자 특유의 문장을 구사(부유夫唯, 시이是以 등)한 대목이 책 전체에서 일관되게 발견된다는 점을 근거로 들었다. 이런 문장으로 추정컨대 노자는 선비 계층에서 중인中人 정도에 속한 지식인으로 보인다.

또 하나 주목할 점은 노자가 당시 통치 계층에 대해 상당한 불만을 토로했다는 점이다. "백성들은 더욱 가난해지고, 백성들이 이로운 기물을 많이 갖게 되면(人多伎巧, 奇物滋起)"(57장)이라는 구절이나, "얻기 어려운 재화를 귀하게 여기지 않아야 백성이 도둑질하지 않게 하며(不貴難得之貨, 使民不爲盜)"(3장)라는 구절 등이 그렇다. 노자가 상업을 반대하고 고고한 삶을 살려고 노력한 선비라고 추론할 수 있는 구절은 이외에도 많다.

사마천은 노자가 책을 상上·하下 편으로 만들었고, 각 편에 도道 자와 덕德 자를 붙였으며 분량은 5000여 글자라고 분명히 기록했다. 이것은 현재 통행되는 책과 부합되어 의문의 여지가 없다. 그러나 이에 대해 의심하는 사람도 있었다. 어떤 이들은 노자의《도덕경》이 태사담의 작품이며 장자의 제자들이 지었다고 했고, 혹자는 여불위의 문객들이 편집했다고도 했다. 이외에도 많은 이설이 제기되었지만 아직 사마천의 기록이 보여주는 신빙성을 뛰어넘는 주장은 없다.

보통 5000자라고 하지만 《도덕경》의 실제 글자 수는 5200여 자다. 현재까지 이 책에 대한 주석서는 한나라 때부터 근대에 이르기까지 무려 283종이나 되고, 원본이 유실되고 목록만 남은 주석서도 300여 종이나 된다. 이와 관련된 논문은 어림잡아 3000여 편으로 추산된다.

노자의 말은 애초에 죽백竹帛에 기록되었는데, 사마천에 따르면 노자는 관령 윤희尹喜를 위해 이 글을 지어주고 주나라를 떠났다. 위페이린余培林은 《도덕경》도 《논어》와 《묵자》처럼 제자들이 지었을 것이라고 추론했는데, 나는 이런 가설에 동의하지 않는다. 중요한 근거는 《논어》 등과 달리 《도덕경》에는 '노자왈老子曰'이라는 서두가 없다는 것이다.

장자 역시 자신의 책에서 《도덕경》을 인용했으며, 앞에서 말했듯이 한비자도 자신의 저술에서 《도덕경》에 두 편을 할애하여 〈해로〉, 〈유로〉라고 명명하고는 상세한 주석을 붙였다. 물론 이들이 인용한 부분은 현재의 《도덕경》과 차이가 없다. 중요한 것은 《도덕경》 전체가 일관되고 유기적으로 구성된 저술이라는 사실인데, 이러한 체계성은 공동 집필이나 선별 엮음으로는 확보할 수가 없다.

이를 종합해 좀 더 구체적으로 살펴보면, 《도덕경》이 지어진 시기는 춘추시대 말엽이나 전국시대 초엽일 것이다. 노자는 공자와 비슷한 연배이거나 약간 연상이다. 이런 주장을 하는 학자로는 가오형高亨과 뤼전위呂振羽가 대표적이다. 또 다른 학자는 노자와 공자가 동시대인이지만, 노자라는 사람과 저술은 별도로 다루어야 한다고 주장한다. 탕란唐蘭과 궈모뤄郭沫若가 대표적이다. 예를 들어 탕란은 이 책이 《묵자》나 《맹자》와 같은 시기에 지어졌다고 보며, 궈모뤄는 더 나아가 《도덕경》 상·하 편은 맹자와 동시대인인 초나라 사람 환연環淵이 수집해놓은 노자의 유훈을 노자의 재전 혹은 삼전 제자들이 정리했다고 주장한다.[2] 노자는 전국시대 사람이며 책도 전국시대에 저술되었다고 주장하는 이들도 있다. 량치차오梁啓初와 뤄건저羅根澤, 펑유란馮友蘭 등이 대표적이다. 그리고 구제강高頡剛은 《도덕경》이 진한秦漢 교체기에 지어졌다고 주장한다. 이는 《도덕경》이 저술된 시기를 《여씨춘추呂氏春秋》와 《회남자淮南子》 사이에 놓는 것이다.

이 가운데 가오형과 뤼전위의 설이 가장 믿을 만하다. 이와 관련해 주목할 점은 노자를 인용한 글들이 선진 시기의 전적에 많이 보인다는 사실이다. 또한 문체를 보더라도 전국시대에 나온 제자백가의 책들과 《도덕경》은 많이 다르다. 예컨대 《맹자》 《장자》 《순자》 《한비자》 등은 장편의 글이고 논리도 치밀하지만 장문長文의 글이라 번잡한 면도 있다. 그러나 《도덕경》의 문체는 대단히 간단명료

22

---

2) 《궈모뤄전집郭沫若全集》 역사편歷史編 제1권, 北京 人民文學出成社, 1982, 545쪽.

하고 명쾌하다. 오히려 《논어》와 비슷하다고 할 수 있다. 물론 《도덕경》에는 후인들이 집어넣은 문장도 있으니, "만승지주萬乘之主"(26장)라든지 "후왕侯王" 등은 분명 전국시대 이후 생겨난 단어들로 춘추시대 말엽에는 없었다.

　우리는 이 《노자 도덕경》을 읽으면서 노자가 도가를 집대성한 것이 아니고 창시했음을 알 수 있다. 쉬푸관徐復觀은 《중국인성론사中國人性論史》라는 명저에서 이렇게 말했다. "노자라는 책에는 성性 자가 전혀 나오지 않는다. 성 자는 전국시대 초기를 지나 유행하기 시작했다. 성 자는 《논어》에도 겨우 두 번 나올 뿐이다. 현재 통용되는 《도덕경》의 내용은 실질적으로 인성론에 가까운데 '성'이라는 글자가 전혀 나타나지 않는다. 이것은 《도덕경》이 전국시대 초기 이전에 성립되었다고 보아도 이상할 것이 없다는 이야기다."

노자의 사유 세계와 사상 체계

노자는 '도'와 '자연' 그리고 인생을 이야기했다. 거창하게 말해서 우주론, 인생론, 정치론을 두루 갖춘 텍스트가 바로 《노자 도덕경》이다. 노자의 모든 철학은 전적으로 '도'로 집약되며, 이는 노자 사유의 근간을 이룬다. 노자는 우주의 본질이 '도'이며 천지만물이 '도'로부터 탄생한다고 확신한다. '도'는 형상도 형체도 없는 황홀한 것으로 천하의 시작이자 만물의 어머니이며, 써도 다하지 않고 취해도 마르지 않는 불가사의한 힘이 있다.

그렇다면 도에 따르는 '덕德'은 무엇인가. '덕'은 '도'의 작용이며 '도'의 드러냄이다. 따라서 이 두 가지는 전체와 부분에 해당할 뿐 본질적인 차이는 없다. 만물은 '도'로 회귀하기 때문에 '도'가 무궁해야만 만물 역시 끊임없이 이어질 수 있다. '도'라는 본체의 운동이 순환 반복함으로써 우주만물도 자연스럽게 반복하며 멈추지 않는다.

또한 노자는 약한 곳에 처하고 부드러움을 지키는 것이 강함의 기초가 된다고 역설한다. 부드러움을 지키는 것은 '도'의 법칙을 따르는 것이니 강할 수밖에 없다. 여기서 '약弱'은 오늘날 통용되는 의미의 유약柔弱이 결코 아니다. 노자가 즐겨 사용한 '허虛' '정靜' '비卑' '하下' '곡曲' '왕枉' '자雌' '빈牝' '색嗇' '퇴退' 등의 단어는 '약'의 의미를 확장한 것으로 노자 사유의 주축이 된다.

노자의 사상은 쉽게 접근할 수 없는 묘한 매력이 있다. 일반인의 상식을 뛰어넘는 탁견과 풍부한 통찰력이 돋보인다. 이런 노자의 관점은 "고지도술古之道術"에서 나왔으니 고서와 고인들의 말 혹은 고적으로부터 추출해낸 것들이라는 뜻이다. 그는 주나라의 사관 출신이기에 여러 전적을 열람했을 테고 이로부터 얻어낸 바가 많을 것이다. 41장에서 말한 "건언建言"도 고대 이래 전해 내려온 요언要言 (절실하고 정묘한 말)으로 곧 "입언立言"과 같은 뜻으로 볼 수 있다. 69장에 나오는 "나는 감히 주체가 되기보다는 객체가 되어야 하고, 감히 한 치를 나아가기보다는 한 자를 물러서야 한다(吾不敢爲主而爲客, 不敢 進寸而退尺)"라는 구절 역시 고대의 병법서에서 따온 것이다. 노자는 말한다.

> 그러므로 성인은 말한다. "내가 하는 일을 없애니 백성이 저절로 교화되고, 내가 고요함을 좋아하니 백성이 저절로 올바르게 되며, 내가 일거리를 만들지 않으니 백성이 저절로 부유해지고, 내가 욕심을 없애니 백성이 저절로 순박해진다(故聖人云, 我無爲而民自化, 我好靜而民自正, 我無事而民自富, 我無欲而民自樸).(57장)[3]

이제 《노자 도덕경》의 몇몇 핵심 구절을 살펴보기로 하자.

우선, '부드러움을 귀하게 여기고 약함을 숭상하다(貴柔尙弱)'이다. 이는 노자 사상의 가장 주목할 부분으로 당시 모계 씨족사회에서 그 연원을 찾아볼 수 있다. 《상서尙書》〈고요모皐陶謨〉에서 "부드러

---

3) 이런 예는 또 있으니, "이 때문에 성인은 [이렇게] 말한다. '나라의 치욕을 받아들이니 이를 사직의 주인이라 하고, 나라의 상서롭지 못한 일을 받아들이니 이를 천하의 왕이라고 한다'(是以聖人云, 受國之垢, 是謂社稷主, 受國不祥, 是謂天下王)."(78장) 또 "옛날에 이르기를 '굽으면 [도리어] 온전해지고'라고 한 것이 어찌 빈말이겠는가! 진실로 온전함으로 돌아가는 것이다(古之所謂, 曲則全者, 豈虛言哉, 誠全而歸之)"(22장)라는 문장이 그렇다. 이는 공자가 늘 말했던 "서술하되 짓지는 않는다(述而不作)"는 관점과도 맞닿아 있다.

우면 설 수 있다(柔而立)"고 말하며 '부드러움'이야말로 통치의 효율적인 수단이라고 했다. 그러니 유약이란 일종의 인품이며 그 특유의 기능이 있어 상주商周시대 이래 사람들이 중시하였다. 노자는 이렇게 말한다. "천하에서 지극히 부드러운 것이 천하에서 가장 단단한 것을 부린다(天下之至柔, 馳騁天下之至堅)."(43장) "사람이 살아 있을 때에는 부드럽고 연약하지만, 그가 죽게 되면 딱딱하고 굳어버린다. 만물이나 초목이 살아 있을 때에는 부드럽고 여리지만 그들이 죽게 되면 마르고 시들게 된다. 그러므로 딱딱하고 굳어버린 것은 죽음의 무리이고, 부드럽고 연약한 것은 삶의 무리이다(人之生也柔弱, 其死也堅强, 萬物草木之生也柔脆, 其死也枯槁. 故堅强者死之徒, 柔弱者生之徒)."(76장)

그다음은 '겸손하고 다투지 않는다(謙下不爭)'이다. 이는 일종의 미덕이요 처세의 원칙과 방법이다. 노자가 생각하기에 높은 자리에 있건 낮은 자리에 있건 정도의 차이는 있을지언정 겸손한 인품이 가장 중요하다. 그 유명한 "최고의 선은 물과 같다. 물은 만물을 아주 이롭게 하면서도 다투지 않고, 모든 사람이 싫어하는 곳에 머물고 있으므로 도에 가깝다(上善若水. 水善利萬物而不爭, 處衆人之所惡, 故幾於道)"(8장), "귀함이란 천한 것을 뿌리로 삼고, 높음이란 낮은 것을 기초로 삼는다. 이 때문에 후왕은 스스로를 고孤(외로운 자), 과寡(덕이 부족한 자), 불곡不穀(선하지 않은 자)이라 했으니 이것은 천함을 근본으로 삼는 것이 아니겠는가? 그렇지 아니한가?(貴以賤爲本, 高以下爲基, 是以侯王自謂孤寡不穀, 此非以賤爲本邪非乎)"(39장) 등은 이를 말한다. 혹은

"큰 나라는 낮은 곳으로 흐르니, 천하가 만나는 곳이요, 천하가 〔귀의하는〕 암컷이 된다(大國者下流, 天下之交, 天下之牝)"(61장), "장수 노릇을 잘하는 자는 무용을 뽐내지 않고, 싸움을 잘하는 자는 노여워하지 않으며, 적을 잘 이기는 자는 다투지 않고, 사람을 잘 부리는 자는 그보다 낮춘다. 이것을 다투지 않는 덕이라 하고(善爲士者不武, 善戰者不怒, 善勝敵者不與, 善用人者爲之下. 是謂不爭之德)"(68장) 등을 들 수 있다.

물론 이런 노자의 사유는 《상서》〈대우모大禹謨〉 편에 나온 "자만은 손해를 불러오고, 겸손은 이익을 거두게 된다(滿招損, 謙受益)"는 말을 떠올리게 한다. 이런 겸허함으로 인해 다툼은 쓸데없이 만용을 부린 결과에 불과하게 된다. 이런 이치는 "하늘의 도(天之道)"(73장)이기도 하다. 또 하나 거론하자면 바로 '취하고자 한다면 〔먼저〕 주어라(欲取與之)'(36장 참조)라는 책략이다. 어찌 보면 이 말은 다투지 않는 것을 최상의 다툼으로 삼은 노자의 사고와 맞닿아 있다. 노자는 말한다.

오므라들게 하려면 반드시 잠시 펴줘야 하고, 약하게 하려고 하면 반드시 잠시 강하게 해줘야 하며, 없애고자 하면 반드시 잠시 일으켜 줘야 하고, 빼앗으려고 하면 반드시 잠시 줘야만 하니, 이것을 '미명微明 (보이지 않는 총명 혹은 은미한 밝음)'이라고 한다(將欲歙之, 必固張之, 將欲弱之, 必固強之, 將欲廢之, 必固興之, 將欲奪之, 必固與之, 是謂微明). (36장)

이처럼 고도로 계산된 책략은 적지 않은 사람들의 호응을 얻어 한 비자 같은 법가도 그 특유의 논지로 재해석했다. 이런 관점은 9장에 나오는 "공이 이루어지면 자신이 물러나는 것이 하늘의 이치다(功遂 身退, 天之道)" 같은 사고와 크게 다르지 않다.

또 하나 중요한 구절은 바로 "도는 스스로 그러함을 본받는다(道 法自然)"(25장)이다. 노자 철학은 '도'를 기초로 삼지만 그 정신은 오히려 '자연自然'에 근거를 두고 있다. 노자 인생론은 자연을 근본으로 하며, 우주론 역시 자연을 모범으로 삼는다. 그러므로 노자 철학은 곧 자연철학이라고 말할 수 있다. 물론 '도'가 또 다른 측면에서 '자연'이라는 점을 부인할 수는 없다.

'자연'이 '도'의 정신이 머무는 곳이라면, '도'가 가장 구체화된 것이 '허虛'이고 '유柔'다. 그리고 '도'와 '덕'은 만물의 추앙을 받지만, 늘 자연 덕분에 존재한다. 따라서 '도'와 '덕'의 가치는 '자연'으로 귀속되지 않으면 본래 의미를 획득하지 못한다.

노자는 정치도 당연히 '스스로 그러함'에 입각해야 한다고 주장한다. 23장의 "희언자연希言自然"은 이를 집약한 구절인데, 형벌과 금령을 많이 만들지 말고 내버려두라는 것이다. 위정자의 모습이 보이지 않을 때 백성은 자연스러움을 느껴 편안해지고, 통치 행위 역시 순조로워진다. 사람이든 땅이든 하늘이든 도이든 모두 자연을 으뜸으로 삼아야만 한다. 그러므로 우리는 '자연'이라는 글자에 노자 철학의 핵심이 응축돼 있다고 말할 수 있는 것이다.

도경道經

1장 도가 말해질 수 있으면

도가 말해질 수 있으면 영원한 도가 아니다. 이름이 이름 지어질 수 있으면 영원한 이름이 아니다.

없음(無)은 천지의 시작을 이름 짓는 것이고, 있음(有)은 만물의 어머니를 이름 짓는 것이다.

그러므로 영원한 없음으로 그 미묘함을 보고자 하고, 영원한 있음으로 그 귀결점을 보려고 한다.

이 둘은 같은 곳에서 나왔으나 이름을 달리하므로 그것을 함께 현묘함이라고 일컫는다. [따라서] 현묘하고 또 현묘하여 온갖 미묘한 것들이 드나드는 문이다.

道可道, 非常[1]道. 名可名, 非常名.

無, 名天地之始. 有, 名萬物[2]之母.

故常無, 欲以觀其妙. 常有, 欲以觀其徼[3].

---

1) "상상常常"은 '영원한'이란 뜻이며 여기에 내포된 의미는 '편중되지 않는' '치우치지 않는'이다.

2) "만물萬物"은 노자가 자연自然보다 더 즐겨 사용하는 핵심 개념이다. "만물작언이불사萬物作焉而不辭"(2장), "수선리만물이부쟁水善利萬物而不爭"(8장), "의양만물이불위주衣養萬物而不爲主"(34장), "만물시지이생이불사萬物恃之而生而不辭"(34장), "천하만물생어유天下萬物生於有"(40장), "만물부음이포양萬物負陰而抱陽"(42장) 등을 보면 알 수 있듯 노자는 "만물"을 자연 개념만큼이나 많이 사용한다.

3) 왕안석王安石의 견해에 의하여 구두점을 찍은 것이다. 이와 반대로 왕필의 《노자주老子注》와 하상공의 《노자장구老子章句》 등에서는 "故常無欲, 以觀其妙. 常有欲, 以觀其徼"라고 구두점을 찍으나 필자는 이를 취하지 않았다. 이 문장에서 "요徼"는 바로 앞의 "묘妙"와 대비되는 것으로 '귀결점'이란 뜻이다. 바깥의 현상세계를 포괄한다는 의미로 보면 무난하다.

此兩者[4], 同出而異名, 同謂之玄. 玄之又玄[5], 衆妙之門[6].

【해설】

첫 장은 노자 사상의 총론 혹은 골격에 해당한다. 첫머리 여섯 글자를 통해 노자는 '도道'와 '물物', '물物'과 '명名', 그리고 '인人'과 '물物'의 관계 설정에 고심하면서 이름 짓기가 절대적인 기준이 될 수 있으며, 오히려 대상의 본질을 해칠 수 있다고 말한다. 첫 여섯 글자가 전체의 강령에 해당하는데, 한대漢代의 주석가 왕필은 "말할 수 있는 도와 이름 지을 수 있는 이름은 어떤 형체를 가리킬 뿐 영원한 것이 아니다(可道之道, 可名之名, 指事造形, 非其常也)"라고 주를 달았다. "도가도, 비상도"에서 첫 번째 "도道"는 명사로서 한비자의 주석처럼 "만물의 그러함(萬物之所然)"(《한비자》〈해로[7]〉)을 말하니 이는 천지만물의 본원本源이란 의미이고, 두 번째 "도"는 동사로서 '말하다'라

32
—

---

4) "양자兩者"는 '무無'와 '유有'를 가리키는 것으로 봐야 한다. 왕필은 '시始'와 '모母'를 가리킨다고 보았고, 하상공은 '유욕有欲'과 '무욕無欲'을 가리킨다고 보았으나 1장의 전반적인 맥락에서 볼 때 이들이 노자의 본의에 접근했다고 보기는 어렵다.

5) "현지우현玄之又玄"에서 "지之"는 곧 '이而'로서 순접을 나타내는 허사다.

6) "중묘지문衆妙之門"은 '도道'를 가리키며, 모든 미묘한 이치와 변화의 문이라는 의미다.

7) "해로解老"란 《노자》를 해석하다, 즉 노자의 《도덕경》을 한비자가 나름대로 풀이한다는 말이다. 이 편은 현존하는 《도덕경》 해석본 가운데 가장 오래된 문헌이라는 점에서 가치가 있으며, 뒤이어 나오는 〈유로〉 편과 자매 관계다. 원래 노자는 도가의 창시자로서 '무위자연無爲自然'을 근본 사상으로 하는데 한비자의 사상은 법치에 있으므로 양자는 상극관계다. 그런데도 한비자가 이 편을 둔 데는 중요한 의미가 있다. 한비자는 '도道'와 '리理'의 철학 범주 및 양자의 관계, 곧 일반규율과 특수규율의 관계에 대해 고찰했다. 그는 사물의 변화는 '리'와 상응하는 '도'가 때에 따라 변화하기 때문에 정해진 관례가 있을 수 없다고 했다. 그리고 '화복상생禍福相生'을 검토함으로써 모든 사물이 서로 돌아가며 변화하는 조건과 과정을 밝혔다. 이후 '화복상생'의 논리를 엄중한 형벌을 강조하는 자신의 법치 사상으로 정착시켰다.

는 뜻이며, 마지막 "도"는 명사로 쓰였다.[8]

노자는 도道를 제외한 만물을 상대적인 것으로 간주했으니, 의식작용에 의해 개념화되고 고정화된 현상계 또한 개별적이고 저차원적이며 항상 변화무쌍한 상대적 세계이다. 노자는 이런 상대적 세계를 "유명有名"의 세계라 불렀으며, 이 차별적이고 유한적인 세계 인식은 인식주관이 대상 사물을 의식 속에 표상함으로써 이뤄진다. 즉 모든 경험적 세계의 인식은 그 절대성에 대한 인식이 아니며, 이를 한정하고 분별해서 개념화, 의미화하는 것에 불과하다.

그런데 표현이 불가능함을 강조한 노자의 말은 '도道' 역시 부득이하게 언어에 의해서만 밝혀지고 설명될 수밖에 없다는 역설로 이해해야 한다. 왜냐하면 노자 자신이 표현 불가능한 진정한 '도道'를 표현하기 위해 글을 남겼기 때문이다. 비자연적 존재인 인간의 작위는 현상의 부분만을 포착하는 불완전한 인식과 만족할 줄 모르는 무절제한 욕구에 그 근거를 두고 있기 때문에 스스로 그러한 "자연自然"과는 정면으로 대립된다.[9] 노자는 형이하학적인 언어

---

8) 물론 왕필보다 더 분명한 주석을 내놓은 이는 한비자였다. 한비자의 관점은 이러하다. "무릇 만물이 한때 존재했다가 한때 사라지고, 문득 죽었다가 문득 태어나며, 처음에는 성했다가 이후에 쇠하는 것은 영원함(常)이라고 할 수 없다. 오직 천지개벽과 함께 생겨나서 천지와 함께 소멸할 때까지 죽지 않고 쇠하지 않는 것을 영원함이라고 한다. 영원함은 바뀌는 바도 없고 정해진 이치도 없다. 정해진 이치가 없으므로 일정한 곳에 있지 않기 때문에 도라고 말할 수 없는 것이다. 성인은 그것의 아득하고 허무한 면을 터득하고 두루 운행하는 원리에 기초해서 억지로 이름 붙여 도道라고 하였다. 그런 뒤에 논할 수 있었다. 그래서 말하였다. '도는 말할 수 있으면 영원한 도(常道)가 아니다.'(夫物之一存一亡, 乍死乍生, 初盛而後衰者, 不可謂常. 唯夫與天地之剖判也俱生, 至天地之消散也不死不衰者謂常. 而常者, 無攸易, 無定理. 無定理, 非在於常, 是以不可道也. 聖人觀其玄虛, 用其周行, 强字之曰'道', 然而可論. 故曰, '道之可道, 非常道也').(한비자, 《한비자韓非子》〈해로〉(김원중 옮김, 《한비자》, 휴머니스트, 303쪽)〕

로 최고의 형이상학인 '도'를 함부로 재단할 수 없다고 본다. 노자
는 언어 회의론자임이 분명하다. 이는《장자》에 나오는 "망언지인忘
言之人", 즉 말을 잊은 사람의 문제 혹은 알아도 말하지 않는 "지이불
언知而不言"(《장자》〈열어구列禦寇〉)의 문제로 확장된다. 단순히 언어의
소통 차원을 훌쩍 벗어나 노자는 언어의 침묵을 요구하고 있다. 물
론 그렇다고 해서 언어의 의미가 축소되는 것은 아니며, 오히려 더
확장된다.

원문의 "상무常無, 욕이관기묘欲以觀其妙"는 사물을 이러저러한 그
림이나 문자로 표현하지 않고 존재를 직접 파악하는 것을 말한다.
원문의 "묘妙"는 왕필의 해석대로 "지극한 은미함"을 일컫는다. 위
페이린은 "정묘하고 미묘하여 헤아릴 수 없음(精微莫測)"[10]이라고 풀
었다. 우리는 늘 하려는 바가 전혀 없는 가운데 만물 생성의 미묘함
을 살피라는 노자의 말을 음미해야 한다. "유有"는 많고 복잡한 세
계의 현상으로 물物의 세계에 속하고, "요徼"는 육덕명이《노자음의
老子音義》에서 단 주석처럼 '가장자리 변邊' 자와 같은 뜻으로 보면
"넓고 커서 사이가 없는 것(廣大無際)"으로 해석된다. 위페이린의 지
적처럼, 앞의 "묘妙"가 도의 본체인 무無를 지칭하는 반면 이 "요徼"
는 도의 작용인 '유有'를 가리킨다. 위페이린 또한 왕안석의 구두점
에 관한 주장을 받아들여 풀이했다. 그리고 "욕欲"은 인간의 호오好惡
감정에 의해 사물의 좋고 나쁨을 분별하는 입장에 따른 개념이 아
니라 현상계의 사물에 대한 지적인 의식지향을 말한다. 따라서 "상

9) 펑유란, 보드Derk Bodde 공저, 강재륜 역,《중국사상사中國思想史》, 일신사, 1983, 103쪽.
10) 위페이린,《노자독본老子讀本》, 三民書局, 1999, 2쪽.

유욕常有欲"의 태도로 실제 사물을 보는 것은 일체의 정의적情意的 요소가 개입되기 이전의 단순한 지적 태도를 가리키며 이는 경험적 인식의 태도라 할 수 있다.

따라서 '작위作爲'는 '자연自然'의 의미와 비교해보았을 때 그 뜻이 더욱 분명해진다. 그리고 맨 마지막 문장의 "현玄"은 이어서 나오는 "묘妙"와 상대적으로 쓰였다. 도는 '그윽하고 미묘하며 심원한[幽微深遠]' 것으로 이 "현玄"이라는 글자로 나타낸다. '현묘하다'라는 말의 의미는 확실하게 무엇이라고 이름을 붙일 수 없다, 다시 말해 신비스럽다는 의미로서 '도'의 개념과 기본적으로 상통하기 때문이다. 이 글자의 풀이말이 가리키는 색은 본래 적흑색에 가깝다.《주역周易》〈곤坤〉 괘를 보면 "하늘은 검고 땅은 누렇다[天玄而地黄]"는 구절이 나온다. 공영달孔穎達은 소疏에서 "하늘의 색은 검고, 땅의 색은 누렇다[天色玄, 地色黄]"라고 풀이했다. 이처럼 "현"은 하늘[天]을 가리키는 말로도 사용되었다. 하지만 그렇게 간단히 규정하고 넘어갈 수 없는 이유가 있다.《설문해자說文解字》를 보면 "현이란 그윽하고 먼 것[玄幽遠也]"이라고 나온다. 그윽하다[幽]는 말은 깊다[深]는 뜻이므로, "현玄"이란 깊고도 먼 것[深遠]이라는 의미를 두루 갖게 된다. 필자가 이렇게 번역한 것은 이 글자의 다양한 의미를 살리고자 했기 때문이다. 한편 왕필은 '현'을 만물의 시작일 뿐 아니라 어미[母]가 나오는 장소로 보았으며 절대적인 물아일체를 형용한 글자로 보았다.

이렇게 볼 때 노자의 "도가도, 비상도"는 의미에 간섭하는 언어, 중재하고 안내하는 언어의 기능을 근본적으로 부정하려는 의도로 서술한 것이다. 막대기를 물속에 집어넣으면 굽어져 보이는 이유는 바로 물이라는 물질이 간섭하기 때문이듯 언어 역시 존재를 표현할 경우 간섭하여 왜곡할 수밖에 없다는 것을 노자는 제대로 이해하고 있었던 것 같다. 언어가 존재의 파악을 가로막는 장애물이라는 시각은 언어의 본질을 정확하게 이해하고 있었기 때문이라고 할 수 있다.

1장을 2, 11, 40장과 함께 읽으면 '무'에 대한 노자의 견해를 좀 더 자세히 알 수 있다.

2장 세상 사람들이 모두 아름다운 것이 아름다운 줄만 알면

세상 사람들이 모두 아름다운 것이 아름다운 줄만 알면 이것은 추악한 것일 뿐이다.

[세상 사람들이] 모두 선한 것이 선한 줄만 알면 이것은 선하지 않은 것일 뿐이다.

그러므로 있음과 없음은 서로를 낳고, 어려움과 쉬움은 서로를 이루며, 길고 짧음은 서로를 비교하고, 높고 낮음은 서로를 기울며, 곡조(음악)와 소리는 서로 조화롭고, 앞과 뒤는 서로를 따른다. 이 때문에 성인은 무위無爲의 일에 머무르면서 말 없는 가르침을 행한다. 만물이 일어나도 [이렇다 저렇다] 말하지 않으며, 생겨나게 하고서도 [그것을] 소유하지 않으며, [무엇인가를] 해놓고도 뽐내지 않으며, 공을 이루고도 [거기에] 머물지 않는다.

머물러 있지 않기에 [공이] 떠나지 않는다.

天下¹⁾皆知²⁾美之爲美, 斯惡已, 皆知善之爲善, 斯不善已.

故有無相生, 難易相成, 長短相較, 高下相傾³⁾, 音聲⁴⁾相和, 前後相隨. 是以聖人⁵⁾處無爲之事, 行不言之敎.

萬物作焉而不辭⁶⁾. 生而不有, 爲而不恃⁷⁾, 功成而弗居.

---

1) "천하天下"를 "세상 사람들"이라고 옮겼다. 노자 연구자들은 대체로 이렇게 번역하는 것에 동의하고 있다.(최진석, 김학목) 그러나 13장에 나오는 "몸을 천하처럼 귀하게 여겨야 천하에 기탁할 수 있는 것처럼[貴以身爲天下, 若可寄天下]"의 "천하"와 비교하여 읽으면서 그 미묘한 차이를 이해할 필요가 있다.

夫唯[8]弗居, 是以不去[9].

【해설】

이 장에서 노자는 아름다움과 추함, 선과 악 등의 문제를 사유할 때 절대적인 기준보다는 상대적 가치관이 중요하다고 말한다. 어

2) "지知"는 여덟 차례 나오는 "지智"를 포함하면 《노자 도덕경》 전체에서 모두 예순네 차례 나 나오는데, 예순여덟 차례 나오는 "도道"에 버금간다. 마왕퇴에서 출토된 《백서帛書 노자》 갑본과 을본에서는 "지智"가 모두 "지知"로 바뀌어 있다. 당시 두 글자는 서로 바뀌어 쓸 수 있었던 것이 분명하다. 노자가 말하는 '知'란 타인 또는 사물과 같은 외적 대상에 대하여 아는 것이며, '明'은 인식주체인 내적 자아에 대하여 아는 것이다. 노자는 외재해 있는 지식은 불완전한 상태에 그치므로 '知'라고 하고, 내재해 있는 예지睿知를 가진 자만이 통찰하는 것을 '明'이라고 부르며 여기에 진정한 가치를 부여한다. 명지明知를 체득하기 위해서는 거울이 사물의 모습을 있는 그대로 비추듯, 우리의 의식 속에서 어떤 매개 없이 존재와 의식이 원초적으로 만나는 지점으로 들어가야 한다. 무엇보다 도道와 나 사이를 가로막고 있는 일체의 장벽을 없애야만 하는데, 그 장벽이 바로 '지知'와 '학學'이라는 것이다.

3) "경傾"은 서로 차이가 생긴다는 뜻이다.

4) "음성音聲"을 풀이하자면, 곡조가 있는 것을 '음音'이라 하고, 궁·상·각·치·우를 '성聲'이라고 한다. "음성"을 소리와 그 울림을 나타내는 '음향音響'으로 바꾸어 보면 이러한 어울림의 관계가 더욱 두드러진다.

5) 여기서 "성인聖人"은 유가적 개념의 성인이 아니고 통치자 혹은 위정자를 가리킨다. 노자는 이 단어를 열아홉 차례 언급했다.

6) "만물작언이불사萬物作焉而不辭"는 왕필본과 통행본에 근거한 것인데, 백서 갑본에는 "만물작이불시萬物作而不始"라고 되어 있다. 이것을 해석하면 '만물이 자라나는 것을 보고도 창시創始하지 않는다'가 되는데, 이 견해를 받아들여 교정하여 번역하는 학자도 있다.(최진석 설)

7) "시恃"는 '믿는다'는 의미인데, 믿고 나댄다는 뉘앙스가 강하다. 문맥상 이 구절의 의미는 '무엇인가 작위作爲를 하면 안 된다'는 것이다.

8) 노자는 "부유夫唯"라는 단어를 자주 사용한다. 이 단어는 뒤에 나오는 "시이是以" "고故" 등과 연결되어 앞뒤 문장의 인과관계를 나타낸다.

9) "거去"는 '떠나가다'보다는 '없어지다'는 의미로 봐야 한다. '없어지다'가 훨씬 더 함축적인 맛이 있고 노자의 본의에 맞닿아 있다.

떤 가치 판단은 대상을 바라보고 추리하는 의식작용, 즉 인식주관의 소산이지 사물의 본래성과는 무관하다고 노자는 본다. 바라보는 사람의 세계관이나 지식의 정도에 따라 사물은 다르게 파악되지만 도는 이런 것과 거리가 멀다. 그것은 "우뚝 서 있으면서 바뀌지도 않는다(獨立不改)"(25장)는 말과 연관된다.

인식주관과 인식 대상은 각각 끊임없이 변화하고 있다. 우리가 보는 것은 변화하는 가운데 존재하는 사물의 한순간이고, 전체와 단절된 부분의 형상에 불과하다. 노자는 이것은 본래의 모습이 될 수 없다고 본다.[10] 만물은 결국 '하나'의 세계로 돌아간다.[11]

"유무상생有無相生"은 두 방향에서 이해해야 마땅하다. 일단 '유'를 말하면 '무'를 떠올리게 된다, 다시 말해 둘은 서로에게 의존한다는 것이다. 또 하나는 만물은 늘 변화하는 과정에 있다는 것이다. 노자는 당시의 자연현상과 사회현상을 개괄하여 사물은 모두 이와 상반되는 경향으로 변해나간다고 지적했다.[12] 40장에서는 "천하의

---

10) 이는 플라톤의 나무와 의자 비유를 떠올리게 한다. 플라톤은 이데아를 설명하면서 목수가 깎은 의자는 원래의 나무에서 멀어졌다는 비유를 했다.

11) 이와 연관되는 하나의 사례로 《장자》〈제물론齊物論〉편에 나오는 호접몽胡蝶夢 이야기를 들 수 있다. "언젠가 장주는 나비가 된 꿈을 꾸었다. 훨훨 날아다니는 나비가 되어 유쾌하게 즐기면서도 자기가 장주라는 것을 깨닫지 못했다. 그러나 문득 깨어나 보니 틀림없는 장주가 아닌가. '도대체 장주가 꿈에 나비가 되었을까, 아니면 나비가 꿈에 장주가 되었던 것일까(不知周之夢爲胡蝶, 胡蝶之夢爲周與)'. 장주와 나비는 겉보기에는 확연히 구별되지만 양자의 넘나듦은 결코 절대적인 변화가 아니다. 이러한 변화를 만물의 변화(物化)라고 한다." 장주와 나비 사이에는 피상적인 분별, 차이는 있어도 둘의 넘나듦에 절대적인 변화는 없다. 장주가 곧 나비고 나비가 곧 장주라는 경지, 그것이 여기서 강조하는 세계다.

12) 옌링펑嚴靈峰, 《노자연구老子研究》, 中華書局, 1979, 25~26쪽 참조.; 런지위任繼愈 주편, 전택원 역, 《중국철학사中國哲學史》, 까치, 1990, 120~121쪽 참조.

만물은 있음에서 생겨나고, 있음은 없음에서 생겨난다(天下萬物生於
有, 有生於無)"라고 했다. 여기서 강조하는 것은 유와 무가 밀접한 선
후 관계에 있으며, 지금의 '유'가 예전에는 '무'였다는 점이다. 이 유
무 상생의 문제는 노자 사유의 핵심 중의 핵심이다. 노자와 달리 유
가인 공자 사상에서 핵심은 정명正名이다. 공자에게는 이름을 바르
게 하는 것이 중요했다. 이름이 바르다는 것은 군주는 군주, 신하는
신하, 아버지는 아버지의 직분에 충실해야 한다는 것이다. 군주·
신하·아버지라는 이름은 노자가 보기에는 인위적이고 반자연적인
것이다. 인간이 멋대로 정한 표준이라는 틀을 노자는 갑갑해한다.
따라서 유가와 도가는 태생적인 차이를 드러낸다. 노자는 대립되지
만 쌍으로 존재하는 자연의 법칙에 큰 의미를 부여한다. 이것들이
서로 유기적으로 조화·상생·생멸하면서 '도道'를 이룬다.

인간의 지식은 주관적이고, 구별은 무가치하다고 보는 노자는,
자기와 다른 것을 구분하고 사소한 것을 따지는 사회의 가치 체계
와 규범이 대립과 경쟁을 유발해 인류의 불행을 초래했다고 본다.
따라서 사물을 구별하는 일은 그만둬야 한다고 주장한다.[13] "무위
지사無爲之事"가 "불언지교不言之敎"[14]라는 말과 더불어 이 장의 핵심
어인 이유이다.

노자가 말하는 "무위"는 "불언"과 더불어 인위와 욕망을 배제하
고 저절로 그러한 자연自然에 들기 위한 도구이다. 79장에서 노자는
"하늘의 도는 사사로움이 없어 언제나 선한 사람과 함께한다(天道無
親, 常與善人)"면서 무심無心한 자연을 찬미했다.

---

13) 왕방숭王邦雄,《노자의 철학老子的哲學》, 東大圖書有限公司, 1980, 92쪽.

"불언지교"란 그저 말없음이 아니다. 노자의 무심無心은 도구적 성격이 강하기 때문에 속을 완전히 비워내는 불교의 무無와는 차원이 다르다. 불교의 '무'는 그 자체가 목적이다. 좀 더 심층적으로 보자면 "불언지교"는 언어의 한계성을 인지하고 있는 노자의 판단이 개입된 구절이다. 언어는 문명의 이기로서 인간은 언어로 소통하며 언어의 상징체계 속에서 살아간다. 수많은 사유가 새롭게 생겨나고 부딪힌 춘추시대에도 언어는 인간과 사회를 움직였다. 인간이 사회를 이루는 곳에는 늘 언어가 존재하고 언어가 있는 곳에는 늘 권력이 함께했다. 권력은 욕망을, 욕망은 전쟁과 살육을 불렀다. 노자는 문명의 도구에 반문명성이 도사리고 있음을 통찰한 게 아닐까? 즉 말(言)이 말馬처럼 날뛰지 못하게 해야 한다는 강한 신념이 응축된 개념이 노자의 불언지교가 아닐까? 공功을 지속시키려면 그것을 가지고 있는 시간을 최소화해야 한다는 마지막 문구 역시 공功에서 파생되는 무수한 말이 칼날이 되어 자신에게 돌아온다는 지적일 수 있는 것이다.

느릅나무의 키가 커 보이는 이유는 옆에 쥐똥나무가 있기 때문이다. 옆에 만약 전나무가 자라고 있다면 느릅나무는 오히려 작아

---

14) 유가와 도가가 서로 대립하는 것만은 아니다. 공자 역시 "불언지교"를 연상시키는 주장을 펼친 적이 있으니 다음과 같다. "공자께서 말씀하셨다. '나는 말을 하지 않으려 한다.' 자공이 말했다. '선생님께서 말씀을 안 하시면, 저희가 어떻게 기록하겠습니까?' 공자께서 말씀하셨다. '하늘이 무슨 말을 하더란 말이냐? 그래도 네 계절이 운행되고 만물이 생겨나지만, 하늘이 무슨 말을 하더란 말이냐?'(子曰 "予欲無言." 子貢曰 "子如不言, 則小子何述焉." 子曰 "天何言哉. 四時行焉, 百物生焉, 天何言哉)"(《논어》〈양화陽貨〉) 의미는 좀 다르나 노자의 말과 공자의 말은 분명 일맥상통한다. 사물에 대한 기본 인식이 다르더라도, 서로 다른 길을 돌아 같은 목적지에 도달하는 것처럼 방법은 여러 가지이지만 진리는 하나라는 점을 생각하게 하는 대목이다.

보일 것이다. 이렇듯 짧고 긴 것은 순환하게 마련이다. 그럼에도 우리는 선입견이라는 절대적인 인식에 익숙하다. 사물을 볼 뿐 존재 그 자체는 보지 못하며, 상대적 가치를 절대적 가치로 착각한다. 노자는 바로 이러한 시각에서 벗어나라고 충고한다.

3장 세속의 현명함을 숭상하지 않아야

[세속의] 현명함을 숭상하지 않아야 백성이 다투지 않게 한다.

얻기 어려운 재화를 귀하게 여기지 않아야 백성이 도둑질하지 않게 하며,

욕심낼 만한 것을 보이지 않아야 백성이 마음을 어지럽히지 않게 한다.

그러므로 성인의 다스림은 그(백성) 마음을 비우고 그 배를 채우며, 그 뜻을 약하게 하고 그 뼈를 강하게 하는 것이다.

늘 백성이 알고자 하는 것도 없도록 하고 하고자 하는 것도 없도록 한다. 지혜로운[1] 자들로 하여금 감히 [어떤 일을] 하지 못하게 한다.

무위를 하면 다스리지 못하는 것이 없다.

不尙賢[2], 使民不爭.

不貴難得之貨, 使民不爲盜,

不見可欲, 使民心不亂.

是以聖人之治, 虛其心, 實其腹, 弱其志, 强其骨.

常使民無知無欲, 使夫智者不敢[3]爲也.

---

1) 원문의 "지智"를 일반적으로 '지혜롭다'로 해석하는데, 여기에는 사실 노자가 말하고자 하는 해학의 묘미가 있다. 정말로 지혜롭다는 말이 아니고 '지혜롭다고 하는'이라는 의미가 배어 있는 것이다. 좀더 부정적인 의미로 '꾀바른'이라고 번역해도 무난하다.

2) "상현尙賢"을 석감산釋憨山은 이렇게 풀었다. "이름을 좋아하는 것으로, 이름은 다툼의 서단이다[尙賢, 好名也, 名, 爭之端也]." 상현의 "현賢"은 《논어》에 나오는 "현명한 인재[賢才]"(〈자로〉)의 "현"과 같은 개념이다.

爲無爲, 則無不治.

【해설】

이 장에서 노자는 지식이 없고 욕심이 없으며, 작위를 하지 않고, 도道를 체득하여 안전을 도모하는 제대로 된 정치 방식을 논하고 있다. 세속적인 안목으로 보면 능력과 재능이야말로 살아가는 데 필수 요건이지만, 절대적인 경지에서 보면 이는 상대적인 것에 불과하다. 자연스러운 본성에 따라 각자 능력을 발휘하게 하고 작위의 유혹에 빠져들게 해서는 안 된다고 노자는 말하고 있다. 그러므로 노자가 생각하기에 인간의 '쟁爭' '도盜' '난亂'에는 원인이 있다. 그래서 여러 결과가 초래된다. "상현尙賢"과 "귀난득지화貴難得之貨" "견가욕見可欲" 등은 자연스런 것에서 벗어난 인위적 체계들이다.[4]

노자는 주장한다. 풍속의 어지러움과 혼란의 원인인 지식이나 도덕이라는 인위人爲, 그것들의 집적인 인간의 문화로부터 벗어나 태고의 자연으로 돌아가야 한다고 말이다. 박이문에 의하면, 문화란 의식과 지적 능력을 가진 인간이 자연과는 별개의 차원, 즉 의미 차원에 인간적 세계를 건축한 것이다. 문화는 자연에 인위와 조작을 덧붙인 것이므로 결국 자연과 인간이 분리됨으로써 생겨난 결과물이다. 문화가 발전할수록, 인간이 자신을 자연과 대립되는 존재로 정립할수록 양자의 거리는 멀어지고 자연은 더욱 심각하게 파괴된

---

3) "감敢"을 본문에서는 "감히"로 풀었는데, 범응원은 《노자도덕경고본집주》에서 이 글자를 "능能"이라는 뜻으로 보고 "할 수 있다"라고 풀이했다. 이 견해도 상당히 일리가 있다.

4) 박이문, 《노장사상》, 문학과지성사, 1985, 96쪽 참조.

다. 그러므로 자연 질서를 파괴하고 인간의 본성을 왜곡하는 문화
는 제거해야 마땅하다.

무하유지향無何有之鄕이란 말이 있다. 아무것도 없는 고을이라는
뜻으로 장자가 추구한 무위자연의 이상향이다. 《장자》〈소요유〉 편
에 나오는 이야기다.

혜자가 장자에게 말했다. "내게 큰 나무가 있는데 사람들은 그걸 가
죽나무라고 한다네. 줄기는 울퉁불퉁하여 먹줄을 칠 수가 없고, 가지
는 비비 꼬여서 자(尺)를 댈 수가 없다네. 길에 서 있지만 모두가 거들
떠보지도 않지. 그런데 자네 말은 이 나무처럼 크기만 하지 쓸모가 없
어 모두 거들떠보지 않는 걸세."

그러자 장자가 말했다.

"자네는 살쾡이와 성성이를 본 적이 없는가? 몸을 낮게 웅크리고서
놀러 나오는 닭이나 쥐를 노려 이리 뛰고 저리 뛰며 높고 낮은 곳을 가
리지 않다가, 결국은 덫에 걸리거나 그물에 걸려서 죽게 되지. 그런데
검은 소는 크기가 하늘에 드리운 구름 같아 큰일은 하지만 쥐를 잡을 수
는 없네. 지금 자네는 저 큰 나무가 쓸모가 없어 걱정인 듯하지만, 어째
서 아무것도 없는 고을無何有之鄕에 심고 그 곁에서 하는 일 없이 배회하
면서, 그 그늘에 유유히 누워보지는 못하는가? 도끼에 찍히는 일도 누
가 해를 끼칠 일도 없을 걸세. 쓸모가 없다고 어찌 괴로워하겠는가?"[5]

장자의 비유에서 보듯, 무위의 입장에서 편안하게 관조하는 데서
세상을 유유자적하는 여유가 나온다. 세상 사람들이 늘 추구하는
삶의 방식과는 거리가 멀다.

"성인지치聖人之治"는 2장의 "행불언지교行不言之敎"와 함께 봐야 하

는 구절인데, 성인은 무위로 다스리기 위해 유위의 다스림을 잠시 빌릴 뿐이다. 37장의 "이름 없는 소박함[無名之樸]"이란 말처럼 다듬지 않은 통나무의 모습을 간직하고서 말이다.

"허기심虛其心, 실기복實其腹"에서 "허기심"은 "망상이나 깊이 생각하는 마음을 끊는다[斷妄想思慮之心]"는 의미다. 마음을 청정하게 함으로써 피어오르는 생각을 없애라는 것이다. "실기복"은 백성을 편안하고 배부르게 하는 것으로 12장에서 "성인은 배부름을 위하지 눈[의 즐거움]을 위하지 않으므로[聖人, 爲腹不爲目]"라는 구절과 함께 이해해야 한다. 어떻게 허虛와 실實을 함께 구할 수 있느냐고 할 수도 있겠으나, 빈 마음은 "사물을 갖고 있지 않는 것[無物]"과 같고, 가득 찬 배는 세상 만물을 소유하고 있는 것과 같기 때문에 비어 있음을 통해 가득 차게 되는 것이다.

"약기지弱其志"는 모든 지혜의 힘과 교묘함과 간사함이 생겨나는 작용을 약화시키라는 의미로 18장의 "[교묘한] 지혜가 나타나자 큰 거짓이 생겨났다[慧智出, 有大僞]"라는 문장과 연관 지어 보면 이해하기 쉽다.

이 장에 나오는 "무지무욕無知無欲"이라는 구절 때문에 노자는 '우민정책'을 추구한다는 비판을 받았다. 물론 일리가 없는 바 아니다. 그런데 노자가 의미한 바는 "무관심할 수 있는 상황에서 무관심할

---

5) "惠子謂莊子曰: '吾有大樹, 人謂之樗. 其大本擁腫而不中繩墨, 其小枝卷曲而不中規矩, 立之塗, 匠者不顧. 今子之言, 大而無用, 衆所同去也.' 莊子曰: '子獨不見狸狌乎? 卑身而伏, 以候敖者; 東西跳梁, 不辟高下; 中於機辟, 死於罔罟. 今夫斄牛, 其大若垂天之雲. 此能爲大矣, 而不能執鼠. 今子有大樹, 患其無用, 何不樹之於無何有之鄕, 廣莫之野, 彷徨乎無爲其側, 逍遙乎寢臥其下. 不夭斤斧, 物無害者, 無所可用, 安所困苦哉!'"《장자》〈소요유逍遙遊〉).

수 있는 여유, 불필요한 지식에 오염되지 않은 영혼의 순결함, 인격의 소박함, 생활의 단순함"[6]에 가깝다. 노자의 우민이 수단이지 목적이 아니라는 점, 즉 작위와 일방적이고 강요된 가치관에서 벗어나라는 의미임을 알아야 한다,

노자는 백성이 잘 먹고 잘 살려면 부차적인 문제에 정력을 낭비하도록 해서는 안 된다고 강조한다. 그래서 이 말은 20장의 마지막 부분 "뭇사람들은 모두 쓸모가 있는데, 나만 홀로 우둔하고 촌스럽구나(衆人皆有以, 而我獨頑且鄙)"와 더불어 노자의 시각을 좀 더 자세히 드러낸다. 그리고 65장에 나오는 "백성들을 다스리기 어려운 것은 그들이 지혜가 많기 때문이다. 따라서 지혜로 나라를 다스리는 것은 나라를 해치는 것이요, 지혜로 나라를 다스리지 않는 것이 나라를 복되게 한다(民之難治, 以其智多, 故以智治國, 國之賊, 不以智治國, 國之福)"라는 말은 백성의 지혜가 넘치는 사태를 우려하는 시각을 드러낸다. 노자에게 우민은 수단이지 목적이 아니다. 그가 생각하는 정치의 기본은 사회 구성원의 화해이며 그러기 위해서 앞의 세 가지 문제를 해결해야 한다는 것이다.

더러는 노자의 이런 주장이 이상적이고 비현실적인 방책으로 느껴질 수도 있다. 달리 생각하면 그만큼 노자 시대에 온갖 작위가 넘쳐났고 일방적인 가치관을 강요하는 일이 횡행했다는 것을 짐작할 수 있다. 불순한 세태에 오염되지 않으려는 노자의 순수함을 보면서 그의 사상을 총체적으로 조감해야 한다. 자구 하나 하나에 매달리면 큰 나무를 보지 못하기 때문이다.

---

6) 김용옥, 《노자와 21세기》(상), 통나무, 1999, 159쪽.

4장 도는 그릇처럼 비어 있으면서도 작용하니

도는 [그릇처럼] 비어 있으면서도 작용하니 간혹 다하지[1] 않을 듯하고, 깊으면서도 만물의 근원인 것 같다.

날카로움을 꺾고, 엉클어짐을 풀어주며, [번쩍거리는] 빛을 부드럽게 하고, 그 더러움(세속)과 함께하니, 없어졌다가도 마치 존재하는 것 같다.

나는 [도가] 누구의 아들인지 알지 못하지만, 조물주[2]보다는 먼저 있었으리라.[3]

道沖而用之, 或[4]不盈, 淵兮似萬物之宗.

挫其銳, 解其紛, 和其光, 同其塵, 湛兮似或存.[5]

吾不知誰之子, 象帝之先.

---

1) 원문의 "영盈"의 사전적 의미는 '채우다'이다. 고형은 《노자정고老子正詁》에서 "영"은 곧 "진盡"이라고 훈을 달았다. 다시 말해 '다하다'라는 뜻이 내포돼 있다는 것이다. 이 의견이 타당하다고 생각해 채택했다.

2) 원문의 "제帝"를 옮긴 것인데, 리링李零은 이 글자가 "가시 체蒂와 정실 적嫡, 두 글자와 관련이 있으며 본래는 인격신이고 상제의 선조를 의미한다"(리링, 《인왕저처주人往底處走》, 三聯書店, 2008, 35쪽)라고 해석했다. 최진석은 "하느님"이라고 풀이했다.(최진석, 《노자의 목소리로 듣는 도덕경》, 소나무, 2001, 59쪽)

3) 원문의 "상象"을 옮긴 것으로, 긍정적인 의미로 쓰였다. 앞에 나온 "사似"와는 의미가 정반대다.

4) 한편 하상공은 《노자장구》에서 "혹或"을 '상常'의 뜻으로 풀이하기도 했다.

5) 이 열일곱 글자는 왕필본에 근거하여 그대로 두었는데, 56장의 착간錯簡으로 보는 학자도 있다. 필자가 보기에 그렇지는 않아 그대로 두고 번역했다.

【해설】

우리는 끊임없이 상황을 분별하여 취사선택함으로써 사물의 객관적 사실에 대한 분별지를 얻게 된다. 그러한 연후에 사물의 본성은 도외시하고 오로지 나에게 얼마나 유익한가에 따라 자의적으로 가치를 부여하여 이로운 것을 얻으려 한다. 바로 여기에서 인간의 '작위'가 나타나는 것이다.

첫 구절의 "충沖"은 '충冲'과 같은 뜻이고 '충盅'의 가차자다. 《설문해자》에 "그릇이 빈 상태(器虛)"라고 풀이되어 있다. 충은 당연히 '도道'를 형용하지 '용用'을 형용하진 않는다. 한편 이 글자는 45장에도 설명돼 있다. "크게 채워진 것은 비워져 있는 듯하나, 그 작용은 다하지 않는다(大盈若沖, 其用不窮)"라는 구절이다.

원문의 "사似"는 설명이 필요하다. 그런 것 같지만 사실은 그렇지 않다는 뜻이니, 긍정적인 의미보다는 부정적 의미가 강하며, "혹或"도 마찬가지다. 노자의 시각에서 보면, 그런 듯도 한데 끝까지 파고들어가보면 다른 것으로 판명된다는 의미가 함축되어 있다. 또 쉽게 형용할 수 없는 신비를 간직하고 있다는 뜻이기도 하다. 그러니첫 문장은 석감산이 《도덕경해道德經解》에서 말한 것처럼, "도는 깊은 연못처럼 적막하지만 만물을 발육하며 만물이 귀의하는 바다. 그것은 낳았으나 가지려 하지 않고 주재하려 들지도 않아" 바로 만물의 근원이 된 것이라는 의미와 통한다. "도를 만물 발생의 근원이나 실체 혹은 본체로 볼 수도 있지만 사실은 자연의 존재 형식을 보여주는 범주에 불과하다"[6]라고 해석해도 무리가 없다. 무위를 이

---

6) 최진석, 앞의 책, 62쪽.

루려면 보이지 않는 무의 작용을 본받으라는 것이다. 무의 작용이란 대립을 해소하고 번쩍거리는 빛을 가라앉혀 조화롭게 하면서 늘 비움을 실행하는 것이다. "화광동진和光同塵"이란 말이 여기서 나왔다.

바로 다음 구절에 나오는 "감湛" 역시 설명이 필요하다. 이 글자는 지금까지 '맑아지다'라고 번역해왔다. 그러나 나는《설문해자》에서 이 글자를 "몰沒", 즉 '없어지다'로 풀이했던 것에 주목한다. 은미하여 드러나지 않고 숨어 없어졌다가 다시 나타나는 도의 생리를 살려 번역하는 것이 옳다고 본다.

도는 비어 있음을 통해 작용하며 만물의 근본이지만 잘 잡히지 않는다. 이것이 '도'가 작용하는 기본 원리다. 이 장은 5장, 6장, 7장과 하나의 체계를 이루면서 노자의 사상을 설명한다.

5장 하늘과 땅은 인仁하지 않아

하늘과 땅은 인仁하지 않아 만물을 짚으로 만든 개처럼 여긴다.
성인은 인하지 않아 백성을 짚으로 만든 개처럼 여긴다.
하늘과 땅 사이는 아마도 [텅 비어 있는 것이] 풀무나 피리 같겠지.
비어 있는데도 다함이 없고 움직일수록 더욱 [바람 소리가] 나오는
구나.
말을 많이 할수록 자주 궁색하게 되니 [풀무나 피리처럼] 빈 속을
지키는 것만 못하다.

天地不仁, 以萬物爲芻狗.

聖人不仁, 以百姓爲芻狗.

天地之間, 其猶橐籥[1]乎.

虛而不屈[2], 動而愈出.

多言數窮, 不如守中[3].

【해설】
　이 장은 "천지"와 "성인"을 대조시키는데 성인은 기본적으로 '도'
를 본받으려 하지만, 도가 너무나 요원하고 심오하여 그러기가 쉽

---

1) "탁약橐籥"은 풀무와 피리를 뜻한다. 풀무는 바람을 불어넣는 자루이고 피리는 악기로, 둘
　다 속은 비어 있어도 쓰임이 다하지 않는다는 의미다.

2) "불굴不屈"은 "다함이 없다"로 옮겼다. 이 단어는 '부진不盡' '불궁不窮'과 같은 뜻이다.(위
　페이린, 앞의 책, 12쪽)

지 않다. 두 번이나 나오는 "인仁"은 본래 유가의 개념으로 노자가 이를 긍정적으로 보지 않는다는 사실에 주목해야 한다. 인은 유가 사상의 핵심 윤리로, 공자는 "효도와 우애란 아마도 인仁을 행하는 근본일 것이로다!"[4]라고 했다. 유가는 가족 간의 유대관계를 모든 것의 중심으로 삼았다. 따라서 '인'은 "사람을 사람답게 대하는 것"이라고 한 말에서 의미를 가늠할 수 있다. 공자는 '인'의 실천 방법으로 '효孝' '제悌' '충忠' '서恕' '예禮' '악樂'을 제시했으니, 이 '인'이야말로 가족에서 출발하여 사회와 제도의 영역으로 확장되면서 도덕적 사회를 건립하는 근간이 되는 셈이다.

물론 노자는 전혀 다른 맥락에서 '인仁'을 바라본다. 그에게 인은 '치우침'이나 '편애'에 가깝다. 첫 구절의 "천지불인天地不仁"이란 말은 소철蘇轍이 《노자해老子解》에서 지적했듯이 "하늘과 땅은 사사로움이 없다(天地無私)"라는 뜻이며 79장의 "천도무친天道無親"이란 말과 유사한 의미이다.

노자는 차별적인 관계를 설정하지 말라고 충고한다. 말하자면 인간관계조차 허정과 무위의 차원으로 보는 셈이다. "불인不仁"이란

---

3) "수중守中"에 대한 주석가들의 논쟁은 뿌리 깊다. 글자 그대로 보면 도의 본질적 차원을 추구하는 것이라는 해석이 옳을 듯하다. 최진석은 "의지가 개입되지 않은 허정한 상태"라고 했는데, 한걸음 더 나아가 오강남은 《도덕경》 5장에서 "마음 한가운데"라고 풀이했으니, 인간의 희로애락이 겉으로 드러나지 않은 마음의 상태라는 해석이 더 타당할 수 있겠다. "수중守中"에서 "중中"은 논란이 돼왔다. 필자는 옌링평嚴靈峯의 《노자장구신편老子章句新編》의 해설을 따랐으니, "중中이란 글자는 아마도 충沖에서 '수氵'가 떨어져 나간 것일 터인데, 교정 보는 자가 살피지 않아 '중中'으로 고친 것이리라. '수중守中'이란 유가의 말이지 노씨老氏 본래의 취지는 아니다"(위페이린, 앞의 책, 12쪽 재인용)라는 말을 상기할 필요가 있다. 위페이린은 "청처淸處", 즉 "맑은 곳"이라고 번역했는데, 너무 앞서 나간 번역이라고 생각된다.

4) "孝弟也者, 其爲仁之本與."《논어》〈학이〉

단어는 "감정도 없고 의도 없는〔無情無義〕"[5] 무색무취의 개념이라고 보면 된다. 그리고 "성인聖人" 역시 유가에서는 요임금이나 순임금을 지칭하지만 여기서는 단지 정치하는 사람, 즉 통치자나 위정자를 가리키며, 전인前人의 개념도 함축하고 있다. 노자는 28장, 66장, 79장 등에서 "성인"이란 단어를 사용했는데, 모두 통치자로 풀이할 수 있다.

"짚으로 만든 개"라고 옮긴 "추구芻狗"란 무엇인가? 고대 중국에서 제사 때 쓰기 위해 짚으로 만든 개다. 쓰고 나면 길가에 버리면 그만이니 관심거리가 될 수 없다.[6] 자연과 마찬가지로 사물을 무심하게 대하면 어떤 애증이나 편견도 없게 된다. 의도와 감정이 개입되면 본질적인 가치를 상실하게 된다는 비유다. 성인은 백성을 추구처럼 대해야 하며, 무엇보다 백성들의 천성을 존중하여 거스르지 말고 따라야 한다.

노자는 만물은 자연스럽게 발전해나간다고 말한다. 여기서 "다언삭궁多言數窮"은 한번 따져볼 필요가 있다. 말을 많이 하는 것은 유위有爲의 차원에 있기에 한계가 있다. 2장의 "불언지교不言之敎"에도 비슷한 의미가 있다. 43장이나 56장에도 나오듯 노자는 시종 '말'에 냉소적이었다. 그가 보기에 인간은 언어라는 형이하학적 도구로 형이상학적 '도'를 의미화(개념화)하려 하고, 도의 본질을 깨닫지 못

---

5) 리링, 앞의 책, 36쪽.

6) 이 단어는 다음 대목과 연결해서 보면 이해가 더 쉬워진다. "짚으로 만든 개는 진설되기 전에는 대바구니에 담기고, 수놓은 비단에 덮여 제사 주관하는 자가 재계하고 받들지만, 그것이 진설되고 나면 길 가는 자가 그 머리와 등을 밟아버리고, 나무꾼이 취하여 불을 땔 뿐입니다.〔夫芻狗之未陳也, 盛以箧衍, 巾以文繡, 尸祝齊戒以之. 及其已陳也, 行者踐其首脊, 蘇者取而爨之而已.〕"《장자》〈천운天運〉)

한다. 노자가 표현의 한계를 과도하게 부각시키고 언어를 불신하여 비판하며, 심지어 극단적으로 배격하는 이유는 이런 인식 때문이다. 천지는 "자연自然", 즉 '저절로 그렇게 되는 것'에 맡겨버리면 된다. 풀무나 피리처럼 비어 있는 것이야말로 무궁무진한 생명력을 창조해내는 신묘한 작용을 한다. 다음 장에서도 비움의 위대한 작용을 말한다.

6장 골짜기는 신묘하여 죽지 않으니

골짜기는 신묘하여 죽지 않으니 이것을 현묘한 암컷(玄牝)이라고
한다.

현묘한 암컷의 문, 이것을 천지의 근본이라고 한다.

겨우 이어지는 듯 존재하면서 작용하는 것이 다함이 없다.

谷神¹⁾不死, 是謂玄牝.

玄牝之門, 是謂天地根.

綿綿若存, 用之不勤²⁾.

【해설】

앞 장에 이어 비어 있음의 작용을 설명하고 있다. 노자는 '도道'에
대해 "곡신谷神" 그리고 "현빈지문玄牝之門"이라고 했다. 전자는 도의
본질이 비어 있음에 있다는 뜻을 함축하고, 후자는 도의 생식 작용
을 강조하는 말이다.

먼저 "곡신谷神"이란 단어를 설명하면, 노자는 도를 계곡에 비유
한다. 곡신은 골짜기의 신묘한 기능을 강조한 말로 이해된다. 골짜
기는 사실 텅 비어 있으면서도 지극한 존재감을 드러내는 공간이

---

1) 원문의 "곡신谷神"을 "골짜기는 신묘하여"라고 옮겼다. 이것을 "골짜기의 신"이라고 번역
하는 경우도 있으나, 필자는 골짜기를 주어로 하여 옮겼다.

2) "근勤"은 원래 '근면하다'라는 뜻인데 여기서는 '다할 진盡' 자와 같이 '고갈되다'는 의미
로 쓰였다.

기 때문에 "현빈玄牝"과 비슷하다고 본 것이다. "곡谷"은 28장의 "천하의 골짜기가 된다(爲天下谿)", 32장의 "마치 시내와 골짜기의 물이 강과 바다로 흘러가는 것과 같다(猶川谷之與江海)", 39장의 "계곡은 일을 얻어서 채워졌으며(谷得一以盈)", 66장의 "강과 바다가 모든 골짜기(시내)에서 왕 노릇 할 수 있는 까닭은 그 [스스로] 잘 낮추기 때문"이다(江海所以能爲百谷王者, 以其善下之, 故能爲百谷王) 등에서 볼 수 있듯이 여러 의미로 활용되고 있다. 요컨대 비어 있으면서 가득 찬다는 복합적인 의미를 함축하고 있다.

그렇다면 "현빈玄牝"이란 무엇인가? 이는 분명 '도'의 별칭으로 《노자 도덕경》에서는 '도'를 천지만물의 어머니로 간주하고, 현빈을 그 어머니의 생식기로 간주한다. 이 점은 61장에 나오는 "큰 나라는 낮은 곳으로 흐르니, 천하가 만나는 곳이요, 천하가 [귀의하는] 암컷이 된다. 암컷은 항상 고요함으로 수컷을 이기는데, 고요함으로 낮추기 때문이다(大國者下流, 天下之交, 天下之牝. 牝常以靜勝牡, 以靜爲下)"라는 문장을 보면 쉽게 알 수 있다. 리링 역시 "현玄"을 "그윽하고 깊다는 의미"(리링, 앞의 책, 40쪽)라고 파악하며, "빈牝" 역시 "모든 암컷 동물의 생식기에 대한 명칭"이라고 규정했다. 상商대의 갑골문에 따르면 빈牝에서 '우牛'가 의미부이고 암컷이라는 뜻의 '비匕'는 소리부로서 이는 결국 소의 암컷을 가리킨다.[3] 런지위도 "빈牝"이 여성의 생식기관을 가리킨다[4]고 보았다. 그리하여 "현빈"이란 보이지 않으면서도 심원한 것을 상징하며 생명을 탄생시키는 기관이

3) 하영삼, 《한자어원사전》, 도서출판3, 2014, 312쪽.
4) 런지위任繼愈, 《노자신석老子新釋》(수정본), 上海古籍出版社, 1986, 72쪽.

다. 노자는 물질의 끊임없는 변화라는 작용이 만물의 근원이라고 본다. "현빈지문玄牝之門"은 이렇게 설명할 수 있다. 즉 '도'는 우주의 생식기이고 천지만물을 낳으며 모든 것의 출구이니 여성이 아이를 낳는 음문인 셈이다. 이것은 "현문玄門"으로 줄여 쓰는데, 이럴 경우 "음문陰門"과 동의어가 된다.

마지막 문장의 "면면약존綿綿若存"을 보자. 앞의 두 글자는 "면면" 이라고 읽으며 소철은 이를 "미이부절微而不絶", 즉 "보이지 않지만 끊어지지 않는다"라고 풀이했다. "면면"은 '겨우 이어지면서 끊임없 이 계속되는 모양'으로 풀 수 있다. "승승繩繩"과 같은 뜻이다. 뒤의 두 글자는 "약존"이라고 읽으며 소철의 주석대로 "존이불가현存而不 可見", 즉 "존재하나 보이지 않는" 것이라는 뜻이다. 이를 종합하면, 도의 본체는 지극히 미묘하고 그윽하여 존재하지도 없어지지도 않 으나 영원히 끊기지도 않는다고 정리할 수 있다. 그래서 바로 다음 에 "용지불근用之不勤", 즉 무궁무진無窮無盡하다고 말한 것이다.

노자는 시종 도에 신비한 생식 능력이 있다고 보면서 이를 여성 과 결부시키고 있어 흥미롭다. 여인의 문이 곧 하늘과 땅의 뿌리라 고 보는 이러한 관점은 도의 무궁무진함과 천지를 화육시키는 대 단한 능력의 상징성을 드높이고 있다. 마치 1장에 나온 "무명無名" 처럼 구체적인 이름을 붙이기는 어렵지만 무언가 무궁무진한 작용 을 하고 있다는 점에서 말이다.

7장 하늘은 오래가고 땅은 장구하다

하늘은 오래가고 땅은 장구하다.[1]

하늘과 땅이 오래가고도 장구할 수 있는 까닭은 그것들이 자신만 살려고 하지 않으므로, 오래도록 살아갈 수 있는 것이다.

이 때문에 성인은 그 자신을 뒤에 두고서도 자신이 앞서고, 그 자신을 내버려두고서도 자신이 보존되는 것이다.

아마도 사사로움이 없기 때문이 아니겠는가! 그러므로 그 [자신의] 사사로움을 완성할 수 있다.

天長地久.

天地所以能長且久者, 以其不自生, 故能長生.

是以聖人後其身而身先, 外其身而身存.

非以其無私邪. 故能成其私.

【해설】

앞 장에서 도가 천지를 낳은 이치를 설명한 데 이어 이 장에서는 천지의 무궁함을 형용하는 문장으로 시작해 천지의 장구長久함을 말하고 있다. 노자는 이기적 자아인 "신身"을 없애는 것이 중요하다

---

1) 한편 이 구절은 중당의 시인 백거이白居易의 〈장한가長恨歌〉의 끝 구절에도 나오는데, "天長地久有時盡 此恨綿綿無絶期(하늘은 오래가고 땅은 장구하다고 해도 다할 때가 있겠지만, [마음속의] 이 한이야 길이 이어지고 이어져 끊어질 기약이 없으리라)"라는 명구로 재탄생하였다.

고 하면서 궁극적으로 자신을 내세우지 않는 것이 그 장구함의 비결이라는 논지를 편다. 왕필의 주석대로 자신만 살려고 하면 사물과 다툼이 일어나고, 그러지 않으면 사물이 그에게 돌아오기 때문이다. "신身"자는 노자 사상의 주요 개념으로 9장, 13장, 16장, 26장, 44장, 52장, 54장, 66장 등에도 나온다.

두 번째 문장의 "부자생不自生" 역시 논란거리가 되는 구절이다. 천지자연이 자신만을 위하지 않았기 때문에 저절로 권위를 회복할 수 있었다고 해석하는 것이 타당하다.(최진석 설) 한편 이 구절을 "만물을 낳았다"라고도 해석하는데 너무 나아간 번역이다.

"후기신이신선後其身而身先"이란 말은 겸양과 은둔으로 오히려 모든 사람의 추앙과 존경을 받게 된다는 뜻으로 "이 때문에 성인은 [백성] 위에 있어도 백성이 부담스럽게 여기지 않고, 앞에 있어도 백성은 방해된다고 여기지 않으니 이 때문에 천하가 즐겁게 추대하고 싫증내지 않는 것이다(是以聖人處上而民不重, 處前而民不害, 是以天下樂推而不厭)"(66장)와 함께 읽어보아야 한다. 바로 다음 구절의 "외기신外其身" 역시 "자신에게 박하게 하고 남을 두텁게 한다(薄己而厚人)"라는 하상공의 주석을 염두에 둘 필요가 있다. 즉 자신의 이해득실을 계산하지 않는 '망아忘我'의 자세야말로 오히려 "신존身存"[2]의 근거가 된다는 것이다.

마지막 문장의 "무사無私"는 바로 위의 "후기신"과 "외기신"에 이어지는 어구다. 자신을 위해 어떤 일을 일부러 하지 않는 것이니,

---

[2] 물론 이 단어는 "신선身先"과 같은 개념으로, 사사로움이 없기 때문에 얻게 되는 부산물이다.

자신을 작위가 아닌 무위로 대하는 것이다. 그래야만 앞서 나가고 자신의 본질을 간직하게 된다. "능성기사能成其私"라는 노자의 말은 바로 이런 취지에서 나온 것이다. 그런데 "무사"가 단순히 사사로움을 없애는 차원이 아니라 오히려 사사로움이라는 욕망을 얻기 위해 설정한 고도의 전략[3]이라는 지적도 있다. 물론 그렇게 단정할 수는 없지만 적극적으로 해석하면 일리가 없지 않다. 왜냐하면 노자의 핵심 가치인 "무위" 역시 "무불위"를 위한 하나의 과정에 해당하기 때문이다. 이어지는 다음 장에서도 비움을 논하고 있다.

---

3) 런지위는 "무사"란 사사로운 목적을 달성하기 위한 전략이라고 분석했다.(런지위, 앞의 책, 74쪽)

8장 최고의 선은 물과 같다

최고의 선은 물과 같다.

물은 만물을 아주 이롭게 하면서도 다투지 않고, 모든 사람이 싫어하는 곳에 머물고 있으므로 도에 가깝다.

[최고의 선에 있는 사람은] 머무는 곳으로는 땅을 최상으로 여기고, 마음가짐은 [고요한] 연못을 최상으로 여기며, 선한 사람과 더불어 행하며, 말에서는 믿음을 최상으로 여기고, 바르게 함에 있어서는 다스리는 것을 최상으로 여기며, 일에서는 능력을 최상으로 여기고, 행동에서는 시의적절함을 최상으로 여긴다.

오직 다투지 않으므로 허물이 없게 된다.

上善若水.

水善利萬物而不爭, 處衆人之所惡, 故幾[1]於道.

居善地[2], 心善淵, 與善人, 言善信, 正[3]善治, 事善能, 動善時[4].

夫唯不爭, 故無尤.[5]

---

1) "기幾"의 의미에 대해서는, "형체가 없는 '도'에 대비되는 형체가 있는 물"이라는 왕필의 해석이 일리 있다.

2) "거선지居善地"는 앞 단어부터 해석하여 '머무름에 있어 땅을 잘 고른다'라고 해석할 수도 있다.

3) "정正"을 '정政'으로 교열해야 한다는 견해도 있다.

4) "시時"는《노자 도덕경》전체에서 여기 딱 한 번 나온다. 시의적절하다는 의미이다.

5) "夫唯不爭, 故無尤", 이 일곱 글자는 첫 문장 "상선약수上善若水"의 "상선上善"의 이유를 설명해주는 말이다.

노자는 물의 속성을 높이 평가했다. 권력과 욕망을 추구하는 사람은 높은 곳을 향하는데 물은 늘 낮은 곳과 더러운 곳을 향하기 때문이다. 모든 사람이 아래에 놓이기를 싫어하지만 물은 반대라고 노자는 생각한다.

이롭게 하고 다툼 없고 남들이 싫어하는 곳에 처하는 세 가지 물의 속성을 상징하는 단어가 바로 "상선약수上善若水"이다. "상선"이란 "상덕上德"과 같은 뜻이다. 노자는 '도'를 물에 비유하면서 우리에게 물과 같은 존재가 될 것을 요구하고 있다. 늘 낮은 곳에 처하면서 남과 다툼[6]이 없이 생명의 근원이 되는 존재 말이다. 물은 만

---

6) 노자는 기본적으로 다툼을 사사롭고도 무의미한 행위로 보았다. 이와 관련된 고사성어로 와각지쟁蝸角之爭이란 말이 있다. 대도大道의 오묘한 경지는 유무라는 관념이나 언어로 이를 수 없음을 밝힌《장자》〈즉양則陽〉편에 나오는 말이다. 전국시대 위魏나라 혜왕이 제나라 위왕과 맹약을 했으나 위왕이 배반하자 노여워하여 자객을 보내 찔러 죽이려고 했다. 당시 이 말을 들은 공손연公孫衍이 1만 승의 전차를 소유한 군주가 필부를 보내 원수를 갚는 것은 부끄러운 일이므로 군사를 일으켜 공격하라고 제의하였다. 계자季子는 전쟁을 일으키는 것은 바람직하지 않다며 반대했고, 화자華子는 공손연과 계자의 의견이 모두 잘못됐다고 반박하고 나섰다. 이들의 논쟁이 계속될 뿐 결말이 나지 않자 혜왕은 어떻게 해야 할지 몰랐다. 이때 혜시惠施가 양나라 현인 대진인戴晉人을 천거하여 혜왕과 만나게 했다. 대진인이 말했다. "임금님께선 달팽이를 아시겠지요?" "그렇소." "달팽이의 왼쪽 뿔에 있는 나라는 촉씨觸氏라 하고, 오른쪽 뿔에 있는 나라는 만씨蠻氏라고 했습니다. 때마침 이들이 서로 영토를 놓고 싸워서[有國於蝸之左角者曰觸氏, 有國於蝸之右角者曰蠻氏, 時相與爭地而戰] 주검이 몇 만이나 될 정도로 즐비했고 [두 나라는] 도망가는 군대를 쫓아갔다가 15일이 지난 뒤에야 돌아왔습니다." 혜왕이 말했다. "아, 그건 거짓말이군요." 대진인이 말했다. "그럼 제가 임금님을 위해 실제 사실을 예로 들어 말씀드려보겠습니다. 임금님께선 이 사방 위아래의 공간에 끝이 있다고 생각하십니까?" 이 물음에 혜왕은 이렇게 대답했다. "끝이 없소." 그러자 대진인이 말했다. "그럼 정신을 무한한 공간에서 노닐게 할 줄 알면서, 이 유한한 땅을 돌이켜본다면 이 나라 따위는 있을까 말까 할 만큼 아주 하찮은 것이 아니겠습니까?" "그렇소." "유한한 이 땅에 위나라가 있고 그 위나라 속에 양이라는 고을이 있으며 양 속에 왕이 있습니다. 그렇다면 촉씨와 만씨 사이에 구별이 있겠습니까?" "구별이 없소." 대진인이 물러가자 혜왕은 멍하니 얼이 빠진 듯했다. 곧

물을 이롭게 해주고 낮은 곳에 처하면서 자기만을 고집하지 않아 결국 자기를 잃지 않는다. 그래서 무위자연인 도道를 잘 터득한 성인과도 같고, 말 없는 교화와 무위의 유익함을 상징한다. 그래서 "이만물利萬物"이라는 물의 제1특성을 부각시킨 것이다. 유약해 보이면서도 다른 이에게 이로움을 주는 물의 무위야말로 우주 운행의 이치일 뿐만 아니라 개인적 행위의 모범이다. 그러므로 노자는 67장에서 유가가 주장하는 인의仁義와 같은 상대적 지식을 배제하고 삼보三寶를 주장[我有三寶, 持而保之, 一曰慈, 二曰儉, 三曰不敢爲天下先]하고 있는 것이다.

세 번째 문장은 몇 가지 살펴볼 점이 있다. "심선연心善淵"이란 구절에 대해 설혜薛蕙는 《노자집해老子集解》에서 "감춘 마음이 미묘하고, 마음이 예측할 수 없는 것이 '선연'이다[藏心微妙, 心不可測, 善淵也]"라고 풀었다. "연淵"은 깊고 고요하며 말이 없고 적막하다는 의미가 있어 '무욕무위無欲無爲'의 경지라 할 만하다.

"여선인與善人"은 판본에 따라 적지 않은 논란이 있다. 필자는 왕필본이나 하상공본에 기록된 "여선인與善人"을 따랐는데, 최진석처럼 백서본에 따라 "여선천予善天"으로 보아야 한다는 학자도 있고 "여선인予善人"으로 봐야 한다고 주장하는 학자도 있다. 리링은 "선인"이란 "성인聖人" 다음의 경지이며 "인인仁人"과 비슷하다고 못 박

이어 혜시가 들어오자 혜왕은 이렇게 말했다. "저 나그네는 뛰어난 인물이오. 성인이라도 그를 당하지 못할 거요." 혜시가 말했다. "피리를 불면 높고 큰 소리가 납니다만, 칼자루 끝의 구멍에 바람을 불면 휙 하고 작은 소리밖에 안 납니다. 사람들은 요순을 칭찬하지만 이 대진인 앞에서 요순을 말한다는 것은 비유컨대 이런 휙 소리에 지나지 않습니다." 하 잘것없는 다툼을 버리고 대범하게 살아가야 하는데 눈앞의 이익에 어두워 어리석게 행동하지 말라는 경고다.

는다.[7] 선인善人은 27장, 62장, 81장에도 나오는 개념이다. 그렇다면 '천天'의 풀이에 따라 판본 문제를 바로잡을 수 있다고 보는데, '천'은 사사로움, 즉 편애가 없다는 점에서 일단 백서본의 문장 역시 납득할 만하다. 가오밍高明은 《백서노자교주帛書老子校注》(1990)에서 '천天' 자로 봐야 앞의 "연淵" 자 및 뒤의 "신信" 자와 통일이 된다면서 이 글자가 옳다는 입장을 고수했다. 다양한 문헌들이 출토되고 있어서 어쨌든 《도덕경》의 판본 문제는 매우 심각하게 고민해야 한다. 이 구절의 의미에 대해 설혜는 《노자집해》에서 "그 겸애를 베풀고 사사로움이 없는 것이 '선인'이다(其施兼愛而無私, 善人也)"라고 했다. 여기서 선인은 물처럼 사사로움도 없고 보답도 바라지 않는 사람이다. 따라서 "선인善仁"이란 말과도 통한다. 10장의 "이루어놓고도 뽐내지 않으며, 수장이 되지만 주재하지 않으니, 이를 현묘한 덕이라고 한다(生而不有, 爲而不恃, 長而不宰, 是謂玄德)"라는 문장의 "현묘한 덕"과도 같다. "언선신言善信"에 대해 설혜는 "그 말이 믿음이 있으나 명명백백하지는 않은 것이 '선신'이다(其言有徵而不爽, 善信也)"라고 풀이했다.

"정선치正善治"도 보충 설명이 필요하다. 설혜는 "나라를 다스림에 맑고 고요하며 스스로 바른 것이 '선치'다(治國則淸靜自正, 善治也)"라고 했다. 이는 57장의 "내가 하는 일을 없애니 백성이 저절로 교화되고, 내가 고요함을 좋아하니 백성이 저절로 올바르게 되며, 내가 일거리를 만들지 않으니 백성이 저절로 부유해지고, 내가 욕심을 없애니 백성이 저절로 순박해진다(我無爲而民自化, 我好靜而民自正, 我無事而民自富,

64
—

7) 리링, 앞의 책. 46쪽.

我無欲而民自樸)"라는 마음가짐에 근거한 다스림이다. 이러한 위정론은 "정치란 바른 것이다(政者, 正也)"(《논어》〈안연〉)라고 한 유가적 관점[8]과 비교해볼 필요가 있다.

마지막 문장의 "부쟁무우不爭無尤"가 가르치듯 원인을 제공하지 말라는 노자의 경고가 더욱 마음에 와닿는 이유는 무엇일까. 훌륭한 덕을 간직하고 있는 물처럼 처신하라는 말이다.

8) 원문의 "위정爲政"에서 "정政"은 바로잡을 '정正' 자와 통하니, 위정자의 바르지 않음을 바로잡는다는 의미가 있다. 정치에 대한 공자의 기본 관점은 "정치를 덕으로 하는 것은, 비유하자면 마치 북극성이 자리를 지키고 있고, 다른 모든 별이 함께 그를 떠받들어 도는 것과 같다(爲政以德, 譬如北辰, 居其所而衆星共之)"(《논어》〈위정爲政〉)라는 말의 연장선에 있다.

9장 가지고 있으면서 그것을 채우려 하면

가지고 있으면서 그것을 채우려 하면[1] 그만두는 것만 못하니,
[날을] 다듬으면서 그것을 뾰족하게 하면 오래 보존할 수 없다.
금과 옥이 집 안에 가득 차도 그것을 지킬 수 없고,
부귀하면서 교만하면 스스로 그 허물을 남긴다.
공이 이루어지면 자신이 물러나는 것이 하늘의 이치다.

持而盈之, 不如其已,

揣而銳[2]之, 不可長保.

金玉滿堂[3], 莫之能守,

富貴而驕, 自遺其咎.

功遂身退, 天之道[4].

---

1) 하상공은 《노자장구》에서 "'영盈'은 '가득하다'는 뜻이고, '이已'는 '멈춘다'는 뜻이다. 가
   지고 있으면서 채우려 하면 반드시 기울어지니, 멈추는 것이 낫다(盈, 滿也. 已, 止也. 持
   滿必傾, 不如止也)"라고 했는데 노자의 원의를 잘 살린 주석이다. 15장의 "이 도를 보전하
   려 하는 자는 채우려 하지 않는다. 오직 채우지 않기 때문에 감쌀 수 있고, 새롭게 만들
   어지는 것이다(保此道者, 不欲盈. 夫唯不盈, 故能蔽而新成)"라는 구절과 함께 읽어보면
   노자의 생각을 좀 더 잘 알 수 있다.

2) "예예銳" 자가 왕필본의 본문에는 "탈挩" 자로 되어 있고 주에는 "예예銳" 자로 되어 있다. 하
   상공본에도 "예예銳" 자로 되어 있다. '뾰족하게 하다'라는 뜻이다. 리링은 이 글자가 병기를
   가리키는 "윤鈗" 자의 오기라고 주장했다.

3) "금옥만당金玉滿堂"은 첫 문장의 의미를 이은 구절로 이 역시 하상공본과 왕필본에 따른
   것이다.

4) "천지도天之道"가 "천지도야天之道也"라고 되어 있는 판본도 있다. 여기서는 "하늘의 이
   치"라고 번역했는데 '자연지도自然之道(자연의 이치)'와 같은 개념이다.

사물이 극에 이르면 왔던 곳으로 돌아가는 것이 세상의 이치다. 우리가 몸담고 있는 이 세상은 권력, 신분, 도덕, 권위, 삶과 죽음 같은 여러 구별이 있어서 사람들을 가르고 구속한다. 이 속에서 사람들은 자기 욕심을 채우기 위해 뛰고 있다. 그러나 일정한 만족을 얻으면 즉시 멈추어야 후환이 없다. 첫 구절에 나오듯 인간은 일단 소유하면 움켜쥐고 놓지 않으려 한다. 그러니 첫 문장에서 강조하는 바는 자만을 경계하고 겸허하라는 것이다. 이 장에 세 번 나오는 "이而"는 역접이 아니고 순접의 의미가 있는 허사다.

"공수신퇴功遂身退"라는 말은 사람이 공을 세운 후에 오래 자리를 차지하고 물러나지 않으면 해를 당하니 이는 하늘의 상도라는 의미다. 해와 달도 그렇듯 만물은 성함이 있으면 반드시 쇠함이 있으며 즐거움이 극에 이르면 슬퍼질 때가 온다. '토사구팽'도 물러날 때와 장소를 구분하지 못하는 우리 인간의 어리석음을 빗댄 말이다.

노자는 부귀나 재물, 명예를 갖고 있다는 사실 자체를 잊어버리고 채우려 하지 말라고 충고한다. 교만해지면 모든 것을 순식간에 잃어버릴 수 있다. 성공하여 차지한 자리를 너무 오래 누리려고 해서는 안 되며 잠시 멈추어 자신을 살피고 멀리 보는 여유가 필요하다. 이 장은 15장의 맨 마지막 구절과 함께 읽어봐도 좋다.

10장 무릇 혼백이란 하나를 안음에

무릇 혼백이란 하나를 안음에 [이 상태를] 떠나지 않을 수 있겠는가?

기를 오로지 하고 부드러움에 이름에 어린아이처럼 할 수 있겠는가?

깨끗이 씻어내어 현묘함을 지님으로써 흠결 없이 할 수 있겠는가?

백성을 사랑하고 나라를 다스리는 데에 지혜 없이 할 수 있겠는가?

하늘의 문[1]이 열리고 닫힘에 [작위하지 않는] 암컷처럼 할 수 있겠는가?

밝고 분명하게 사방에 통달함에 있어 무위할 수 있겠는가?

[만물을] 낳아주고 길러주며, 낳았으면서도 소유하려 하지 않고, 이루어놓고도 뽐내지 않으며, 수장이 되지만 주재하지 않으니, 이를 현묘한 덕이라고 한다.[2]

載[3]營魄抱一[4], 能無離乎.

專氣致柔, 能嬰兒乎.

滌除玄覽[5], 能無疵乎.

---

1) 원문의 "천문天門"이란 말 역시 논란이 되고 있다. 하상공에 따르면 "비공鼻孔", 즉 콧구멍을 가리킨다. 포괄적으로는 이목구비를 지칭하는데, 더러는 여성의 음부를 상징한다고 보는 견해도 있다. 최진석은 "인간이 외부와 관계를 가질 때 가장 근저에서 기능하는 감각기관"(최진석, 앞의 책, 93쪽)이라는 풀이를 덧붙였다. 한편 런지위는 "천문"을 "자연自然"이라고 번역했는데 무리한 의역이다.

2) 앞 문장과 연결해 볼 때 이 문장은 나라를 다스림에 있어 여인처럼, 어머니처럼 헌신적일 때 모두 순조롭다는 뜻이다.

愛國治民, 能無知乎.

天門開闔, 能爲雌⁶⁾乎.

明白四達⁷⁾, 能無爲乎.

生之畜之, 生而不有, 爲而不恃, 長而不宰, 是謂玄德.⁸⁾

【해설】

스스로 그러한 자연의 기에 맡기고 부드러움에 이르면 마치 어
린아이처럼 무욕의 경지에 이른다는 가르침을 전면에 내세워 노자

---

3) 왕필의 주석에 따르면 "재載"는 '처處'와 같은 의미로 대개 "머물러 있다"로 해석해왔지만,
   필자는 육희성陸希聲이 《도덕진경전道德眞經傳》에서 말한 "부夫와 같다. 말을 꺼내는 단
   서다〔猶夫也. 發語之端也〕"에 따랐다. 네 글자의 대구로 이어진 이 장의 문장구조로 보아
   이 글자는 별 의미가 없는 어조사로 보고 "무릇" 정도로 번역한다. 그리고 "영백營魄"이란
   "혼백魂魄"이라고 한 하상공본의 주석에 의거하여 혼백이라고 번역한다. 참고로 비슷한
   문장이 《초사楚辭》〈원유遠遊〉 편에 나오는데, 이를 "영혼을 싣고 멀리까지 올라간다네
   〔載營魄而登霞兮〕"라고 해석한다.
4) 42장의 "일一"과 동일한 의미로 봐야 하는데 소박하고 참된 인간의 본성을 가리키며 물아
   일체의 상태를 지칭한다. 28장에 나오는 "박樸"처럼 '참된 모습〔眞〕'이다. 그러므로 "포일
   抱一"은 혼과 백이 서로 하나가 된 모습을 가리킨다고 보면 무난하다.
5) 이 문장은 잡념을 말끔히 씻어내어 정관靜觀에 깊이 들어섬을 의미한다.(런지위 설)
6) "위자爲雌"는 암컷으로 옮겼다. 암컷은 결코 주동적으로 하는 법이 없이 하늘의 문이 열
   리든 닫히든 거기에 순응할 뿐 어떤 인위적인 노력도 하지 않는다는 의미다.
7) "명백사달明白四達"은 모든 사리에 통달한다는 의미인데, 바로 뒤의 "무위無爲"와 긴밀히
   연관되어 있다. 무위를 정치적 문제와 관련짓는 노자의 시각이 드러난다.
8) 원문 스무 글자에 대해 굵은 글자로 표시한 번역문을 설명하면 이렇다. 마서륜馬敍倫은
   《노자교고老子校詁》에서 앞 문장과 상응하지 않으므로 이는 51장의 착간錯簡이라고 고
   증했다. 필자가 보기에도 51장이 "도는 [만물을] 낳고 덕은 [만물을] 길러준다〔道生之, 德
   畜之〕"로 시작되고, 중간 하단에 "그러므로 도는 [만물을] 낳고 덕은 [만물을] 길러주며
   〔故道生之, 德畜之〕"라는 문장이 나오기 때문에 상당히 일리가 있다. 위페이린의 경우에
   도 이 글자들이 착간이라고 확신하여 별도 표기를 하여 문장만 수록하고 번역문은 첨부
   하지 않았다.(위페이린, 앞의 책, 22쪽) 필자는 별도로 굵은 글자로 표기하고 번역문을 덧
   붙인다. 51장을 읽어보기 바란다.

의 철학이 생명철학임을 강조하고 있는 이 장은 유독 "호乎"자로 끝나는 의문문이 많다. 1장부터 9장까지의 논의를 정리하는 장으로 이해해왔는데, 작위보다는 무위로 통치하라는 메시지를 전달하고 있다. 번역하기 어렵고 이해하기 어려운 구절이 연이어 나와 논란이 많은 장이다.

특히 전반부는 학자에 따라 다양한 해석을 하는 등 논란이 더하다. 51, 52장과 함께 읽어야 내밀한 의미를 알 수 있다. "무위"만이 모든 것에 통달할 수 있는 힘이 된다는 논지는 치국에도 적용된다.

이 장에서도 "현玄"이 나온다. 이미 1장에서 살펴본 대로 아득하여 구분이 없는 상태로 왕필의 주석대로 "사물의 지극함[物之極]"이라는 의미다. "현람玄覽"은 '현묘한 거울'로 번역할 수 있는데, 포괄적으로 보면 우주를 담는 마음이란 뜻이다.

그리고 이 장의 핵심 개념이기도 한 "무지無知"는 편견에 사로잡힌 모든 주관적 지식과 가치판단의 한계를 깨닫고 극복하여 다다른 경지를 말한다. 원문의 "지知"는 65장에 나오는 "지智"(故以智治國, 國之賊, 不以智治國, 國之福)와 그 의미가 기본적으로 같다. 그런데 유념할 점은 이때의 무지는 지知가 있기 이전의 원시적 상태가 아니라 지知를 거친 "무지"로서 '후득後得의 무지'라는 것이다. 본래적 무지 상태에 있는 사람은 자연과의 경계에 있지만, '후득後得의 무지' 상태에 있는 사람은 천지와의 경계에 있다. 이것은 무슨 말인가. 자연과의 경계에 있는 사람들은 사물을 분별하는 능력이 없지만, 천지와의 경계에 있는 사람들은 지식이 없지 않으며 사물을 분별하지도 않는다. 후득의 무지는 이미 지知를 초월한 무지이며, 후득의 무지를 터득한 사람은 앎의 차원에서 만물과 혼연일체가 되었을 뿐

아니라 이를 자각하고 있기에 천지 경계인이라고 하는 것이다.[9]

그러니 술책이나 어설픈 지식에 기대어 성취를 꾀하지 말라는 이야기다. 이는 19장의 "절성絶聖", 즉 "성스러움을 끊는 것"과 같은 의미이고, 같은 장의 "기지棄智", 즉 "지혜를 버리는 것"과 같은 뜻이다. 한마디로 큰 정치의 기본이다. 물론 노자가 강조하는 최고의 도덕은 "현덕"이다. 이 개념은 51장에도 나오는데, "[만물을] 낳고도 소유하지 않고, 하고도 의지하지 않으며, 자라게 해주고도 주재하지 않(生而不有, 爲而不恃, 長而不宰)"[10]는 경지이다. 너무 분별하는 태도를 경계한 것이다. 천하 사물을 언어 등으로 가두는 행위는 어리석은 것이라는 일관된 취지가 거듭 드러난다. 노자는 인간이 지적 능력을 과신하여 세계의 모든 사물을 임의적이고 주관적으로 분별하여 평가하다 보니 사물 본래의 모습을 보지 못하고 진실을 왜곡한다고 보았다. 특히 맨 마지막의 현묘한 덕이란 말에서 보듯―덕이 있으나 그 주인이 누구인지 알지 못하는 경지이니―세상의 거의 모든 일이 알 수 없이 이루어지는 것이 아니겠는가?

---

9) 평유란 저, 정인재 역,《중국철학사》, 형설출판사, 1982, 98~99쪽 참조.

10) 물론 65장에도 나온다. 바로 "언제나 법식을 아는 것(常知稽式)"이다. 그리고 "현덕"이란 말은 "공덕孔德"(21장), "상덕常德"(28장) 등과 비슷한 개념이다.

11장 서른 개의 바큇살이 하나의 바퀴통에 모여 있어

서른 개의 바큇살이 하나의 바퀴통에 모여 있어, 그 없음으로 해서 수레의 쓰임이 있다.

찰흙을 이겨 그릇을 만들면, 그 없음으로 해서 그릇의 쓰임이 있다.

창과 문을 뚫어 집을 지으면, 그 없음으로 해서 집의 쓰임이 있다.

그러므로 있음이 [사람들에게] 이로운 것은, 없음이 [그들에게] 쓰이기 때문이다.

三十輻共¹⁾一轂, 當其無, 有車之用.

埏埴以爲器, 當其無, 有器之用.

鑿戶牖以爲室, 當其²⁾無, 有室之用.

故有之以爲利, 無之以爲用.

【해설】

1장과 함께 읽어야 하는 이 장에서 노자는 허虛와 실實이 저마다 나름의 용도가 있다고 보아 이 둘을 비교하면서 세 가지 비유를 제시한다. 이를 통해 "있음[有]"보다 "없음[無]"의 역할과 그 효용을 강조하고 있으니, 노자는 이 둘을 축으로 해서 세상이 굴러간다고 보고 있다.

---

1) "공共"은 집중된다는 의미다.

2) "기其"는 당연히 "실室"을 가리킨다.

여기서 "수레의 쓰임"이란 말이 의미하는 바는 이렇다. 하상공의 주석대로 "옛날에 쓰인 수레의 서른 개 바큇살은 개월 수를 본뜬 것이다(古者車三十輻, 法月數也)"라는 말을 상기할 필요가 있다. 월력으로 30일이 한 달이다. "곡轂"이란 수레바퀴 중심의 둥근 나무로서 가운데는 비어 있고 수레의 축이 집중되는 곳이다. '유'와 '무'가 대등한 위상을 구축하고 있지만, 우리는 이를 서로 대립하는 개념으로 파악한다. 세상 사람들은 이 원리를 잘 이해하지 못하고 있다. 수레바퀴도 그렇고 그릇도 그러하며 방도 그렇다. "공共"이 의미하듯 바큇살이 하나의 "곡轂", 즉 바퀴통이라는 빈 공간에 집약되면서 수레를 움직이는 힘을 발휘한다. 나무와 진흙, 벽이라는 세 존재는 왕필의 주석에 따르면 "없음으로써 쓰임을 삼는(以無爲用)"다.

두 번째 문장에 나오는 "연식埏埴"도 설명이 필요하다. 하상공은 "연埏"이 "화和"의 의미이고, "식埴"은 "토土"의 의미라고 했는데("埏, 和也, 埴, 土也. 和土以爲飮食之器."), 《설문해자》에는 '늘리다'는 의미의 '연挻'자는 있는데, '연埏'자가 없고("挻, 長也, 從手從延.") 단옥재段玉裁의 《설문해자주說文解字注》에서 "속자로 연埏이라고 한다"라고 한 데서 알 수 있듯이 이 두 글자는 서로 통한다고 볼 수 있다. 마서륜도 《설문해자》에 '연埏'자가 없다는 사실을 들어 왕필본에 의거하여 "연挻"자로 써야 한다고 했다.("說文無埏字, 當依王本作挻.") 필자가 보기에 두 글자는 뜻이 같으니 함께 써도 무방하다.

이런 점에서 노자는 '무'가 '유'보다 우월한 위치에 있다고 본다. 사람들은 흔히 '있음'이라는 형체의 이로움을 생각하지만, 구체적으로 존재하는 사물은 형식에 불과할 뿐 진정한 의미는 오히려 공간, 즉 텅 비어 있는 '무'의 차원에서 얻어지는 것이 아닌가? 그럼에도 어리석게도 눈에 보이는 '유'에만 집착하는 것이 아닌가?

12장 다섯 가지 색깔이 사람의 눈을 멀게 하고

다섯 가지 색깔이 사람의 눈을 멀게 하고, 다섯 가지 소리가 사람
의 귀를 먹게 하며, 다섯 가지 맛이 사람의 입맛을 상하게 한다.
　말달리기와 사냥하는 일이 사람의 마음을 미치게 만들고,
　얻기 어려운 재화가 사람의 행동을 방해하게[1] 한다.
　그래서 성인은 배부름을 위하지 눈[의 즐거움]을 위하지 않으므로
저것(눈)을 버리고 이것(배부름)을 취한다.

　五色令人目盲, 五音令人耳聾, 五味令人口爽[2].

　馳騁畋獵[3], 令人心發狂,

　難得之貨, 令人行妨[4].

　是以聖人, 爲腹不爲目, 故去彼取此.

---

1) 원문의 "행방行妨"을 번역한 것인데, 리링은 사람들의 "행동에 해를 끼친다"는 식의 일반
　적인 번역을 인정하면서도 구체적으로는 "길거리를 다닐 때 불편하다"는 식으로 풀이했
　는데 일리가 있는 것처럼 보인다.(리링, 앞의 책, 56~57쪽).

2) "상爽"은 왕필이 주에 "'상'은 어긋나 잃는다는 의미다. 입의 작용을 잃으므로 '상'이라고
　일컫는 것이다[爽, 差失也. 失口之用, 故謂之爽]"라고 한 데서 알 수 있듯이, '상傷'이나
　'상喪'과 같은 뜻이며 '상하게 하다' '그르치다'는 의미다.

3) 원문 "전렵畋獵"의 '전畋' 자가 영락대전본永樂大典本에는 "민畋" 자로 되어 있고, 도장본
　道藏本에는 "전田" 자로 되어 있는데, 사실 "전田"은 "전畋"의 가차자다.

4) "행방行妨"은 정직과 유사한 개념으로 볼 수 있다. 물론 세 번째 문장에 나오는 "난득지화
　難得之貨"가 원인을 제공하고 있다는 말이다.

"오색五色" "오음五音" "오미五味"라는 제한된 개념을 통해 인간이 추구하는 허례를 비판했다. 노자는 무수히 많은 자연의 색깔과 소리와 맛이 있음에도 이를 다섯 가지로 한정하여 그것만을 인정하려는 인간의 어리석음을 비판한다.[5] 말달리기와 사냥도 마찬가지다. 어떤 목적을 달성하기 위해 치닫는 맹목은 사람을 미치게 만든다. 사회적 합의라고는 하지만 이를 빌미로 서로를 억압하고 강제와 폭압이 횡행한다.

맨 마지막 구절의 "거피취자去彼取此"는 38장에도 나오는데, 성인이 지향하는 "배(腹)"는 본능의 성격을 띠나, "눈(目)"은 목적의식이 배어 있는 인위적인 속성이 있으므로 배를 취하고 눈을 버려야 한다. "위복불위목爲腹不爲目"이란 말은 3장의 "허기심虛其心, 실기복實其腹"이란 말과 함께 읽어보아야 분명한 의미가 드러난다. 실속을 중시하고 겉치레에 현혹되지 않는다는 말로 이해할 수 있다.

이 장에서 노자는 이상적인 세계를 규정하고 거기에 맞춰 살아가는 것을 비판하고 있다. 우리가 버리고 있는 것이 오히려 소중히 간직하고 취해야 할 대상임을 알아야 한다. 거듭 말하지만 노자는 천하를 구분 짓지 않고 있는 그대로 보려고 한다. 그러기에 배와 눈의 비유가 놀랍지 않은가? 맨 마지막 구절처럼, 배를 위하는 것은 사물로 자신을 기르는 것이지만, 눈을 위하는 것은 사물에 의해 부림을 당하는 것이 아닌가? 성인은 당연히 전자를 택하는 것이다.

---

5) 노자의 이 말은 《회남자》〈정신훈精神訓〉에 나와 있는 문장과 기본적으로 취지가 같다. "五色亂目, 使目不明, 五聲嘩耳, 使耳不聰, 五味亂口, 使口爽傷, 趣舍滑心, 使行飛揚. 此四者, 天下之所養性也, 然皆人累也."

13장 총애를 받거나 모욕을 당하면 놀란 것처럼 하고

총애를 받거나 모욕을 당하면 놀란 것처럼 하고, 큰 걱정거리를 제 몸처럼 귀하게 여기라.

'총애를 받고 모욕을 당하면 놀란 것처럼 하라'는 말은 무슨 뜻인가? 총애를 얻으면 [다른 사람의] 아래에 놓이니[1] 총애를 얻어도 놀란 듯이 하고 총애를 잃어도 놀란 듯이 한다. 이것을 '총애를 받거나 모욕을 당하면 놀란 것처럼 하라'는 말이다.

'큰 걱정거리를 제 몸처럼 귀하게 여기라'는 말은 또 무슨 뜻인가? 나에게 큰 걱정거리가 있는 까닭은 내가 몸을 갖고 있기 때문이다. 내가 몸을 갖고 있지 않으면, 나에게 무슨 걱정거리가 있겠는가!

그러므로 몸을 천하처럼 귀하게 여겨야[2] 천하에 기탁할 수 있는 것처럼, 몸을 천하 아끼듯 해야 천하를 맡길 수 있는 것과 같다.

寵辱若驚, 貴大患若身.

---

1) 원문의 "총위하寵爲下"를 번역한 것인데, 왕필본에 따랐다. 이 구절을 "총위상寵爲上, 욕위하辱爲下"로 교정해야 한다는 학자(위페이린, 앞의 책, 27쪽)도 있다. 왕필본에는 "총위하寵爲下"로 되어 있는데, 하상공본에는 "욕위하辱爲下"로 되어 있어, 두 사람의 판본을 합쳐서 보아야 전후 문맥이 맞다는 점을 근거로 들었다. 이 주장은 유월俞樾이《제자평의諸子平議》에서 지적한, "왕필본과 하상공본에 아마도 오탈자가 있는 듯하다"는 말에 근거하는 것 같은데, 필자 역시 상당한 일리가 있다고 본다. 다른 사람의 신하가 된다는 말로 이해해야 한다.

2) 이와 관련된 해석의 미묘한 관점은 런지위의 책에 좀 더 자세히 설명되어 있다.(런지위, 앞의 책, 88쪽)

何謂寵辱若驚. 寵爲下³⁾. 得之若驚, 失之若驚, 是謂寵辱若驚.

何謂貴大患若身. 吾所以有大患者, 爲吾有身, 及吾無身⁴⁾, 吾有何患.

故貴⁵⁾以身爲天下, 若可寄天下, 愛⁶⁾以身爲天下, 若可託天下.

【해설】

비교적 이해하기 까다로운 장으로 평가되는 이 장 역시 11장과 12장에 이어 만물이 '유'와 '무'로 이루어져 있으며 총애를 받든 모욕을 받든 이 모든 일이 인간이 만들어놓은 기준들에 의해 반복되고 있음을 말한다. 노자는 '무욕'을 주장했기에 19장에서도 "사사로움을 줄이고 욕심을 적게 하라(少私寡欲)"고 했으며 57장에서도 "내가 욕심을 없애니 백성이 저절로 순박해진다(我無欲而民自樸)"라고 했다. 노자가 말한 "무신無身"은 사사로움이 없는, '무아無我'라는 의미다. 이미 7장에서도 "무사無私"란 말을 통해 자신을 배제하고 뒤에 두려는 생각을 드러냈다.

총애와 모욕 이 두 가지는 모두 밖에서 온다. 자신이 의도하지 않은 일이므로 이 때문에 인격의 존엄성을 유지하기 어렵게 될 위험성이 있다. 그렇다면 두 가지를 받지 않아야만 평정심을 유지하고 안정될 수 있다. "귀대환약신貴大患若身"이란 큰 걱정거리가 닥친 것

---

3) "하위총욕약경何謂寵辱若驚. 총위하寵爲下"는 왕필본에 의거한 것인데, 백서본도 동일하며 곽점본에는 "약경若驚" 두 글자가 누락되어 있다.

4) "급오무신及吾無身"에 대해 왕필은 《노자주》에서 "스스로 그러함에 돌아가는 것이다(歸之自然也)"라고 해석했다. 일리 있는 주석이다.

5) "귀貴"는 뒤의 "애愛"와 기본적으로 같은 의미다. "기寄"와 "탁託"도 같은 의미다.

6) "애愛"의 의미에 대해 왕필은 "물건 중에 내 몸을 손상시킬 것은 없으므로 '애'라고 한 것이다(無物可以損其身. 故曰愛也)"라고 했다. 이를 참조하라.

처럼 자기의 몸을 잘 보존하라는 말이다. 바로 이 장에서부터 총애라는 말이 하찮게 취급된다. 원문의 "신身"을 생명이라고 번역하기도 한다. 그리고 "귀~신貴~身"은《여씨춘추》〈귀생貴生〉편에 나오는 "지신持身"과 같은 개념으로 여기서 말하는 '귀신'이란 수신이 아닌 양생을 귀하게 여기는 것이다. 다시 말해 섭생을 뜻하며, 치국이란 양생의 연속이고 천하를 다스리려는 자는 양생을 전제로 해야 한다는 말이다.(리링, 앞의 책, 61쪽)

또 다른 번역도 제시한다. "그러므로 도의 가장 핵심적인 부분은 자신의 몸을 유지하는 것이고, 그 나머지 실밥과 같은 보잘것없는 찌꺼기는 나라를 경영하기 위한 것이며, 기와 조각과 지푸라기와 같은 보잘것없는 부분들은 천하를 다스리기 위한 것이라고 말할 수 있다."[7]

여기서 "귀貴"가 강조하는 바는 주객이 분리되지 않는 것을 귀하게 여기라는 것이다. 천하와 자신 사이에 있는 경계의 틀을 벗어던지라는 의미다. 달리 말하면 천하를 가볍게 여기고 자신을 중시하라는 의미다. 분별을 없애고 물아일체의 경지로 들어가는 것을 의미하는데, 나 자신을 의식하지 않으므로 구태여 바꿀 필요가 없다.

맨 마지막 문장에서는 통치자의 자질을 말하고 있는데, "아낀다〔愛〕"는 말에는 자신의 가치를 아는 사람만이 지도자의 자격이 있다는 뜻이 담겨 있다. 반복해서 사용된 "약若"은 '동同'처럼 쓰였으니 '~와 같다'는 의미이다. 나를 버리고 남을 의식하지 않아야 하며 자

---

7) "故曰, 道之眞, 以持身, 其緒餘, 以爲國家, 其土苴, 以治天下. 由此觀之, 帝王之功, 聖人之餘事也, 非所以完身養生之道也."(여불위 지금, 김근 역,《여씨춘추》〈귀생〉, 민음사, 1995)

기 과신을 일삼지 말고 늘 내면을 닦는 일에 힘써야 한다. 맨 마지
막 구절에서 노자가 제시하는 통치자의 자질은 일에 임할 때 천하
만큼 자신을 소중히 여기는 데서 출발하는 것이다.

14장 그것을 보려 해도 보이지 않는 것을 '이夷'라 하고

그것(도道)을 보려 해도 보이지 않는 것을 '이夷'라 하고, 그것을 들으려 해도 들리지 않는 것을 '희希'라 하며, 그것을 잡으려고 해도 얻지 못하는 것을 '미微'라 한다.

이 세 가지는 따져 물을 수 없으니, 본래 섞여서 하나가 되어 있었기 때문이다.

그것(도)은 위로는 밝지 않고, 그것은 아래도 어둡지 않다.

[새끼줄처럼] 꼬이면서 이어지기에[1] [무엇이라고] 이름을 붙일 수 없고, 다시 아무것도 없는 만물로 [귀결되어] 돌아간다.

이것을 형상이 없는 형상이라 하고, 사물이 없는(보이지 않는) 형상이라 하며, 이것을 황홀이라고 한다.

그것을 맞이해도 그것의 머리를 볼 수 없고, 그것을 뒤따라가도 그것의 꼬리를 볼 수 없다.

옛날의 도에 근거하여 오늘의 있음(현실)을 다스리며, 옛날의 시작을 알 수 있으니, 이것을 도道의 규율[2]이라고 한다.

視之不見曰夷. 聽之不聞曰希[3]. 搏之不得曰微.

---

1) 런지위는 "묘망渺茫"이라고 번역하면서 분명하지 않은 모습이라고 풀이했는데 타당성은 부족해 보인다.(런지위, 앞의 책, 90쪽)

2) 원문의 "도기道紀"를 번역한 것이다. '도의 벼리' '도의 실마리' '도의 단서' 등으로도 번역하는데 의미는 별 차이가 없다.

3) "희希"는 41장의 "대음희성大音希聲"과 용법이 같다.

此三者不可致詰, 故⁴⁾混而爲一⁵⁾.

其上不皦, 其下不昧.

繩繩不可名, 復歸於無物.

是謂無狀之狀, 無物之象⁶⁾, 是謂惚恍⁷⁾.

迎之, 不見其首, 隨之, 不見其後.

執古之道, 以⁸⁾御今之有.

能知古始, 是謂道紀.

【해설】

이 장에서는 신비스러워 잴 수조차 없는 '도'의 모습을 말한다. 노자는 도의 "혼이위일混而爲一"을 인정하면서 "복귀復歸"⁹⁾의 이상을 말한다. 즉 현실 속으로 도를 집어넣어 운용하는 원칙을 설명하고 있다. 노자 철학의 이상이라 할 수 있는 복귀의 세계는 '스스로 그

---

4) "고故"는 앞뒤 문장을 인과관계로 연결해주는 허사인데, 여기서는 "본래"라는 의미로 번역하여 앞뒤 문장의 인과관계를 살리려 했다. 또 어감을 고려하여 뒤 문장을 과거시제로 번역했다.

5) "일一"은 하나라는 뜻으로 '도道'의 별칭이다.

6) "무상지상無狀之狀, 무물지상無物之象"에 대해 왕필은 "없다고 하려니 사물이 그로 인해 이루어지고, 있다고 하려니 그 형체를 볼 수 없다〔欲言無邪. 而物由以成. 欲言有邪. 而不見其形〕"는 주석을 붙였다.

7) 원문의 "황홀恍惚"은 미묘하게 서로 다른 글자다. "황"은 드러나 있으면서도 모호한 것을 말하고, "홀"은 감춰져 있으면서 흐릿한 모습을 말한다.

8) 이곳의 "이以"는 아래에 나오는 "능지고시能知古始"의 "능能"과 같은 뜻이다.(위페이린, 앞의 책, 31쪽) 그리고 "고시古始"는 바로 "고지도古之道"를 지칭한다. 그리고 "능지고시"의 의미에 대한 왕필의 주석은 이렇다. "아득한 옛날이 비록 멀지만 그 도가 존재하므로 비록 오늘에 있더라도 옛날의 시작을 알 수 있는 것이다〔上古雖遠. 其道存焉. 故雖在今可以知古始也〕."

러한' 자연의 세계다. 노자는 개별 사물 자체는 비록 유한하고 불완전하지만 그 근원인 도道는 무한하고 완전하며 사물들의 도道와 연속적인 본말本末 관계를 맺기에 말末로부터 본本으로 돌아가는 복귀에 의해 자신의 유한성과 불완전성을 벗어날 수 있다고 보았다. 결국 복귀의 목표는 유한한 개체인 인간이 무한하고 절대적인 도를 인식하고 전달하는 데 있다.[10] 다시 말해 복귀의 세계는 현실 생활을 떠나 산림 속에서 은거하는 신선들의 신비롭고 현묘한 영역이 아니며, 현실에서 적극적으로 생활하되 편견과 집착과 수식, 작위 등으로 가득 찬 세속에 물들지 않는 것을 말한다. 이 장은 1장과 25장과 더불어 읽어보아야 한다.

이 장은 "이夷(평이함)" "희希(희미함)" "미微(미미함)"라는 핵심 개념[11]을 주축으로 일상의 감각을 초월한 어딘가에 존재하는 도의 근원적인 문제를 말하고 있다. 즉 도는 청각과 시각 그리고 촉각을 총동원해도 도저히 감을 잡을 수가 없는데, 모양이나 형상, 울림 등 지

---

9) 복귀 사상의 중요성을 일본 학자인 大演皓의 연구가 언급했지만 본격적으로 체계화된 것은 아니며, 현재 국내에 나와 있는 논문 가운데서도 '복귀復歸'를 주제로 노자 사상을 다룬 바는 없었다. 다만 대만의 한 논문이 노자 사상의 근본 문제가 '도道의 실락失落과 회귀回歸'에 있음을 밝혔다.(위엔바오신袁保新, 〈노자 형이상학의 전역과 중건老子形上思想之詮譯與重建〉, 文化大學哲學研究所 博士學位論文, 1983, 117~120쪽) 필자가 여기에서 사용하는 '복귀'라는 용어는 "復歸於無物"(14장), "夫物芸芸, 各復歸其根"(16장), "復歸於嬰兒 (……) 復歸於無極 (……) 復歸於樸"(28장), "用其光, 復歸其明"(52장) 등과 같은 개념인데, 복귀는 도의 본체에서 분화한 것이 모두 도의 근원성으로 소급된다는 뜻이다.

10) 천구잉陳鼓應 주역註譯,《노자금주금역과 평가老子今註今譯及評價》, 台北: 商務印書館, 1970, 91쪽.

11) 필자는 왕필본에 따랐다. 백서본에는 거꾸로 "미微" "희希" "이夷"의 순으로 되어 있는데, 이 점에 대해 최진석은 오히려 백서본이 노자의 원의에 근접했다고 보면서 그 근거로 "미微"가 "보이지 않다(不見)"라는 의미라는 점을 들면서 문맥상 "평이함"을 뜻하는 "이夷"보다 먼저 와야 한다고 주장했다.(최진석, 앞의 책, 121쪽) 이 설 역시 설득력이 있나.

각할 수 있는 것이 없기에 역으로 어디든 통하게 된다는 뜻이다.

원문의 "혼混"은 혼돈이라는 뜻이 아니라 유와 무가 함께 있어 구분하기 어려운 상태를 말한다. 그래서 '섞여 있다'는 의미로 이해해야 한다. 도道의 별칭이기도 한 "일一"도 "혼"과 같은 부류의 단어다. 노자가 말하는 '하나'는 한 개라는 의미가 아니고 상반되는 두 개를 아우르는 복합적인 것이다.

바로 아래의 "교皦"는 밝다는 의미로서 어두움을 뜻하는 "매昧"의 상대어로 쓰였다. 이 두 글자 역시 백서갑본과 백서을본에는 각각 "유攸"와 "홀忽", "류謬"와 "매昧"로 표기되어 있는데, 여러 학자가 고증하듯 세 글자는 문자학적으로 별 차이는 없다.

원문의 "승승繩繩" 역시 주목해야 한다. "승승"의 또 다른 해석은 '끊임없이 계속 이어지는 모습'인데, 필자는 마치 새끼 한 가닥 꼴 때마다 유와 무의 관계처럼 교차되어 꼬이는 듯한 상태를 의미하는 어감을 살려 번역했다. 한편 백서본에는 "승승繩繩"이 "심심尋尋"으로 되어 있는데, '오래도록 지속되는 모습'이라는 뜻이다. 즉 끊임없이 이어지는 모습, 무한함을 가리키며 무슨 범주에 쉽게 들어갈 수 없다는 의미를 담고 있다. 궁극적인 도의 속성을 말한 것으로 이해해야 한다.

이 장에서 주목해야 할 단어인 "견見"과 "문聞"은 "시視"와 "청聽"과 달리 어떤 의지나 목적의식 없이 보이고 들리는 현상으로, 자연의 모습과 맞닿아 있다.

겉으로 드러난 '유有'란 효용이 있는 공간인 '무無'가 있기에 존립할 수 있다. 제아무리 아리송하고 신비스런 도라 할지라도 그 "옛날의 도"의 원리에 입각하여 현상을 직시해야 "옛날의 시작"을 알 수 있게 된다는 것이다.

"이어금지유以御今之有"는 노자의 목표 의식이 배어 있는 구절이다. 물론 노자가 제시하는 해답은 "고지도古之道"이다. 여기서 "고지도"란 하夏나라의 도를 모범으로 삼아야 한다는 것이다. 이는 주周나라를 모범으로 삼는 공자와 근본적인 차이를 드러낸 대목이라 할 수 있겠다. 이 구절은 28장의 "흰 것(옳은 것)을 알고, 검은 것(그른 것)을 지키면 천하의 모범이 된다(知其白, 守其黑, 爲天下式)"는 말과 연관 지어 보아야 하는데, 하나라가 숭상하는 색이 검은색이다.

도의 신비한 초월성을 강조하고 있는 이 장에서 노자는 상대적인 '무'와 상대적인 '도'에 대해 계속 설명하고 있다.

15장 옛날에 도를 잘 행했던 사람은

옛날에 도[1]를 잘 행했던 사람은 미묘하고 아득하게 통달하여, 깊이를 알 수 없었다. 오직 알 수 없으므로 억지로 그것을 형용하라고 하면 [다음과 같으니],

망설이듯 마치 겨울에 개울을 건너는 것처럼 하고, 주저하듯 마치 사방의 이웃[의 공격]을 두려워하는 것처럼 하며, 엄숙한 것이 마치 [손님처럼] 꾸민 듯하고, 풀어진 것이 마치 [봄에] 얼음이 녹으려 하는 것처럼 하며, 돈후한 것이 마치 통나무 같고, 트여 있는 것이 마치 계곡과 같으며, 섞여 있는 것이 마치 혼탁한 것 같다.

누가 혼탁한 것으로써, 고요하게 하여 천천히 맑아지게 할 수 있겠는가. 누가 편안함으로써 오랫동안 움직여 [새것을] 천천히 낳게 할 수 있겠는가?

이 도를 보전하려 하는 자는 채우려 하지 않는다. 오직 채우지 않기 때문에 감쌀 수 있고, 새롭게 만들어지는 것이다.

古之善爲道者, 微妙玄通[2], 深不可識. 夫唯不可識, 故强爲之容,

豫兮[3]若冬涉川, 猶兮若畏四鄰, 儼兮其若容, 渙兮若冰之釋, 敦兮其若樸, 曠兮其若谷,

---

1) 원문의 "도道" 자가 왕필본에는 "사士" 자로 되어 있어, '도'를 이해한 선비라는 식으로 번역하기도 한다. 그러나 필자는 마서륜의 주석에 의거하여 "도" 자가 옳다고 보고 수정한다. 고형 역시 65장에도 이 문장이 나오는 것("古之善爲道者")을 예로 들어 "도" 자로 수정해야 한다고 했는데 일리가 있어 필자 역시 받아들인다.

2) "미묘현통微妙玄通"은 미묘하고 아득히 통달한다는 뜻이다. 여기서 "통通"은 '달達' 자와 같은 뜻이다. 그래서 백서본과 죽간본에는 "현통玄通"이 "현달玄達"로 되어 있다.

混$^{4)}$兮其若濁.

孰能濁以$^{5)}$靜之徐淸. 孰能安以久動之徐生.

保此道者, 不欲盈. 夫唯不盈, 故能蔽$^{6)}$而新成.

【해설】

　이 장은 '도'를 구하고 '도'를 지키는 방법을 논의하고 있는데, 노자가 생각하기에 도를 잘 지키는 사람은 정말로 미묘하여 어떻다고 말할 수도 헤아릴 수도 없다. 이를 일곱 가지 예를 들어 설명한다. 앞의 세 구절에서 말하는 것은 "소심익익小心翼翼"이고, 뒤 네 구절은 "혼혼돈돈混婚沌沌(천지가 아직 열리지 않고 음양이 나누어지기 전의 상태)"과 연계해서 보아야 좀 더 이해하기 쉽다. 노자가 생각하기에 사물이란 흐림에서 맑음으로 고요에서 움직임으로 천천히 나아간다. '도'는 발전하는 것을 기피한다. 발전하면 곧 사그라질 것이기 때문이다. 그렇기에 '도'는 채움과 이룸을 반대한다.

---

3) "혜兮" 자가 왕필본에는 "언焉" 자로 되어 있는데 하상공본에 "혜兮" 자로 되어 있어 바로잡는다. 물론 다음 구절에 나오는 "혜兮" 자와도 호응한다.

4) 이 글자가 "혼渾(흐리다)" 자로 되어 있는 판본도 있다. 여기서는 왕필본에 따른다.

5) 이 문장의 "이以" 자 둘을 "이而" 자로 교열해야 문맥상 맞다는 설도 있다.(위페이린, 앞의 책, 33쪽)

6) "폐蔽"는 '감싸다'라고 해석할 수 있으며, '덮어준다'는 의미로도 이해할 수 있다. 한편 이 글자가 "폐弊" 자로 되어 있는 판본도 있으니 그럴 경우는 '해어지다' '피폐해진다'는 의미다. 필자의 해석과는 전혀 다르다. 그렇다고 해서 이 해석이 틀린 것은 아니다. 이 구절은 해석이 분분하며, 판본에 따라 적지 않은 차이가 있고 해석 역시 서로 다르기 때문이다. 왕필은 '이而' 자 아니고 '불不' 자가 맞다고 했으니 말이다. 장시창蔣錫昌 같은 학자는 하상공과 왕필의 설이 일리가 있다고 보아 "성인은 교만하지 않아서 지혜를 가리고 마구 이루려 하지 않는다"라고 해석하기도 했다.(장시창,《노자교고老子校詁》, 成都: 古籍書店, 1988, 98~99쪽.)

14장에 이어 이 장은 상대적인 '무'를 체득한 사람에 대해 설명하고 있다. 마치 득도한 선비의 모습이다. '유'가 '무'에 의해 성립됐음을 체득한 사람은 어떤 행동을 하든 드러내는 바가 없다. 마치 혼탁한 세상에서 혼탁한 것을 사용해서 세상을 바르게 만드는 식이다. 특히 이런 사람은 채워지기를 바라지 않고, 새롭게 보이려고 하지도 않으며 억지로 새것을 만들려 하지도 않는다. 39장에서 통치자가 스스로를 낮추어 부르는 것을 볼 수 있는데 바로 이런 맥락이다. "영盈"자는 9장에서도 나왔다. 함께 읽어보면 좋다.

16장 마음이 비어 있음의 극치에 이르면

[마음이] 비어 있음의 극치에 이르면, 고요함의 독실함을 지켜라.
만물이 모두 일어날 때, 나는 [만물의] 되돌아감을 본다.

무릇 만물은 무성하지만 저마다 그 뿌리로 다시 돌아간다.

뿌리로 돌아가는 것을 '정靜'이라 하니 이것을 '명命(운명)'을 회복
한다고 한다.

명을 회복하는 것을 '상常(치우치지 않음)'이라고 하며, 상을 아는
것을 '명明(밝음)'이라고 하는데, [사람들은] '상'을 알지 못한 채 함부
로 흉악한 일을 일삼게 된다.

상을 알면 포용하고, 포용하면 곧 공평해지며, 공평하면 곧 왕 노
릇 하게 되고, 왕 노릇 하게 되면 곧 하늘(자연)처럼 되며, 하늘처럼
되면 곧 도에 부합되고, 도에 부합되면 곧 장구하니, 죽을 때까지
위태롭지 않다.

致虛極, 守靜篤. 萬物並作, 吾以觀復.

夫物芸芸, 各復歸其根.

歸根曰靜, 是謂復命.

復命曰常, 知常曰明.

不知常, 妄作凶[1].

---

1) "망작흉妄作凶"은 "함부로 흉악한 일을 일삼게 되다"로 번역했다. 이 원문을 구두점을 찍
어 "妄作, 凶"으로 읽으면 "함부로 일삼으니, 흉악하다"라고 번역할 수도 있다.

知常容, 容乃公, 公乃王, 王乃天, 天乃道, 道乃久, 沒身不殆.

【해설】

이 장은 대립하는 양쪽을 오가는 만물의 원리를 다루고 있다. 앞 장에서 도를 체득한 자의 모습을 설명했다면, 이 장에서는 도를 체 득한 사람은 어떻게 행동하는가를 말하고 있다. 특히 청정무위를 통해 만물의 변화와 만물의 회귀를 주창한 이 글에 나오는 네 개의 "복復"자가 핵심이다. 16장에서 노자는 "허虛"가 구체적으로 표현되 는 양상을 말하고 있다. 좀 더 설명해보자. '허虛'와 '정靜'은 인위적 노력에 의해 도달할 수 있는 것이 아니라 인간의 근원적 성性 자체 의 모습이다. 그런데 사람들은 '허'에 이르려고 '허'에 남으려고 하 면 오히려 유有를 떠나지 못하고, '정'을 지키려고 '정'에 머물러 있으 면 동動에 떨어지게 된다는 것을 망각한 채, 허와 정의 극치인 성性 에서 생겨서 성性으로 돌아가려고 한다.

본연지성本然之性을 완전히 회복하면 사물이 나타나고, 사물이 나 타나면 주관적인 나와 사물을 구별하려는 의식이 없게 된다. 이 경 지에 이른 것을 "복명復命"이라고 한다. 그리고 인간이 허와 정의 도 를 터득하여 지킨다면 무위無爲를 체득하고 만물이 생성화육生成化育 하여 모두 본성으로 되돌아갈 수 있다. 이렇게 본다면 텅 비움이란 자신의 내면에 어떤 의지나 지향성도 갖지 않는다는 말이다.

"운운芸芸"은 "운운云云"으로 된 판본도 있으며, 안정되고 고정되 어 있는 모습이 아닌, 서로 엉키면서 번성하는 모습을 가리킨다. 물 론 그 주체는 만물이다. 노자가 말하는 "뿌리"는 만물의 근원이나 본체가 아니다. 아직 싹이 나오기 전이라는 의미로 뿌리라고 말한 것이다.

17장 가장 뛰어난 자가 있으면

가장 뛰어난 자(통치자)가 있으면 백성들은 그가 있다는 것만 안다.
그다음은 그를 가깝게 여기고 기린다.
그다음은 그를 두려워한다.
그다음은 그를 업신여긴다.
[윗사람의] 믿음이 부족하기에, [아랫사람들도] 믿지 못하는 일이 생기게 되는 것이다.
[가장 뛰어난 자는] 느긋하여, 그 말을 귀하게 여기고 있으니, 공이 이루어지고 일이 완수되어도 백성들은 모두 내가 스스로 그렇게 된 것이라고들 말한다.

太上, 下[1]知有之.

其次, 親而譽之.

其次, 畏之.

其次, 侮之.

信不足焉, 有不信焉.

悠兮其貴言, 功成事遂[2], 百姓皆謂我自然.

---

1) "하下"자는 왕필본에 따른 것인데 이 글자가 영락대전본에는 "불不"이라고 되어 있다.

2) "공성사수功成事遂"는 하상공본과 왕필본에 따른 것으로 죽간본에는 "성사수공成事遂功"이라고 되어 있으며, 리링은 "성공수사成功遂事"(리링, 앞의 책, 71쪽)라고 교열하기도 했다. 필자는 리링의 견해에 동의하지 않는다.

【해설】

이 장은 노자가 생각하는 통치자의 수준과 이에 따른 백성의 반응, 그리고 통치자가 백성의 신뢰를 얻는 방법을 이야기한다. 통치자가 신뢰를 얻는 방법은 결코 먼 곳에 있지 않다. 백성은 자신이 통치자를 믿는 정도에 따라 통치자에 대한 태도를 바꾼다. 노자는 말을 적게 해야만 백성의 믿음을 얻을 수 있다고 보았다. 과업을 성취하더라도 백성이 그러한 성취 자체를 알지 못해야 한다는 것이다. 가장 수준 높은 정치는 백성이 통치자의 존재만 알 뿐 그가 무엇을 하든 관심도 없고 존재 자체를 알 수 없는 정치이다.

원문의 "태상太上"이란 왕필의 주석대로 "대인大人"을 뜻하며, 대인 중 윗자리에 있는 사람을 가리킨다. 즉 가장 뛰어난 임금이니 곧 성인을 이른다. 이 구절은 통치자가 어떤 생각을 하고 어떤 방향으로 나아가는지를 백성이 몰라야만 잘된 정치라는 뜻이다. 아래 기술한 단계로 가면 갈수록 백성은 통치자의 존재 자체에 부담을 느끼게 된다. 따라서 노자가 57장에서 말한 정치의 이상적 상태("民自化, 民自正, 民自富, 民自樸")를 실현할 수 없게 된다.

맨 마지막의 "자연自然"이란 개념에 대해서는 설명이 필요하다. 주석가들의 견해에 따르면,[3] 노자에게 자연[4]이란 단순히 존재 사

---

3) 가령 왕필은 "자연은 구체적인 존재 사물을 가리키는 것이 아니라 우주만물의 궁극적인 원리를 형용"하는 말이라 했고, 하상공은 "도道의 본성은 스스로 그러함이요, 그 본받는 바가 없는 것이다"라고 말했다. 오징吳澄은 "도道가 그러한 가장 큰 이유는 그 스스로 그러하기 때문이니 도의 밖에 따로 자연이 있는 것이 아니다"라고 말했다.

4) 노자 철학에서 "자연自然"이라는 개념은 매우 중요함에도 불구하고 《노자 도덕경》 전체에 다섯 번밖에 보이지 않는다. "功成事遂, 百姓皆謂我自然." "希言自然." "道法自然." "夫莫之命而常自然." "以輔萬物之自然, 而不敢爲."

물이라기보다는 '스스로 그러한 것' 또는 '저절로 그러한 것'으로서 어떤 의식이나 작위가 가해지지 않은 사물의 궁극적 상태를 가리킨다.

따라서 노자에게 자연은 도道보다 높은 곳에 있는 실체가 아니라 도의 본모습이며, 모든 만물이 스스로 존재하며 변화해가는 과정 전체를 가리킨다. 맨 마지막 문장의 "귀언貴言"은 말을 삼가고 적게 하라는 뜻으로 '스스로 그러함'을 터득하기 위한 방법이다. 23장의 "희언자연希言自然"도 같은 뜻이다.

노자가 말하듯 "신信"과 "불신不信"을 불러일으키는 자는 결국 통치자이다. 백성은 그의 행위에 반응할 뿐이다. 노자는 백성이 통치자의 존재를 아는 정도에 머무르는 경우에 이상적인 통치가 구현된다고 생각했다. 2장의 "불언지교不言之敎"란 말과 함께 읽어 보면 그 의미가 분명해진다.

18장 위대한 도가 없어지자

위대한 도가 없어지자 인仁과 의義가 생겨났고,
[교묘한] 지혜가 나타나자 큰 거짓이 생겨났다.
육친六親(아버지·자식·형·동생·남편·아내, 곧 가정)이 화목하지 못하자
효성과 자애가 있게 되었고,
국가가 혼란해지자 충신이 있게 되었다.

大道廢, 有仁義,

智慧[1]出, 有大僞.

六親不和, 有孝慈,

國家昏亂, 有忠臣.

【해설】

이 장 역시 앞 장과 연관되어 있다. 노자는 유가에서 흔히 말하는
"인의仁義"나 "효자孝子" "충신忠臣" 같은 관념에 부정적인 입장을 보
이며 비판하고 있다. 노자의 "대도大道" 관점으로 보면 이들은 인위
적일 뿐 아니라 일탈된 가치일 뿐이다. 이 장은 38장의 "도를 잃어
버리고 나서야 덕이 있고, 덕을 잃어버리고 나서야 인이 있으며, 인
을 잃어버리고 나서야 의가 있고(失道而後德, 失德而後仁, 失仁而後義)"라

---

1) "지혜智慧"가 왕필본의 원문에는 "혜지慧智"로 되어 있는데 각주에는 오히려 "지혜"로 되
어 있어 원문에 따라 바로잡는다.

는 문장과 호응한다. 어찌 보면 난세에서 태어나 살아간 제자백가의 고뇌를 모두 내포하고 있는 글이라고 할 수 있다.

노자가 생각하는 해법은 독특하다. 저마다 자연의 이치를 따르지 않았기에 모든 제도와 예법이 생겨났다. 즉 인의와 지혜로 대변되는 인위적이고 가식적인 겉치레는 바로 인간이 만든 틀로 인해 생겨났다. 여기서 말하는 "지혜"란 성인이 나라를 통치할 때 구사하는 교묘한 지혜를 말한다. 즉 예악, 법령, 형벌 같은 것으로 '궤교詭巧'에 해당한다. 군주의 통치가 궤교로 가득 찰수록 백성은 거짓되고 사악한 일들을 일삼게 된다는 것이다.[2]

그러므로 노자는 인위보다는 무위를 주장하는데, 무위란 자연의 또 다른 말이다. 인간은 지적 활동으로 대상을 정지시켜 구분 지을 뿐 이를 통해 얻은 지식이 허위임을 알지 못한다. 5장 "천지불인天地不仁, 성인불인聖人不仁"과 함께 읽어보면 그 의미가 훨씬 더 잘 드러난다.

'도룡기屠龍技'란 말이 있다. '도룡', 즉 용을 잡는 기술은 제아무리 높은 수준이라도 쓸데없다는 뜻으로 '도룡지술屠龍之術'이라고도 한다.《장자》〈열어구〉 편에서 장자가 지인至人과 성인聖人을 설명하는데 바로 여기서 유래한 말이다.

도를 알기는 쉬우나 말하지 않기란 어렵다. 도를 알면서도 말하지 않음은 하늘을 좇는 것이고, 알아서 말하는 것은 인위人爲에 머무르는 것이다. 옛날 지인至人들은 하늘을 좇고 인위에 머물지 않았

94
—

2) 5장에서 노자가 말한 "하늘과 땅은 인仁하지 않아 (……) 성인은 인하지 않아[天地不仁 (……) 聖人不仁]"라는 구절도 이런 역설적인 맥락에서 이해해야 한다.

다. 주평만朱泙漫이라는 사람은 용을 죽이는 방법을 지리익支離益에게 배우느라 천금이나 되는 가산을 탕진하여 3년 만에 그 재주를 모두 익혔지만 쓸데가 없었다.

성인이란 필연도 필연으로 여기지 않으므로 내적 갈등이 있을 수 없지만, 평범한 사람은 필연이 아닌데도 필연으로 여기고 행동하므로 내적 갈등이 많아질 수밖에 없다는 것이다. 이는 용을 죽이는 기술을 배우기 위해 정력을 낭비하는 행위나 매한가지라는 논리다. 장자는 주평만과 지리익이라는 가공 인물을 내세워 성인 본연의 자세를 가르치고, 인간 세상에는 대도가 없다고 탄식했다. 비슷한 맥락에서 송나라 황정견黃庭堅도 〈임위지송필희증林爲之送筆戲贈〉이란 시에서 "이른 나이에 용을 죽이는 기술을 배웠으나, 적용하려니 정녕 성글고 거칠기만 하네〔早年學屠龍, 適用固疏闊〕"라고 노래했다.

19장 성스러움을 끊고 지혜를 버리면

성스러움을 끊고 지혜를 버리면 백성의 이익이 백배가 되며,
인仁을 끊고 의를 버리면 백성은 효성과 자애를 회복하게 된다.
기교를 끊고 이익을 버리면 도적이 사라진다.
이 세 가지는 꾸밈(文)(다스림의 형식이나 기준)으로 삼기에는 부족하
다. 그러므로 [다음과 같이] 따를 것이 있도록 하니, 바탕을 드러내고
소박함을 견지하며 사사로움을 줄이고 욕심을 적게 하라.

絶聖棄智, 民利百培,

絶仁棄義[1], 民復孝慈.

絶巧棄利, 盜賊無有.

此三者, 以爲文不足.

故令有所屬, 見素抱樸少私寡欲.

---

1) "절인기의絶仁棄義"에 대해서는 설명이 필요하다. 곽점 초간본에는 이 부분이 "절위기사
絶僞棄詐(거짓을 끊고 속임수를 버림)"라고 되어 있다. 통행본과 곽점 초간본의 판본상
차이가 확연하여 논란의 여지가 있다. 노자는 67장에서도 '자慈'를 좋은 뜻으로 해석하는
데 효자孝慈와 인의仁義는 기본적으로 서로 통한다는 게 이유다. 이를 토대로 곽점 초간
본의 "인의" 두 글자가 누락됐음을 감안하면 통행본의 "인을 끊고 의를 버린다"라는 해석
은 미심쩍은 게 사실이다. 죽간본이 통용되던 시기에는 도가와 유가가 '인의'를 둘러싸고
극단적으로 대립하지 않았을 것이라는 주장 역시 일리가 있다.(최진석, 앞의 책, 180쪽)
사마천이 공자와 노자의 만남을 기록한 것 역시 이런 시대 상황과 상당히 부합된다. 하지
만 이런 사실을 밝혀만 두고 본문에서는 통행본대로 옮긴다.

【해설】

앞 장에 이어 이 장에서도 노자가 보는 세계가 유가와는 근본적으로 다르다는 것을 알 수 있다. 노자는 총명과 지혜를 단절해야만 백성의 이익이 백배가 된다고 단언한다. 인仁과 의義를 끊어야만 백성이 노인을 공경하고 어린아이를 아끼며, 기교와 이익을 단절해야만 도적이 사라진다는 논법이다.

첫 구절 "절성絶聖"에서 "성聖"은 재능과 지혜가 있는 사람이라는 말이다. '성인聖人'의 '성聖'과는 의미가 다르다. 《노자 도덕경》에 성인이라는 단어가 30여 군데 나오는데 대부분 지고한 사람이란 뜻으로, 폄하하는 의미로 쓰이진 않았다. 그런데 여기서 말하는 "절성"은 분명 실속 없이 겉만 번지르르한 지혜를 끊어버리라는 강력한 경고를 담고 있다. 즉 사회를 하나의 조직으로 묶고 전통에 대한 끊임없는 학습을 요구하며 전통과 모순되지 않는 성인의 모습을 철저히 해체하는 것이다. 성인은 기준을 세워 등급을 나눔으로써 인간 사회의 갈등과 혼란을 불러올 뿐이다. 노자는 이러한 원인을 제공하는 "성聖"과 "지智"를 끊도록 요구하고 있다.

맨 마지막 구절의 "소素"는 색으로 물들이지 않은 천을 말한다. 인위 이전의 본래적 "바탕"으로서 자연을 상징한다. 그리고 "박樸"은 가공되지 않은 거친 나무, 즉 "소박함"을 뜻한다. 나뉨, 구분 이전의 상태로 무위無爲를 상징하기 때문에 결국 소박素樸은 자연 그대로의 모습을 뜻한다. 소박한 사람은 현세의 속박과 구속을 단절하고 초월하여 절대적 경지에 이른 성인聖人[2]과 같은 자다.

---

2) "선인善人" "유도자有道者" "대장부大丈夫"라고도 한다.

20장 학문을 끊으면 근심이 없어진다

학문을 끊으면 근심이 없어진다.

'예'와 '응' 사이는 서로 얼마나 떨어져 있는가?

'선'과 '악' 사이는 서로 얼마나 떨어져 있는가?

백성이 두려워하는 군주는 두려워하지 않을 수 없다.

망망하구나, 그 다함이 없구나!

모든 이들 희희낙락하는 것이 마치 희생을 마련하여 잔치를 벌이는 것 같고, 봄에 누대에 오른 것처럼 [떠들썩] 한다. 나 홀로 담담하여, 그 조짐이 없는 것이 마치 어린아이가 웃음소리를 내지 못하는 것과 같다. 맥이 풀려 있는 것이, 돌아갈 곳이 없는 듯하다.

모두가 다들 여유가 있는데 나만 홀로 잃어버린[1] 듯하다.

나는 어리석은 사람의 마음이로다! 혼돈스럽구나!

세상 사람들 또렷또렷한데, 나만 홀로 어수룩하구나. 세상 사람들 자세히도 살피는데[2], 나만 홀로 흐리멍덩하구나.

담담한 것이 마치 바다와 같고, [바람이] 세차게 몰아치는 것이 마치 그침이 없는 듯하구나.

뭇사람들은 모두 쓸모가 있는데, 나만 홀로 우둔하고 촌스럽구

---

1) 원문의 "유遺"는 사전적으로는 '잃어버리다'는 뜻이지만, '부족한'이란 의미도 있다.

2) 원문의 "찰찰察察"은 '분명하다'는 의미와 '엄격하다', '가혹하다'는 의미를 동시에 내포하고 있다.

나. 나만 홀로 다른 사람과 다르게 [나를] 먹여주는 어머니(자연)[3]를 귀하게 여긴다.

絕學無憂.

唯之與阿, 相去幾何

善之與惡, 相去若何.

人之所畏, 不可不畏.

荒兮, 其未央哉.

衆人熙熙如享太牢[4], 如春登臺.

我獨泊兮其未兆, 如嬰兒之未孩, 儽儽兮若無所歸.

衆人皆有餘, 而我獨若遺.

我愚人之心也哉. 沌沌兮.

俗人昭昭, 我獨昏昏, 俗人察察, 我獨悶悶.

澹兮其若海, 飂兮若無止.

衆人皆有以, 而我獨頑似鄙.

我獨異於人, 而貴食母.

【해설】

이 장에서 노자는 도를 체득한 성인의 모습을 그리면서 이분법적 사고로 학문하는 태도를 비판하고 있다. 특히 학자연學者然 하는 유

---

3) 원문의 "식모食母"에서 "식食" 자를 "덕德" 자로 바꿔야 한다는 견해가 있으나(런지위, 앞의 책, 103쪽), 류스페이劉師培는《노자각보老子斠補》라는 책에서 "덕德" 자와 "득得" 자가 서로 통용된다고 보았다. 여기서는 '사모'라고 읽어 사람들에게 밥을 먹여주는 어머니(도 또는 자연)를 가리킨다는 설을 택한다.(김학주,《노자》, 연암서가, 2011, 193쪽)

4) 소, 양, 돼지, 이 세 가지 희생물을 '태뢰太牢'라고 한다.

가가 얻은 사회에 대한 지식이 도와 자연에 대한 참다운 지식과는 확연히 구별된다는 사실을 밝히고 있다. 우리는 노자의 '지知'에 관한 사유가 거듭된 전란의 소용돌이 속에서, 자아와 세계의 갈등이 첨예화되는 춘추시대의 환경에서 나왔다는 사실에 주목할 필요가 있다.

원문의 "절학絕學"은 후천적으로 배운 지식을 끊는 것이다. 그 의미는 48장의 "학문을 행하면 [지식이] 날로 더해지고, 도를 행하면 [지식이] 날로 덜어진다(爲學日益, 爲道日損)"와 함께 읽어보면 더 명확해진다. 우리의 의식에 포착된 사물 현상은 온전한 본래 모습이 아니라 구분되고 단절된 모습에 불과하다.

우리의 분별 의식은 자기와 다른 것을 대립해보는 데서 나온다. 노자는 이와 같이 주객의 대립 관계에서 얻어지는 지知는 진지眞知가 아니므로 과감히 끊어버리라고 외친다. 다시 말해 학문을 하면 할수록 더욱 지식이 늘어나지만, 이로 인해 욕망과 기교 또한 증가한다는 것이다. 이 두 가지야말로 모든 번뇌와 근심의 근원이 된다.

따라서 노자는 "돈돈沌沌" "혼혼昏昏" "민민悶悶"의 상태로 돌아가고자 한다. 세상 사람들은 희희낙락하고 똑똑하며 분명하고 여유 있는 듯하지만, 자신은 멍청하고 촌스러우며 우둔한 것 같다. 평가 의식에 의거한 학문의 시각으로 보면 윗사람을 존경하며 답하는 "예"와 아랫사람에게 대답하는 "응"은 확연히 다른 것이다.[5] "선"과

---

5) 원문의 "유唯"와 "아阿" 역시 설명이 필요하다. "유"는 '응답하다'는 뜻으로 존칭어인데, "아"는 본래 '말 엉덩이를 때린다'는 뜻으로 '응'이라는 의미는 아니다. 리링은 마땅히 이 글자 대신 "가訶"자로 교정해야 한다고 주장한다. 상급자가 하급자에게 입을 닥치라고 하는 식의 꾸짖음에서 나왔기 때문이라는 것이다.(리링, 앞의 책, 78~79쪽) 물론 여기서는 이 견해를 취하지 않는다.

"악"도 마찬가지다.

"유가의 지식이란 선왕이 남겨놓은 찌꺼기"(《장자》〈천운天運〉)일 뿐이라는 일침과 크게 다를 바 없다. 지식과 이성에 대한 노자의 불신은 장자에게도 큰 영향을 미쳤다. 예를 들자면 "넓은 지식이라도 반드시 아는 것은 아니고, 분별력이 있다고 해서 반드시 지혜로운 것도 아닌데, 성인들은 이렇게 단정해왔다〔且夫博之不必知, 辯之不必慧, 聖人以斷之矣〕"(《장자》〈지북유知北遊〉), "개는 잘 짖는다고 해서 좋은 개로 인정받는 것이 아니고, 사람이 말을 잘 한다고 해서 현명하다고 인정되는 것이 아니다〔狗不以善吠爲良, 人不以善言爲賢〕"(《장자》〈서무귀徐无鬼〉), "논변이란 논변하지 못함이 있는 것이다〔辯也者, 有不辯也〕"(《장자》〈제물론〉) 등이다. 노자 사유의 틀을 견지한 장자도 '도道'의 특성을 인식하는 데 분석적 방법을 사용하지 않으려 했다.

21장 큰 덕의 모습이란

큰 덕의 모습이란 오직 도만을 따른다.

도라고 하는 것은 [형체가 없이] 황恍하고 홀惚하다.

홀하고 황하니, 그 안에 형상이 있다.

황하고 홀하니, 그 안에 사물이 있다.

[그것은] 그윽하고 어슴푸레하니, 그 안에 정미한 것이 있다.

그 정미함은 매우 참되니, 그 안에 믿음이 있다.

예부터 지금에 이르기까지 그 이름이 없어지지 않았으니, 그로써 만물의 시작을 살핀다.

내가 어떻게 만물이 시작하는 형상을 알았겠는가? 이것(도) 때문이었다.

孔[1]德之容, 惟道是從[2].

道之爲物, 惟恍惟惚.

惚兮恍兮, 其中有象.

恍兮惚兮, 其中有物.

窈兮冥兮, 其中有精.

其精[3]甚眞, 其中有信.

---

1) 왕필은 "공孔"을 '공空(비다)'으로 보았는데 하상공은 '심甚(대단하다)'으로 풀이했다. 하상공의 견해가 옳다. 성현영成玄英도 하상공과 같은 견해를 보였다.

2) "유도시종惟道是從"은 도와 덕이 일치한다는 의미다.

自古及今[4], 其名不去以閱衆甫.

吾何以知衆甫[5]之狀哉. 以此.

【해설】

"공덕孔德"에서 "공孔"은 대단하다는 의미이다. 공덕은 세상을 여유롭게 살아갈 수 있는 힘과 같은 것이다. 이런 덕을 갖춘 사람은 이미 자유를 깨달아 결코 윤리규범에 얽매이지 않는다.

'덕'을 언급한 노자는 다시 '도道'에 대한 이야기로 넘어간다. 앞에서도 논의했듯이 도는 완전하고 영원하고 포괄적이며, 빛도 소리도 얼굴도 없다. 말로 표현할 수 없고 스스로 나타난다. 모든 감각과 지각을 초월하며 삼라만상의 근원에 실재하는 신비로운 속성을 지녔다.

여기에서는 "황홀恍惚"이란 말을 통해 도의 존재를 설명하고 있다. 황홀하게 혹은 홀황하게 존재하는 도의 내부에는 "형상〔象〕""사물〔物〕""정미함〔精〕""믿음〔信〕"이 존재한다. 도 자체는 보이지 않고 만질 수도 없지만 손을 뻗으면 이 네 가지가 만져지고 이들은 서로

---

3) "정精"의 개념을 두고 이견이 적지 않다. 정기, 정력, 생명력 등 다양한 풀이가 있는데, 어떤 이는 가장 정수가 되는 기라고 말한다. 이 글자는 55장에서도 나오는데, "정기가 지극하기 때문이다〔精之至也〕"라는 구절에 보인다. 한편 최진석은 이 글자를 '정情' 자로 보고 해석한다. "진眞이나 실實과 같은 의미로, 허구적 관념이 아니라 실제로 참되게 있음을 가리킨다."(최진석, 앞의 책, 195쪽)

4) "자고급금自古及今"의 번역은 하상공본과 왕필본 등에 의거했다. 그런데 다른 의견도 있어 소개한다. 리링은 "자고급금自古及今"이 백서본에는 "자금극고自今及古"라고 되어 있으며, 이는 '고古'와 '거去'의 압운과 관련이 있다고 분석했다.(리링, 앞의 책, 83쪽)

5) "중보衆甫"란 만물의 시작 혹은 만물의 생성을 의미한다. 최진석은 '보甫'를 '부父'나 '시始'의 의미로 보았다. 좀 더 구체적으로 "도지위물道之爲物"부터 "기명불거其名不去"까지로 명시했다.

어우러져 세상 만물을 생겨나게 한다. 성현영이 《노자의소老子義疏》에서 고증한 대로 황홀과 홀황을 혼합하여 사용한 이유는 도가 "있는 듯 없는 듯 정해지지 않았기[有無不定]" 때문이다. 혼연일체가 된 도는 천지가 형성되기 이전에 이미 존재했다.

여기서 '덕'을 설명할 필요가 있다. 소철은 《노자해》에서 "도는 형체가 없는 것이다[道無形也]"라는 관점을 피력했으니, 무언가 운행하여 덕이 되면 모습이 있게 되니 "덕이란 도가 드러난 것이다[德者, 道之見也]"라고 풀이했다. 도가 분화된 것, 그리고 형이상학적인 도가 경험의 세계로 들어온 것이 바로 덕이란 의미다. 따라서 도와 덕은 전체와 부분, 몸과 쓰임에 해당하여 본질적으로는 서로 다르지 않으니 노자가 말하는 "공덕지용孔德之容"은 바로 이것을 의미한다.[6] 이 장은 14장, 25장과 함께 읽어보면 좀 더 분명하게 이해된다.

---

6) 위페이린, 앞의 책, 46쪽.

22장 굽으면 도리어 온전해지고

굽으면 [도리어] 온전해지고 구부리면 곧아지며, 움푹하게 되면 채워지고 해어지면 새로워지며, [지식이] 적으면 얻게 되고 많아지면 미혹된다.

이 때문에 성인은 '일一'(적음의 극치, 도)을 품어 천하의 본보기가 된다.

스스로 드러내지 않으므로[1] 밝아지고, 스스로 옳다고 하지 않으므로 [그 옳음이] 드러나며, 스스로 자랑하지 않으므로 공을 소유하고, 스스로 뽐내지 않으므로 오래간다.

오직 [다른 사람과] 다투지 않으므로 천하에서 아무도 그와 다툴 수 없다. 옛날에 이르기를 '굽으면 [도리어] 온전해지고'라고 한 것이 어찌 빈말이겠는가! 진실로 온전함으로 돌아가는 것이다.

曲則全, 枉則直, 窪則盈, 敝則新, 少則得, 多則惑[2].

是以聖人抱一爲天下式.

不自見[3]故明[4], 不自是故彰, 不自伐故有功, 不自矜故長[5].

---

1) 자신의 관점에 의지하지 않는 것을 말한다.

2) "혹惑"을 왕필은 나뭇가지에 비유하여 "[나뭇가지가] 많아지면 나무의 참된 것(뿌리)을 멀리하게 되므로 '혹'이라 한 것이다(多則遠其眞故曰惑也)"라는 주석을 남겨두었다.

3) "자현自見"에서 "현見"은 '현現'과 같은 뜻이다. 24장의 "자현자불명自見者不明(스스로를 드러내려는 사람은 현명하지 못하고)"과 같은 맥락에서 이해해야 한다.

4) 왕필의 주석처럼 "명明"은 '온전해지다(全)'라는 의미다("不自見, [則]其明[則]全也.")

夫唯不爭, 故天下莫能與之爭. 古之所謂, 曲則全者, 豈虛言哉. 誠全而歸之.

【해설】

이 장은 2장, 24장과 긴밀히 연관돼 있다. 첫 문장부터 살아가는
데 융통성과 유연성이 중요함을 강조하고 있다. "곡曲" "왕枉" "와窪"
"폐敝"는 유약과 물러남의 성격을 띠고, "전全" "직直" "영盈" "신新"은
강건함과 나아감의 성격을 띤다. 노자는 우주 만물은 대립되는 상
황 속에서도 반복해서 변화하지 영원토록 정지하지는 않는다고
보았다. 변화 과정에서 강건한 것이 훼멸되는가 하면 유약한 것이
도리어 보존될 수 있다. 이것이 바로 "곡왕와폐曲枉窪敝"와 "전직영
신全直盈新"의 이치다.

"소즉득少則得"에서 "소少"는 많지 않다는 의미로 간략함과 소박함
이라는 뜻을 동시에 담고 있다. '일一'은 가장 적은 것이고, '도'는
가장 간단한 것인데 성인은 '일'을 안고 있음으로써 천하에 모범이
된다는 논리가 숨겨져 있다.

"다즉혹多則惑"이란 12장의 "다섯 가지 색깔이 사람의 눈을 멀게
하고, 다섯 가지 소리가 사람의 귀를 먹게 하며, 다섯 가지 맛이 사
람의 입맛을 상하게 한다"와 같은 맥락으로 이해할 수 있다.

노자는 만물이 연속되는 관계로 구성되어 있다고 보았다. 2장의
"항恒"이 여기서는 "일一"로 표현돼 있는데, '도道'와 같은 개념으로
봐야 한다. 중요한 것은 구부러짐과 곧아짐이 대립하지 않고 서로
의존한다는 사실이다. 마치 《장자》에 나오는 "곧은 나무가 먼저 베

---

5) "장長"은 '오래가다'로 번역했다. '남보다 뛰어나다' '우두머리가 되다'로 해석하기도 한다.

인다直木先伐"(《산목山木》)는 말처럼 굽은 나무가 오히려 쓸모가 없어 천수를 누리는 것과 같은 이치다. 객관적 실재의 현상을 경직되게만 보면 이런 이치를 구하지 못한다. 이것을 굽었다, 선하다, 악하다 등으로 구별하여 그중 하나만 선택하고 다른 면을 버리면 곧 택擇과 법法으로 나아가게 된다. 하지만 모든 객관적 실재는 나름의 본성을 유지하며 모순과 조화를 이루는 가운데 나아가는 법이다.

23장 말을 적게 하는 것이 자연스러운 것이다

말을 적게 하는 것이 자연스러운 것이다. 그러므로 회오리바람은 아침나절 내내 불지 못하고, 소나기는 하루 종일 내리지 못한다. 누가 [그것들을] 이렇게 하는가? 천지(자연)이다.

천지도 오히려 지속될 수 없거늘 하물며 사람임에랴!

그러므로 도에 종사하게 되는 것이니, 도를 터득한 사람은 도와 같아지고, 덕을 얻은 사람은 덕과 같아지며, [도나 덕을] 잃어버린 사람은 잃음과 같아진다.

도와 동화된 자는 도 또한 즐겁게 그를 얻고, 덕과 동화된 자는 덕 또한 즐겁게 그를 얻게 되며, [도와 덕을] 잃어버린 것에 동화된 자는 잃어버린 것 역시 즐겁게 그를 얻는다.

믿음이 부족하니 불신이 생기게 되는 것이다.

希言[1]自然. 故飄風不終朝, 驟雨不終日. 孰爲此者. 天地.

天地尙不能久, 而況於人乎.

故從事於道者, 同於道. 德者, 同於德. 失者, 同於失.

同於道者, 道亦樂得之, 同於德者, 德亦樂得之,

同於失者, 失亦樂得之.

---

1) "희언希言"을 공자가 말한 "눌언訥言"이나 한비자가 말한 "난언難言"과 비교해서 이해하면 유가와 법가와 도가의 차이를 확연히 구분해서 기억해둘 수 있다. 유가든 법가든 다변多辯을 주장하지 않은 것은 분명하다. 하지만 말을 "되도록 하지 않는 것"과 "모자란 양하는 것"과 "조심스럽게 하는 것"은 매우 다르다.

信不足焉, 有不信焉.[2)]

【해설】

노자는 이 장에서 무언가 과시하거나 구구절절한 논리를 펼쳐 자신의 주장을 관철하려는 것은 너무나 어리석은 짓이라고 말한다. "희언希言"의 "희希"는 '소少'와 같으니 거의 없을 정도로 '적다'는 뜻이다. 왕필은 "들으려 해도 들을 수 없음을 '희'라고 한다(聽之不聞名曰希)"라고 풀이했는데, 석감산이 《도덕경해》에서 "말을 적게 하다 (寡言)"로 풀이한 것과는 다르다. 그런데 같은 개념이 41장에서 "큰 소리는 들리지 않고(大音希聲)"로 해석되는 걸로 봐서 분명 "희언希言" 은 "희성希聲"과 같은 개념이고, "무언無言"이란 말과 같으며, 2장의 "행불언지교行不言之教"라는 구절의 "불언不言"과도 같다는 판단을 내리게 된다. 물론 여기서 "언言"은 구체적인 말이 아니고, 일반 언어와 그것이 포괄하는 각종 제도를 두루 지칭한다.[3)] 그리고 "희언자연"은 제17장에 나오는 "귀언貴言"과 같은 맥락에서 이해해야 한다. 말을 적게 하는 것은 자연과 하나가 되는 데 매우 중요하다.

노자가 말을 적게 하는 것을 강조한 이유는 무엇일까? 세상을 집어삼킬 것 같은 회오리바람과 소나기도 언젠가는 그친다. 하물며 사람이 하는 일이 영원하겠는가? 천지자연도 변하고 깎이고 낡아가는데, 사람의 약속이 언제나 같을 수 있겠는가? 그러니 말을 아껴야 한다.

2) "신불족언信不足焉, 유불신언有不信焉"은 믿음이 없으면 신임 받지 못하는 일이 생긴다는 뜻이다. 그런데 이 문장이 백서 갑을본에 들어 있지 않아 최진석은 17장에 있어야 할 것이 잘못 들어갔다고 단언했다.(최진석, 앞의 책, 208쪽)
3) 위페이린은 이 "언言"을 "성교법령聲教法令"이라고 풀이했다.(위페이린, 앞의 책, 50쪽)

24장 발돋움하여 서 있는 사람은 오래 서 있을 수 없고

발돋움하여 서 있는 사람은 [오래] 서 있을 수 없고,
다리를 벌려 걷는 사람은 [오래] 걸을 수 없다.
스스로를 드러내려는 사람은 현명하지 못하고,
스스로를 옳다고 여기는 사람은 드러나지 못하며,[1]
스스로를 자랑하는 사람은 공을 없게 하고,
스스로를 뽐내는 사람은 [덕이] 오래가지 못한다.
그것을 도에서 본다면 남은 음식이요, 군더더기 행동이라고 한다.
만물[2]은 그것을 싫어하기도 하므로 도를 터득한 자는 [이것에] 머
물지 않는다.

110

企者不立,

跨者不行.

自見者不明,

自是者不彰.

自伐者無功,

自矜者不長.

其在道也, 曰餘食贅行.

物或惡之, 故有道者不處.

---

1) 시비를 분명하게 가리지 못한다는 뜻이다.
2) 원문의 "물物"을 번역한 것인데, 문맥상 '인人', 즉 '사람'을 가리킨다.

【해설】

이 장은 물러남으로써 나아가는 처세가 도에 부합한다고 강조한다. 발돋움하여 서 있는 것은 앞으로 나가려고 하는 모습이다. 이는 결코 안정돼 있지 않으니[3] 자연스럽지 않다. 즉 오래 지속될 수 없다. 마찬가지로 드러내고 옳다고 하면서 자랑하고 뽐내는 행동 역시 자연스럽지 않다. 우리 인간은 스스로 높이고 자신이 대단하다고 과장하면서 허풍을 떤다. 이는 모두 자신이 현명하지 못하다는 사실을 고백하는 것이며 스스로 어떤 일도 제대로 할 수 없음을 털어놓는 것이다. "자현自見" "자시自是" "자벌自伐" "자긍自矜"은 모두 자아를 드러내고 이기기를 좋아하며 강함을 다툰다는 말로, 노자가 주창하는 철학과는 거리가 멀다. 따라서 결국에는 "불명不明" "불창不彰" "무공無功" "부장不長"이라는 결과를 초래할 수밖에 없다. 이 부분은 22장과 문장이 상당히 유사하니 함께 읽어보면 좋다.

특히 도를 추구하는 사람이라면 결코 이런 짓을 해서는 안 된다. 지식을 내세우고, 공을 과시하며, 재산을 자랑함으로써 당장은 큰 것을 성취한 듯하지만 멀리 보면 "기자불립企者不立"의 이치처럼 하잘것없는 데 지나지 않는다. 이러한 행위는 우주의 순조로운 운행과 자연 질서를 어지럽히고 파괴할 뿐이다. 이는 오늘날에도 흔히 볼 수 있다. "자신(自)"을 내세우며 살면 다른 이들이 불편해한다. 한단지보邯鄲之步란 말이 있다. 한단의 걸음걸이란 의미로 자기 분수를 모르고 남을 흉내 내다가 제 것마저 잃어버리는 경우를 빗대어

---

3) 이런 해석은 왕필의 주석에 따른 것이다. "만물이 전진하는 것을 숭상하면 안정을 잃게 되므로 '기자불립'이라고 한 것이다(物尙進則失安. 故曰企者不立)."(왕필,《노자주老子注》, 24장)

하는 말이다. 《장자》〈추수秋水〉 편에 나오는 이야기다.

　조나라의 대표적인 논리학자 공손룡公孫龍은 자신의 학문과 변론
이 천하제일이라고 생각하고 있었다. 그러던 차에 장자에 관한 이
야기를 들으니 자신의 변론과 지혜가 그보다 나은지 못한지를 알
수가 없었다. 그래서 위魏나라 공자 위모魏牟에게 장자의 도를 알고
싶다고 했다. 위모는 안석安席에 기댄 채 한숨을 쉬고는 하늘을 우
러러 웃으면서 우물 안 개구리가 바깥세상을 볼 수 없듯이, 가느다
란 대롱 구멍으로 하늘을 가늠하고 송곳을 땅에 꽂아 그 깊이를 재
는 꼴이라며 비웃었다. 그러고는 이렇게 말했다.

　"자네는 저 수릉壽陵의 젊은이가 조나라 서울 한단에 가서 그곳
걸음걸이를 배웠다는 이야기를 듣지 못했는가? 그는 조나라 걸음
걸이를 배우기도 전에 옛 걸음걸이마저 잊어버려 기어서 돌아올
수밖에 없었다고 하네. 지금 자네도 장자에 이끌려 여기를 떠나지
않고 있다가는 제대로 장자의 지혜를 배우지 못할 뿐만 아니라 원
래 가지고 있던 지혜를 잊어버리고 자네 일마저 잃게 될 걸세."

　공손룡은 도망치듯 달아났다.

　자질구레한 분석에 몰두하는 논리학파가 장자의 철학에 도전하
려다 조롱을 당한 이야기다. 결국 자신도 괴롭고 남도 불편해하는
행동을 사람들은 어리석게도 반복하고 있다.

25장 어떤 사물은 섞여서 이루어져 있어

어떤 사물은 섞여서 이루어져 있어 하늘과 땅보다 먼저 생겨났다. 적막하고 쓸쓸함이여[1], 우뚝 서 있으면서[2] 바뀌지도 않는다. 두루 운행하면서도 위태롭지 않아 천하의 어머니(근본)가 될 수 있다.

나는 그 이름을 알지 못하기에, 그것에 이름을 붙여 '도道'라고 하며, 억지로 자字(이름)를 붙여 '대大'라고 한다. '대'라는 것은 떠나감〔逝〕이요, 떠남은 멀어짐〔遠〕이며, 멀어짐은 되돌아오는 것〔反〕이라 한다.

그러므로 도는 크고 하늘도 크며, 땅도 크고, 왕 또한 크다. 나라 안에는 '네 가지 큰 것'이 있으니, 왕은 그중의 하나를 차지하고 있다.

사람은 땅을 본받고, 땅은 하늘을 본받으며, 하늘은 도를 본받고, 도는 스스로 그러함을 본받는다.

有物混成, 先天地生,

寂兮寥兮, 獨而不改, 周行而不殆, 可以爲天下母.

吾不知其名, 字之曰道, 强爲之名曰大, 大曰逝, 逝曰遠, 遠曰反.

故道大, 天大, 地大, 王[3]亦大. 域中[4]有四大, 而王居其一焉.

---

1) 이 말은 형체가 없다는 뜻이다. 이 역시 왕필의 주석에 따른 것이다.("寂寥無形體也.")

2) 원문의 "독립獨立"을 번역한 것으로 "무물지필無物之匹"이라고 주석한 왕필의 설이 취할 만하다. 짝이 될 사물이 없다는 뜻이다.

3) 왕필본 본문엔 "왕王" 자로 되어 있고, 왕필본 주석엔 "인人" 자로 되어 있어 본문에 따라 "왕王" 자로 수정했다.

人法地, 地法天, 天法道, 道法自然.

【해설】

'도'에 대해 이야기한 이 장은 상당히 중요하다는 평가를 받아왔다. 노자 사상의 전모가 다 들어 있다고 해도 지나치지 않으며, 곽점 죽간본에도 전체가 실려 있다는 점에서 대단히 의미 있는 장이다. 1장, 14장, 21장, 40장과 함께 읽어봐야 한다.

천지가 창조되었다는 태초보다 이른 시기에 "무엇(物)"이 있었는데 이것을 혼돈이라고 한다. 혼돈은 부정적인 것이 아니고, 분화되지 않은 상태를 의미한다. 노자는 이 혼돈을 모든 것의 시원, 즉 '완전성'으로 본다. '도'는 1장에서 말한 것처럼 "무명無名"으로 어떤 이름이나 범주로 한정할 수 없다. 원문의 "유물혼성有物混成"에서 "물物"이 어떤 의미냐를 두고 이견이 있다. 대체로 '도道'로 해석하는 데 동의하지만, 더러는 '상象'으로 봐야 한다는 의견이 있다. "유물혼성"은 겉으로는 혼돈 상태로 보이지만 내부 공간에 의해 의미를 획득하게 된다는 뜻이다. "뒤섞여 있어 제대로 알 수는 없지만 만물이 그것으로 인해 이루어지므로 혼성"이라고 했다.[5]

"대大"란 도의 광대하고 끝이 없는 모습을 가리킨다. "서逝"는 도의 끊임없는 운행을 의미한다. "반反"은 '돌이키다'는 의미의 '반返'과 같으니 결국 최초의 본질로 복귀한다는 뜻이다. 그리고 왕필의

---

4) "역중域中"이란 마왕퇴 갑을본에 모두 "국중國中"으로 되어 있으니 '나라 안'이라는 의미다. 물론 '역'과 '국'은 같은 개념이다. 참고로 노자는 열두 개의 장에서 '국國' 자를 사용했다. 여기서도 '국'으로 교열해도 별 문제가 없다고 생각된다.

5) 왕필의 다음과 같은 주석에 의한 것이다. "混然不可得而知. 而萬物由之以成. 故曰混成也."

주석⁶⁾에 의거해서 풀이하면, 맨 마지막 문장에 계속 나오는 "법法" 자는 동사로 '본받다'는 의미이다. 땅은 하늘을 거스르지 않아 만물을 다 실을 수 있다. 하늘 역시 도를 본받으므로 만물을 덮을 수 있다. "도道"자가 두 번 나온 뒤에 다시 "자연自然"이라는 단어가 나오는 데 주목해야 한다. 즉 도는 스스로 그러함을 본받는다는 것이다.

6) "道(順)[法]自然. 天故資焉. 天法於道. 地故則焉. 地法於天."

26장 무거운 것은 가벼운 것의 근본이 되고

무거운 것은 가벼운 것의 근본이 되고, 고요한 것은 조급함의 임금(주재자)이 된다.

이 때문에 성인은 온종일 다닐지라도 식량과 짐을 실은 수레를 떠나지 않으며,

영광스런 볼거리가 있더라도 한가롭게 처신하여 초연하다.

어찌 만 대의 수레를 가진 군주(천자)로서 자신을 천하보다 가볍게 여길 수 있겠는가?

경박하면 뿌리를 잃게 되고, 조급하면 임금의 지위를 잃게 된다.

重爲輕根, 靜爲躁[1]君.

是以聖人終日行不離輜重,

雖有榮觀, 燕處[2]超然.

柰何萬乘之主, 而以身輕天下,

輕則失根[3], 躁則失君.

---

1) "조躁"는 '조급함'이라는 의미로 쓰였는데, 런지위는 "동動"과 같은 뜻으로 보아 "정靜"과 대비시켰다.(런지위, 앞의 책, 115쪽)

2) "연처燕處"는 본래 제비 둥지를 가리키지만, 여기서는 한가롭게 처신한다는 의미로 쓰였다. 허둥거리지 않고 제자리를 지키며 의연하고 초연하게 기본자세를 견지한다는 뜻이다.

3) 원문의 "근根" 자가 왕필본에는 "본本" 자로 되어 있고 하상공본에는 "신臣" 자로 되어 있는데 둘 다 잘못된 것이다. 영락대전본에는 "근根" 자로 되어 있어 이에 따라 바로잡는다. 첫 문장 "重爲輕根, 靜爲躁君"과의 대응 관계를 생각하더라도 "근"이 적합하다.

【해설】

이 장은 중후하고 조용하며 우직한 삶의 가치를 역설하고 있다. 즉 중후함과 경박함, 안정됨과 조급함의 우열 관계를 언급하면서 노자 특유의 논법을 펼치고 있다. 노자는 "중重"과 "정靜"을 중시하는데, 이 두 개념은 근본이요 영원함이며 뒤의 "경輕"과 "조躁"는 말단이요 일시적인 것이다. 왕필에 따르면 사물이 가벼우면 무거운 것을 싣지 못하고, 작은 것은 큰 것을 누를 수 없다는 뜻이다.[4] 첫 여덟 글자에 대한 한비자의 주석은 이렇다.

제어권이 자신에게 있는 것을 '묵직하다(重)'라고 하고, 자리를 떠나지 않는 것을 '고요하다(靜)'라고 한다. 묵직하면 가벼운 자들을 부릴 수 있고, 고요하면 경박한 자들을 부릴 수 있다.[5]

물론 이런 식의 법가적 해석이 타당한지는 의문으로 남을 수도 있지만, 노자의 철학을 법가 입장에서 정치적으로 해석한 한비자는 한 걸음 더 나아가 마지막 문장도 이런 비유를 들어 재해석한다.

조나라 주보主父는 살아생전에 나라를 아들에게 물려주었는데, 이 것이 바로 치중을 떠난 것이다. 그는 그 뒤 대군代郡이나 운군雲郡에서 즐겁게 지냈지만 이미 조나라를 통제할 권한은 없었다. 주보는 만 승의 군주였지만 천하 사람들이 자신을 가볍게 여기도록 처신한 것이

---

4) 이러한 주석은 왕필의 설에 의거한 것이다. "凡物輕不能載重小不能鎭大. 不行者使行. 不動者制動. 是以重必爲輕根. 靜必爲躁君也."(왕필, 앞의 책, 26장)

5) "制在己日重, 不離位日靜. 重則能使輕, 靜則能使躁."(《한비자》〈유로〉(김원중 역, 320쪽))

다. 권세가 없으면 '가볍다'고 하고, 지위를 떠나면 '경박하다'고 한다. 이 때문에 주보는 산채에 갇혀 있다가 죽게 되었던 것이다. 그래서 말하였다.

"권세가 가벼우면 신하를 잃고, 경박하면 군주를 잃는다."

이는 주보를 가리켜 한 말이다.[6]

자신을 낮추고 한 걸음 떨어져서 조용히 있는 듯 없는 듯 지내라는 말과 일맥상통한다. 하상공은 이 장을 "중덕重德"의 장이라고 이름 붙였다. 경박하게 부화뇌동하다 보면 그 근본을 잃어버리게 되어 심지어 군주의 자리까지 위태로워질 수 있음을 경고하고 있다.

---

6) "主父生傳其邦, 此離其輜重者也, 故雖有代·雲中之樂, 超然已無趙矣. 主父, 萬乘之主, 而以身輕於天下. 無勢之謂輕, 離位之謂躁, 是以生幽而死. 故曰, '輕則失臣, 躁則失君.' 主父之謂也."《한비자》〈유로〉(김원중 역, 321쪽))

27장 다니기를 잘하는 이는 수레바퀴 흔적을 남기지 않고

다니기를 잘하는 이는 수레바퀴 흔적을 남기지 않고, 말을 잘하는 이는 흠을 남기지 않으며, 계산을 잘하는 이는 주판을 쓰지 않고, 잠금을 잘하는 이는 빗장으로 잠그지 않아도 열 수 없게 하고, 매듭을 잘하는 이는 끈으로 꽉 묶지 않아도 풀리지 않게 한다.

이 때문에 성인은 언제나 사람을 잘 구제하기 때문에 버려지는 사람이 없게 된다. 언제나 사물을 잘 구제하므로 버려지는 물건이 없게 된다. 이것을 습명襲明(감추고 있는 총명함 혹은 총명함을 답습함)이라고 하는 것이다.

그러므로 선한 사람은 선하지 못한 사람의 스승이며, 선하지 못한 사람은 선한 사람의 거울이다.

그 스승을 귀하게 여기지 않고, 그 거울을 아끼지 않으면 비록 지혜가 있다 하더라도 크게 미혹될 것이니 이것을 요묘要妙(도에 이르는 중요하고도 심오한 이치)라고 하는 것이다.

善行[1]無轍迹, 善言無瑕謫, 善數不用籌策, 善閉無關楗而不可開, 善結, 無繩約而不可解.

是以聖人常善救人, 故無棄人, 常善救物, 故無棄物, 是謂襲明.

故善人者, 不善人之師, 不善人者, 善人之資[2].

---

1) "선행善行"은 자연스럽게 하는 것으로서 "무위無爲"의 행위이다. "선언善言" 역시 "무언無言"의 말이다.(위페이린, 앞의 책, 58쪽)

2) "자資"는 빙자憑借, 차감借鑑에 해당하는데 바로 거울이다. 김용옥과 최진석이 거울로 번역하고 있다.

不貴其師, 不愛其資, 雖智大迷[3], 是謂要妙[4].

【해설】

성인은 마음을 비우고 무위를 통해 다스려 무한한 감동을 준다. 이러한 성인의 행위는 본보기로 삼아 모방할 수가 없다. 성인이 하는 일은 흔적을 남기지 않고 어떤 도구에 의존하지 않는다. 주판이나 빗장을 쓴다는 것은 정해진 규칙이나 틀에 박힌 행위에 대한 비유이며, 하급의 지혜에 속한다. 스스로 지혜롭다고 생각하는 이들은 사실상 도구의 미혹에 빠지거나 빗장을 질러 세상을 제대로 보지 않는 편협함에 빠져 만족하는 경우가 많다.

노자는 16장에서 "상을 아는 것을 '명明(밝음)'이라고" 한다(知常曰明)라고 했다. "상常"은 스스로 그러함을 이루어가는, 변화하는 자연의 진실한 모습이다. 총명함을 감추고 의식을 자연의 리듬에 맞출 때 버려지는 것이 없게 된다. 즉 내가 못 보고 미처 깨닫지 못하고 지나가는 문제가 없게 된다. 그럴 때 노자는 "명明"을 얻었다고 말한다.

탁월한 업적을 내는 사람은 요란법석을 떨지 않는다. 자연이 그러하듯 아무 일도 안 하는 양 조용히 처리한다. 한편, 다음과 같은 손자孫子의 말은 이 장의 첫 부분과 놀라울 만큼 유사하다.

---

3) 이 구절에 대해서는 왕필의 주석이 믿을 만하다. "비록 그 지혜가 있어도 그 지혜에 맡기고 사물이 그 도에 따르지 않으면 잃게 된다. 그러므로 '수지대미'라고 한 것이다(雖有其智. 自任其智. 不因物於其道必失. 故曰雖智大迷)."

4) "요묘要妙"란 "유묘幽眇"와 같으니 '그윽하고 미묘하다'는 뜻이다. 마왕퇴본에는 "묘요妙要"라고 되어 있다.

공격을 잘하는 자는 자신이 지키는 곳을 적이 알지 못하게 하고, 수비를 잘하는 자는 자신이 공격하는 곳을 적이 알지 못하게 한다.[5]

5) "善攻者, 敵不知其所守. 善守者, 敵不知其所攻."(손무孫武, 《손자병법孫子兵法》〈허실虛實〉(김원중 역, 《손자병법》, 휴머니스트, 2017))

28장 수컷을 알고

수컷(남성다움)을 알고 암컷(여성다움)을 지키면 천하의 골짜기가 된다.
천하의 골짜기가 되면 늘 그러한 덕이 떠나지 않으며 갓난아이의 상태로
되돌아간다.[1]

휜 것(옳은 것)을 알고, 검은 것(그른 것)을 지키면 천하의 모범이
된다.

천하의 모범이 되면 늘 그러한 덕이 어긋나지 않으며, 한계가 없
는 곳으로 되돌아가게 된다. 영화로움을 알면서 욕됨을 지키면 천
하의 골짜기가 된다.

천하의 골짜기가 되면, 늘 그러한 덕이 충족되고, 다시 소박함으
로 되돌아간다.

통나무가 쪼개지면[2] 그릇[3]이 되니, 성인은 그러한 이치를 써서
관장하는 우두머리가 된다.

그러므로[4] 위대한 다스림은 가르지 않는다.[5]

---

1) 이 고딕체 문장은 원문의 스물세 글자를 번역한 것인데, 이렇게 표기한 이유는 마서륜과
    고형 등의 견해에 따른 것이다. 특히 고형은 이 스물세 글자가 후인이 가탁한 거라고 확
    신하는데 41장의 "태백약욕大白若辱"을 예시하면서 노자는 흰색과 욕됨을 상대적 개념
    으로 설정했다고 보았다. 또 13장의 "총욕약경寵辱若驚"도 제시하며 이 스물세 글자는 노
    자의 원의에 분명히 어긋난다는 견해를 피력했다.
2) 원문의 "박산樸散"을 번역한 것으로 이 단어를 "소박함을 흩어놓으면"(김학주 설)이라고
    번역하기도 하는데 그 의미는 필자의 번역과 큰 차이가 없다.
3) 형체가 있는 도구를 말한다. 당연히 만물을 지칭하는 것이다.

知其[6]雄, 守其雌, 爲天下谿.

爲天下谿, 常德不離, 復歸於嬰兒.

知其白, 守其黑, 爲天下式. 爲天下式, 常德不忒, 復歸於無極, 知其榮, 守其辱, 爲天下谷.

爲天下谷, 常德乃足, 復歸於樸.

樸散則爲器. 聖人用之, 則爲官長.

故大制不割.

【해설】

이 장은 '덕을 세우는(立德)' 통치자의 면모를 말한다. 백서본과 왕
필본의 글이 거의 일치한다. 노자는 알아야 할 대상과 지켜야 할 것
을 구분하고 있다.

이 장에서도 노자는 우리 상식을 여지없이 뒤흔든다. 수컷이 앞서
고 암컷이 뒤따르는 상하 관념에서 벗어나 반대되는 성질들의 상보
성을 강조하고 있다. 수컷과 암컷, 흰 것과 검은 것, 영화와 욕됨은
분명 반대되는 개념인데 이 양자를 껴안아야 한다. 군주도 이런 안
목을 지녀야만 천하의 인심이 그에게 모여들어 골짜기가 된다.

---

4) 원문의 "고故"를 번역한 것인데, 어조사 '부夫'로 봐야 한다는 학자도 있다.(위페이린, 앞
의 책, 63쪽) 위페이린은 38장, 39장, 56장 등의 "고" 자도 같은 맥락에서 의미 없는 허사
로 보고 번역해야 한다고 주장하기도 했다.

5) 맨 마지막 구절인 "대제불할大制不割"을 두고는 사람들마다 다르게 번역한다. 필자는 "대
제"는 곧 "위대한 다스림(大治)"이라고 주석한 장시창의 《노자교고》에 의거했다. 한편, 김
학주는 "위대한 창작은 쪼개어 흩어놓지 않는다"라고 했는데 이는 원의를 벗어난 것이다.
이것보다는 최진석의 번역 "큰 통치는 가르지 않는다"가 원의에 가장 근접해 있어 취한
다. 런지위는 "가장 완미한 관리란 억지로 하는 것을 벗어난다"고 의역했는데 너무 앞서
나간 번역이다.

6) 이 장에는 "기其"가 여섯 번 나오는데, 이치를 명백히 깨달은 사람을 의미한다.(런지위, 앞
의 책, 120쪽)

"늘 그러한 덕"으로 옮긴 "상덕常德"은 어린아이의 상태로 돌아가는 것이며, 반박귀진反樸歸眞의 경지이다. 특히 이 장에서 말하는 "박樸"은 다듬지 않은 원목으로, 쪼개지지 않은 도의 상징이다. 왕필의 해석대로 '참된(眞)' 것으로서, 참된 것이 흩어지면 온갖 행실이 나오며, 이는 갖가지 그릇이 생겨나는 것과 같다. 성인이 백성을 어린아이로 만들려면 무엇보다 성인 스스로 통나무처럼 순박한 모습을 견지하여 백성이 근심하지 않도록 해야 한다. 다시 말해 작위하지 않고 다스려야만 한다. 위대한 통치의 기본은 자연의 원리를 거스르지 않는 데 있다고 본 것이다.

29장 누군가 천하를 취하려고 무엇인가를 하고자 한다면

[누군가] 천하를 취하려고 [무엇인가를] 하고자 한다면, 나는 그가 이룰 수 없다는 것을 안다.

천하라는 신령한 기물은, [억지로] 할 수가 없는 것이다. [억지로] 하려고 하는 자는 실패하게 되고, 잡으려 하는 자는 그것을 잃게 된다.

그러므로 사물은 때로는 나아가기도 하고 때로는 뒤따라가기도 하며, 때로는 숨을 내쉬거나 때로는 입김을 불기도 하고, 때로는 강하거나 때로는 쇠약해지기도 하며, 때로는 꺾이기도 하고, 때로는 깨지기도 한다.

이 때문에 성인은 심한 것을 없애고 사치스러운 것을 없애며 지나친 것을 없애는 것이다.

將欲取天下而爲之, 吾見其不得已,

天下神器, 不可爲也[1], 爲者敗之, 執者失之,

故物或行或隨, 或歔或吹, 或强或羸, 或挫或隳

是以聖人去甚, 去奢, 去泰.

---

1) 이 "불가위야不可爲也" 뒤에 "불가집야不可執也"라는 구절이 있어야 한다고 주장하는 학자의 저서가 바로 류스페이의 《노자각보》이다. 그는 왕필의 《노자주》와 본문의 "집자실지 執者失之"에 있는 "집執"을 근거로 들어 전후 맥락을 검토해보면 마땅히 불가집야不可執 也를 부가해야 한다고 주장했고 이에 대해 위페이린도 동의했다.(위페이린, 앞의 책, 62쪽) 필자는 이들의 견해에 무리가 있다고 본다.

【해설】

이 장은 정치를 논하고 있는데, 어떤 의지나 목적에 따라 행동하는 것을 비판한다. 첫 구절에서 '취하다'라는 의미로 번역한 "취取"자 역시 번역을 두고 논란이 좀 있다. 즉 이 글자를 '치治'의 의미로 봐야 한다는 견해가 있는데, 일리가 있다.[2] 48장의 "천하를 취하려 하면 언제나 일거리를 없애야 한다. 그에게 일이 있으면 천하를 취하기에는 부족하다(取天下, 常以無事. 及其有事, 不足以取天下)"에 나오는 "취取"자와 함께 읽으면 명확히 알 수 있다. 말하자면 "취取"자는 다스릴 '치治' 자와 같은 뜻인 것이다. 그리고 첫 구절의 "위지爲之"는 바로 "무위無爲"와 반대되는 개념으로 "유위有爲"와 같다. 일정한 방향을 정하여 목적의식을 품고 하는 여러 행위를 포괄적으로 지칭하는 말이다. 당시 정치에 뜻을 둔 사람은 내심 이런 생각을 하고 있었는지도 모를 일이다. 노자는 이에 대해 비판적이다.

마지막 문장에서 성인의 세 가지 소신으로 제시한 "거심去甚" "거사去奢" "거태去泰"는 "극단" "사치" "지나친 것"에 대한 노자의 거부감을 분명히 드러낸다. 이 세 가지야말로 '자연'을 거스른 대표적인 표식이기 때문이다.

2) 위페이린, 앞의 책, 62쪽.

30장 도道로 군주를 보좌하는 자는

도道로 군주를 보좌하는 자는 군대로 천하를 강제하지 않으니,
그(군대) 일은 바로 곧잘 [보복으로] 되돌아온다.
군대가 주둔한 곳에는 가시덤불이 자라나고, 대군이 지나간 후에
는 반드시 흉년이 든다.
[전쟁을] 잘하는 자는 구제해줄 뿐이지, 감히 [군대로] 강함을 취하
려고 하지 않는다.
구제해주었다고 뽐내지 말고, 구제해주었다고 자랑하지 말며, 구
제해주었다고 교만하지 말라. 구제하되 어쩔 수 없다면, 구제해주
었다고 강포하지 말아야 한다.
사물은 굳세어지면 노쇠하게 되니, 이를 도에 맞지 않는다고 한
다. 도에 맞지 않으면 일찍 끝나버린다.

以道佐人主者, 不以兵强天下,

其事好還.

師之所處, 莉棘生焉,

大軍之後, 必有凶年.

善者[1]果[2]而已, 不敢以取强.

---

1) "자者" 자가 왕필본에는 "유有" 자로 되어 있는데, 왕필본의 주석에는 또 "자者" 자로 되어
   있기에 바로잡는다. 물론 하상공본을 비롯한 대부분의 판본에는 "자者" 자로 되어 있다.
2) "과果" 자는 왕필의 주석에 따라 '구제하다' '구제해준다(濟)'는 뜻으로 풀이했다. 아래에
   연이어 세 번 나오는 "과果"도 마찬가지다.

果而勿矜, 果而勿伐, 果而勿驕, 果而不得已, 果而勿强.

物壯則老³⁾, 是謂不道, 不道早已⁴⁾.

【해설】

이 장에서 노자는 겸허의 중요함에 대해 말하고 있다. 이 장은 바로 뒷장과 함께 용병의 원칙을 논하고 있으니 춘추시대에 필요악이었던 전쟁의 문제를 다루고 있다. 전쟁이란 잔혹한 일로 군대가 어디에 있든 반드시 재앙이 따르며 모든 것이 황폐해질 수밖에 없다. 용병은 바로 보복을 낳는다. 전쟁을 좋아하고 승리를 취하려는 자 중에서 뒤끝이 좋은 사람은 별로 없다. 전쟁 자체가 도에 들어맞지 않기 때문이다.

노자의 전쟁관이 드러나 있는 이 장을 읽어보면 춘추시대에 얼마나 많은 전쟁이 있었는지 생각하게 된다. "유"를 강하게 추구하면 할수록 "무" 역시 그에 상응한다. 모든 일에는 상대성이 있으니 전쟁의 승리는 곧 전쟁의 패배를 예비한다.

노자가 강조하는 바는 일정한 성과를 거두었을 때 그만두는 지혜를 발휘해야지 극단까지 달려가는 것은 결코 바람직하지 않다는 것이다. 특히 전쟁이 그런데, 군주가 늘 유혹에 빠지기 쉬운 '뽐냄(矜)' '자랑(伐)' '교만(驕)', 이 세 가지가 원흉이다. 바로 자연의 원리에 위배되기 때문이다.

---

3) 마왕퇴본에는 "물장즉로物壯則老"가 "물장이로物壯而老"라고 되어 있다. 그리고 여기서 "장壯"은 '굳세다'는 의미로 '강强'과 같은 뜻이다.

4) "이已" 자는 '지止' 자와 뜻이 같으며 '그치다' '죽다'는 의미다.

맨 마지막 문장의 "물장즉로物壯則老"에서 "장壯"은 무력으로 갑자기 흥한다는 의미다. 천하에서 무력을 앞세워 강자 노릇을 하는 것을 말한다. 갑자기 흥하는 것은 결코 도道와 어울리지 않기에 갑자기 흥하면 빨리 늙고 시든다고 강조했다.

자연의 법칙을 따르는 것이 섭리인데도 인간은 어리석게도 계속해서 이를 거스르고 있다고 노자는 탄식한다. 59장에서 말했듯이 "장생구시長生久視", 즉 장구하게 유지하기 위한 원리는 바로 자연의 '도'에 달려 있다.

31장 오직 병기란 상서롭지 못한 기물이어서

　오직 병기란 상서롭지 못한 기물이어서, 기물이라면 어떤 사람도 그것을 싫어한다. 그러므로 도를 지닌 사람은 [거기에] 머무르지 않는다.

　군자는 [평소] 거처할 때에는 왼쪽을 귀하게 여기고, 군대를 부릴 때에는 오른쪽을 귀하게 여긴다.

　병기란 상서롭지 못한 기물이며 군자의 기물이 아니다. 부득이하게 그것을 사용하지만, 초연함과 담담함을 최상으로 삼는다.

　승리해도 [이를] 불미스럽게 여겨야 하니, 그것을 찬미하는 사람은 바로 사람을 죽이는 것을 즐기는 사람이다. 사람을 죽이는 것을 즐기는 사람은 천하에서 뜻을 얻지 못할 것이다.

　길한 일은 왼쪽을 숭상하고 흉한 일은 오른쪽을 숭상하니, [전쟁에서] 편장군이 왼쪽에 자리 잡고 상장군이 오른쪽에 자리 잡는 것은 [흉한] 상례에 따라 대처한다는 것을 말한다.

　[전쟁에서] 죽인 사람이 많으면 비통한 마음으로 임하고, 전쟁에 이기더라도 상례에 따라 처리한다.

夫唯1)兵者, 不祥之器, 物或惡之2), 故有道者不處.

君子居則貴左, 用兵則貴右.

兵者, 不祥之器, 非君子之器, 不得已而用之, 恬淡爲上.

勝而不美, 而美之者, 是樂殺人, 夫樂殺人者, 則不可得志於天下矣.

吉事尙左, 凶事尙右, 偏將軍居左, 上將軍居右, 言以喪禮處之.

殺人之衆, 以哀悲泣3)之, 戰勝以喪禮處之.

【해설】

　30장에 이어 전쟁을 다루고 있는데 내용이 쉽게 이해된다. 앞 장에서는 전쟁의 절도를 말했고, 저 유명한 왕필의 주석이 보이지 않아 판본상 논란거리가 있는 이 장에서는 노자의 전쟁관과 상례관이 분명하게 표출되고 있다. 이 장은 판본상의 문제도 많이 제기되어 있으니, "길사상좌吉事尙左, (……) 언이상례처지言以喪禮處之"라는 문장이 그러하다.

　"귀좌貴左"를 설명해보자. 본래 군주는 '남면南面', 즉 남쪽을 향해서 앉아 통치하므로 왼쪽이 동쪽이고 오른쪽이 서쪽이니, 왼쪽은 해가 뜨는 곳이고, 오른쪽은 해가 지는 곳이다. 동쪽은 양의 방향이요, 서쪽은 음의 방향이므로 왼쪽은 생명과 관련되고, 오른쪽은 죽음과 관련된다. 전쟁은 흉사凶事로서 죽음과 관련되므로 오른쪽을 숭상하는 것이라고 보았다. 잔인한 통치자는 천하를 다스릴 수 없으니, 전리품에 도취될 것이 아니라 예를 다해 정성껏 장례를 치러야만 민심을 해치지 않는다고 노자는 주장한다.

　"예禮"의 개념을 알기 위해 사마천의 관점과 비교해가면서 읽어

---

1) 당비본唐碑本에 따라 "유唯"라고 적었다. 왕필본에는 "가佳" 자로 되어 있는데 이 글자가 맞다고 보는 학자들도 적지 않다. 마왕퇴본에는 이 글자가 빠져 있다. 왕념손王念孫은 "유唯" 자가 '추隹' 자의 오기라고 보면서 이 글자가 옛날에는 '유唯' 자와 통했다고 보았다. 물론 이는 발어사이고, '부유夫唯~, 고故'의 문장 형식(인과관계)에도 부합한다는 것이다. 필자 역시 이 설이 일리 있다고 보아 따른다.

2) "물혹오지物或惡之"를 "기물이라면 어떤 사람도 그것을 싫어한다"로 번역했다. 런지위는 "물物"을 '누구(誰)'라고 해석했는데(런지위, 앞의 책, 127쪽), 너무 앞서나간 번역이다.

3) "리涖"는 여기서 "임하다"로 번역했다. 원래 '다다르다' '참가하다'라는 뜻이다. 고형은《노자정고》에서 이 글자를 "립立"으로 봐야 한다고 했다. 그리고 왕필본에는 '소리 내어 울다'라는 의미의 "읍泣" 자로 되어 있어 지지하는 학자도 있는데(위페이린, 앞의 책, 66쪽), 필자가 보기에 그렇지 않아 바로잡는다.

보아도 좋다. 사마천은《사기》〈예서禮書〉 첫머리에서 "예禮란, 사람으로 말미암아 일어난다. 사람은 태어나면서부터 욕망이 있어, 하고자 하는 바를 이루지 못하면 원망이 없을 수 없으며, 원망하는 데도 절제가 없으면 다투게 되는데, 다투게 되면 혼란스럽게 된다."라고 했다.

　노자가 보기에 천하를 차지하는 데에도 분명 '예'가 있다. 상대를 완전히 짓밟고 그것도 모자라 장례조차 무시한다면, 이는 천하를 거머쥐려는 자의 풍모와는 동떨어진 태도라 할 수 있다.

32장 도는 항상 이름이 없으니

도는 항상 이름이 없으니, [질박한] 통나무처럼 비록 보잘것없지만 천하에서 아무도 [그것을] 신하로 부릴 수 없다.

후왕이 만약 그것(도)을 지킬 수 있으면 만물이 저절로 복종할 것이다.

하늘과 땅이 서로 만나 단 이슬을 내리듯이, 백성은 아무도 명령을 내리지 않아도 저절로 가지런해진다.

처음에 창조된 이후에야 이름이 있다. 이름이 있고 나면 또한 멈출 줄 알아야 한다. 멈출 줄 알아야 위태롭지 않을 것이다.

비유하자면 도가 천하에 있는 것은 마치 시내와 골짜기의 물이 강과 바다로 흘러가는 것과 같다.

道常[1]無名, 樸雖[2]小[3], 天下莫能臣也, 侯王[4]

若能守之, 萬物將自賓[5].

---

1) 백서본과 마왕퇴본에는 "상常" 자가 "항恒" 자로 되어 있는데 의미는 큰 차이가 없다.

2) 마왕퇴본 갑을본에 "수雖" 자가 "유唯" 자로 되어 있다. 바로 앞의 "박樸" 자는 "도道" 자와 함께 사용할 수 있다.

3) 이 두 구절은 일반적으로 이렇게 네 글자, 세 글자씩 끊어서 읽는다. 물론 왕필도 예외가 아니다. 그런데 이것을 다섯 글자, 두 글자로 "道常無名樸, 雖小"로 읽어야 한다고 주장하는 이도 있다. 주석가 고형은 네 글자, 세 글자로 끊어 읽는 것에 동의하면서도 37장의 "무명지박無名之樸"을 예로 들며 "명名" 자 뒤에 "지之" 자가 누락된 것이 아닌가 의심하기도 했다. 또 위페이린은 네 글자, 한 글자, 두 글자, 즉 "道常無名, 樸, 雖小"로 끊어 읽어야 한다고 주장했다.(위페이린, 앞의 책, 69쪽) 그리고 "소小" 역시 보충 설명이 필요한데, 41장의 "도는 숨어 있어 이름이 없지만(道隱無名)"과 비슷한 의미로 쓰였다.

天地$^{6)}$相合, 以降甘露, 民莫之令而自均$^{7)}$.

始制$^{8)}$有名, 名亦旣有, 夫亦將知止, 知止, 可以不殆.

譬道之在天下, 猶川谷之與$^{9)}$江海.

【해설】

   '도'란 이름이 없으니 가공하지 않은 '통나무(樸)'와 같다. 문제는 그런 통나무가 보잘것없어 보인다는 데 있다. 별 볼일 없는 것처럼 보이지만 오히려 천하 만물의 근본이 된다. "박樸"도 그렇고 '도'도 그렇다. 핵심은 이런 덕을 토대로 정치를 하는 것이다. 어떤 일이든 지나치지 않게 해야 하니 특히 정치에서 그렇다.

   형체도 없는 '도'를 이름 지어 억지 부리지 말라는 노자의 말은 '무'를 중심으로 삼는 통나무의 질박함을 본받는 것이 중요하다는 의미이다. '박'을 품고 무위를 하여, 외물로 본성을 왜곡하지 않아

---

4) "후왕侯王"은 춘추시대 초·중엽에는 쓰이지 않던 단어로 이 때문에 량치차오는 32장의 이 단어가 37장에도 나오는 데 주목하여 이《도덕경》이 전국시대 말에 쓰인 것이라고 추론하였다. 이 점에 관해서는 김학주도 동의하고 있다.(《노자》, 연암서가, 227쪽) 물론 근거가 있는 주장이다.

5) "빈賓"은 '복종하다(服從)'라는 의미다.

6) 여기서 "천지天地", 즉 하늘과 땅은 음양의 기운을 듬뿍 함축하고 있는 것이다.

7) "균均"은 그 혜택을 골고루 누린다는 의미다.

8) "제制"는 '만들다'는 의미의 '제製'로 보고 번역했다. 왕필은 '시제始制'의 의미를 "질박한 것이 깨져서 처음 관장이 될 때를 말한다. 처음 관장을 만들게 되면 명분을 세워 높고 낮음을 정하지 않을 수 없으므로, 짓기 시작하면 이름이 있게 된다"(임채우 역,《왕필의 노자주》, 한길사, 2005)고 상세하게 설명했다.

9) "여與" 자가 왕필본에는 "어於" 자로 되어 있어 장소의 방향을 나타내는 허사로 해석하는 경향이 있었다. 그런데 왕필본의 주석에는 "여與" 자로 되어 있고 하상공본에도 "여與" 자로 되어 있어 이에 따라 바로잡는다. 마왕퇴 을본에도 "여與" 자로 되어 있다.

야 외물이 저절로 찾아오고 '도'도 저절로 얻어진다. '도'란 지극히 자연스럽게 천하를 지배하고 있으면서도 마치 아무 일도 없는 양 늘 그런 모습을 보인다. 물론 정치의 도 역시 예외가 아니다. 위정자는 민심을 얻기 위해 꼼수를 부릴 게 아니라 자연의 도와 함께해야 한다. 이 장의 핵심어 "박樸"자는 15장과 28장에서도 나왔다. 모두 인위적인 가공이나 가식이 더해지기 이전의 것을 말한다.

33장 남을 아는 사람은 지혜롭지만

남을 아는[1] 사람은 지혜롭지만, 자신을 아는 사람이 현명하다.

남을 이기는 사람은 힘이 있지만, 자신을 이기는 사람이 강하다.

만족할 줄 아는 사람은 부유하지만, 힘써 행하는 사람이 뜻을 얻는다.

그 자신이 있는 곳을 잃지 않는 사람은 오래가지만, 죽더라도 [도가] 없어지지 않는 사람은 천수를 누린다.

知人者智, 自知者明.

勝人者有力, 自勝者强.

知足者富, 强行者有志.

不失其所者久, 死而不亡[2]者壽.

【해설】

'도'를 터득한 사람의 덕이 무엇이며 갖추어야 할 조건은 무엇인지를 언급하고 있다. 노자는 소극적인 삶, 반성하는 삶이 정신 수양에 도움이 된다고 말한다. 여기서 핵심어는 "명明"이다. 노자는 이 글자를 대단히 중시해 "상을 아는 것을 명明(밝음)이라고 하는데[知常

---

1) 원문의 "지知"를 번역한 것으로 일반적으로 두루 안다는 포괄적 의미의 앎을 이른다.

2) "사이불망死而不亡"은 "사이불휴死而不休"와 같은 개념으로 《좌전左傳》 양공襄公 24년 조에 보인다. 여기서 "망亡"은 멸망하거나 없어지는 것을 의미하며 "불망不亡"은 '도道'의 영원불멸성을 의미한다.

曰明]"라고 했고 52장에도 두 번이나 이 글자를 사용했다.

"지인자지知人者智"란 무슨 의미인가? 남을 아는 것은 지혜로운 일이나 자신을 아는 자는 그런 지혜를 넘어 또 다른 면을 본다는 의미다. '지知'와 '지智' 자는 분명 다른 글자이지만, 통행본에 지智 자로 되어 있는 것들이 백서본에는 '지知' 자로 되어 있어 둘은 혼용된 듯하다. 그런데 노자는 '지智'를 부정적으로 사용한 경우가 적지 않다. 예를 들어 "성스러움을 끊고 지혜를 버리면 백성의 이익이 백배가 되며[絶聖棄智, 民利百倍]"(19장)라는 문장이 그렇다. 심지어 "따라서 지혜로 나라를 다스리는 것은 나라를 해치는 것이요[故以智治國, 國之賊]"(65장)라는 말까지 한다. 그러므로 노자는 이 둘을 분명히 구분해서 사용한 것으로 보인다. 문제는 "지인자지"의 "지智"는 정반대 개념으로 사용되었다는 점이다. 일반적으로 아는 것을 '지知'라한다면 그보다 좀 더 차원이 높은 지혜를 '지智'라고 볼 수 있다. 따라서 '지智'는 '철哲'과 기본적으로 유사하다. "자승자강自勝者强"도 같은 맥락에서 이해할 수 있다.

첫 문장의 번역에 대해서도 설명이 필요한데, '~지만'이라는 식으로 번역한 이유는 이 장의 문맥을 고려했기 때문이다. '~하고'라는 식으로 쓸 수도 있지만 그럴 경우 노자가 말하려는 근본 취지를 제대로 살리지 못하기 때문에 "지혜롭지만"이라고 번역한 것이다.

한 걸음 더 나아가 "지인"이란 남을 안다는 말인데, 공자도 다른 사람이 자신을 알아주지 않는다고 해서 근심하지 말라고 당부했으니, "지인"은 유가에서도 대단히 강조하는 가치다. 여기서 "지인"과 대구를 이루는 "자지自知"는 가장 높은 인식 단계인 '명明'과 연관된다. '지知'의 의미는 16장, 22장, 24장에서도 언급되는데 노자는 타인을 아는 것보다 자신을 아는 것을 대단히 높이 평가한다.

거듭 말하지만 노자는 유가에서 말하듯 타인과의 관계망 속에서 구축되는 문제, 즉 지인知人—승인勝人—강행强行의 방식을 결코 우호적으로 보지 않았다. 오히려 이것들에 의해 덧씌워지는 사태를 거부하고 자지自知—자승自勝—지족知足의 방식을 취해야 한다고 강조했다. 이처럼 "자신을 이기는 사람이 강하다(自勝者强)"는 노자의 사상을 잘 보여주는 일화가《한비자》에 나온다.

> 자하子夏[3]가 증자曾子[4]를 만났을 때 증자가 말하였다.
> "어째서 살이 쪘소?"
> 자하가 대답하였다.
> "전쟁에서 승리했기 때문에 살이 쪘소."
> 증자가 말하였다.
> "무슨 말이오?"
> 자하가 말하였다.
> "나는 선왕의 의義를 보게 되면 영광으로 생각하고, 밖에 나가 부귀의 즐거움을 보게 되면 또 영광으로 생각하였습니다. 이 두 가지가 가슴속에서 싸울 때는 승부를 알지 못했으므로 여위었지만, 지금 선왕의 의가 승리했으므로 살이 찐 것이오."

_____

3) 위衛나라 사람으로 이름은 복상卜商이다. 공자의 수제자 가운데 한 사람으로 문학文學에 뛰어났다는 평가를 받을 정도로 글을 아주 잘 지었다. 공자가 죽은 뒤 유학을 전승하는 데 많은 공헌을 한 인물이다.

4) 이름은 증삼曾參이며 자는 자여子輿다. 공자가 효도를 잘한다고 칭찬할 정도로 효심이 지극했으며《효경孝經》을 지었다고 한다.

이 때문에 뜻을 이루기가 어렵다는 것은 다른 사람을 이기는 데 있는 것이 아니라 자기 스스로를 이기는 데 있다고 할 것이다.[5]

---

5) 원문은 이렇다. "子夏見曾子. 曾子曰, '何肥也?' 對曰, '戰勝, 故肥也.' 曾子曰, '何謂也?' 子
夏曰, '吾入見先王之義則榮之, 出見富貴之樂又榮之, 兩者戰於胸中, 未知勝負, 故瞿. 今
先王之義勝, 故肥.' 是以志之難也, 不在勝人, 在自勝也."(《한비자》〈유로〉〔김원중 역, 337
쪽〕)

34장 대도大道는 물처럼 넘쳐나서

대도大道는 [물처럼] 넘쳐나서, 그것은 왼쪽이나 오른쪽으로 흘러간다.

만물은 그것(도)에 의지하여 생겨나도 말하지(간섭하지) 않으며, 공이 이뤄지더라도 갖겠다고 [자기] 이름을 내세우지 않는다.

[대도는] 만물을 입혀주고 길러주지만 주인 노릇을 하지 않고, 항상 하고자 하는 것이 없으니 하찮다고 이름 붙일 수 있다.

만물이 [도에] 귀속되어도 주재하지 않으니, 위대하다고 이름 붙일 수 있다.

그것(도)은 끝내 스스로 위대하다고 하지 않음으로써 그 위대함을 이룰 수 있다.[1]

大道氾[2]兮, 其可左右.

萬物恃之而生而不辭[3], 功成不名有.

衣養[4]萬物而不爲主, 常無欲, 可名於小.

萬物歸焉, 而不爲主, 可名爲大.

以其終不自爲大, 故能成其大.

---

1) 이 구절은 사소한 데서 큰일을 행하고, 쉬운 데서부터 어려운 일을 계획하라는 말이다.

2) "범氾"은 '범람하다'는 뜻에 그치지 않고 물이 흘러넘쳐 널리 퍼진다는 의미다. 마왕퇴 을본에는 "연淵" 자로 되어 있다. 한편, 김학주는 "물이 범람하는 것" "장마물"이라고 명사로 번역했다(김학주, 앞의 책, 221쪽).

3) "사辭"는 '자신의 업적을 이야기하다' 혹은 '수고로움을 사양하지 않다'는 의미이다.

4) "의양衣養"은 영락대전본에서는 "의피衣被"로 되어 있는데 의미는 별 차이가 없다.

【해설】

이 장은 도는 상하좌우 그 어디든 가지 못하는 곳이 없다는 말로 시작한다. 물론 만물의 생성도 도로 말미암는다.

노자는 만물의 원리인 도에 따르되 결코 주도하거나 나서지 말라고 권한다. 여기서도 지배하려는 욕구와 공명심을 버려야 한다고 강조했다. 이는 12장에서 "다섯 가지 색깔이 사람의 눈을 멀게 하고, 다섯 가지 소리가 사람의 귀를 먹게 하며, 다섯 가지 맛이 사람의 입맛을 상하게 한다(五色令人目盲, 五音令人耳聾, 五味令人口爽)"고 한 것과 일맥상통한다. 도를 따르는 삶은 감각적인 향락이나 물질생활을 멀리하고 소박하고 욕심 없는 생활을 하는 것이다. 인간의 정욕情欲이 표출되는 감각의 문을 닫을 때 도를 향하는 문이 열린다.

도는 하고자 하는 바가 없으므로 이를 따르는 삶은 오히려 대단히 사소해 보이기도 한다. 하지만 다른 사람의 시각에서 볼 때 그렇다는 말이지, 자신의 의지만 있으면 결코 초라하지 않다. 여기서 "소小"는 얼핏 "대大"와 대립되는 듯하지만, 이미 32장의 "박수소樸雖小"라는 구절에서 살펴보았듯 "소"는 "대"보다 훨씬 더 깊고도 오묘한 의미를 품고 있다. "소"는 노자 사유의 근본 특성을 대변한다.

마지막으로 판본 문제를 보면, "공성불명유功成不名有"란 구절에 문제가 많이 제기되었다. 본래 왕필본에 이렇게 되어 있는데, 이 구절을 마서륜의 주석에 의거해 "공성이불유功成而不有"라고 교열해야 한다는 견해가 대표적이다. 노자가 10장과 51장에서도 "불유不有"란 단어를 사용한 적이 있음을 주요한 근거로 내세우고 있다. 또 고대에 '명名'과 '유有'의 자형이 비슷해 오기했을 가능성이 크다는 점도 이유로 들었다. 그렇지만 전체적인 문맥으로 볼 때 이 설에 동의하기는 어려워 왕필본을 따랐다.

35장 누군가 위대한 도를 잡고 있으면

[누군가] 위대한 형상(도)을 잡고 있으면 천하가 [제 갈 길로] 나아
간다.

나아가도 해를 입히지 않으니 [사람들은] 곧[1) 태평하다.

음악과 음식이 나그네를 멈추게 한다.

도는 입으로 표현해봐도 밋밋하여 맛이 없다.

그것을 보려 해도 보이지 않으며, 그것을 들으려 해도 들리지 않
으며, 그것을 쓰려 해도 다하지 못한다.

執大象, 天下往.

往而不害, 安平太[2).

樂與餌, 過客止.

道之出口, 淡乎其無味,

視之不足見, 聽之不足聞, 用之不足旣.

【해설】

도를 따르면 언제 어디서든 편안하다. 왜냐하면 도는 무한하면
서도 절대적으로 작용하기 때문이다. 그러므로 노자는 다른 장에서

---

1) 원문의 "안安"을 번역한 것인데, 왕인지王引之가 《경전석사經傳釋詞》에서 풀이한 것을 근
   거로 했다.("안은 '이에' '곧' '즉'과 같다[安, 猶於是也, 乃也, 則也].")
2) "평태平太"는 '태평太平'과 같은 말이며 압운을 위해 도치시킨 단어다.

"대상무형大象無形"(41장), "대음희성大音希聲"(41장), "대기만성大器晚成"(41장)이라고 하여 보아도 잘 보이지 않고, 들어도 잘 들리지 않으며 써도 다 쓰지 못한다고 묘사했다. 여기서 "대상大象"이란 자연의 운행이요 형상이며, '도'를 가리킨다.[3] 14장에서 도를 "무상지상無狀之狀"이라고 한 것을 참조할 수 있다. 따라서 도의 모습인 "대상"에 따라 통치하면 무엇이든 이루어낼 수 있다.

원문의 "낙여이樂與餌"는 아름다운 음악과 맛있는 음식을 가리킨다. 바로 노자가 비판한 "오음五音"과 "오미五味"다.[4]

맨 마지막 구절인 "용지부족기用之不足旣", 즉 "그것을 쓰려 해도 다하지 못한다"는 문장은 설명이 필요하다. 이 구절의 "기旣"를 하상공은 '진盡'으로 해석했다. 즉 다하다라는 뜻이다. 이는 노자가 '도'를 '용用'의 측면에서 설명하는 부분[5]과 관련지어 이해할 수 있다. '용'은 일정한 틀과 범위라는 의미를 함축한다. 따라서 이 구절에서는 '용'과 대구를 이루는 "언言" "시視" "청聽" 등과 연관 지어 봐야 한다. 그러나 이 글자는 특정한 범위나 특정한 용도로 기능하지 않는다는 뜻을 담고 있다.

이미 3장에서도 다룬 바 있지만, 노자는 경쟁하지 않고, 욕심내지 않으며, 마음의 안정을 찾는 것이 바로 통치의 출발점이라고 했다.

---

3) 왕필은 "위대한 형상은 천상의 근원으로 뜨겁지도 않고 차갑지도 않으며 따스하지도 않고 서늘하지도 않으므로, 만물을 포용하고 통괄할 수 있으며 범하거나 손상시키지도 않는다. 군주가 만일 이것을 가지고 있으면 천하에 나아갈 수 있을 것이다(大象, 天象之母也. (不炎)不寒, 不溫不凉, 故能包統萬物, 無所犯傷. 主若執之, 則天下王也. 無形無識, 不偏不彰, 故萬物得往而不害妨也)"라고 하였다.

4) 자세한 내용은 12장과 14장을 참조하라.

5) "道沖而用之, 或不盈"(4장), "用之不勤"(6장)

노자가 살아가던 춘추 시대는 전쟁이 난무하고 생존을 위한 경쟁과 개인 욕망의 충족으로 치닫고 있었기 때문이다.

36장 오므라들게 하려면

오므라들게 하려면 반드시 잠시[1] 펴줘야 하고,

약하게 하려고 하면 반드시 잠시 강하게 해줘야 하며,

없애고자 하면 반드시 잠시 일으켜줘야 하고,

빼앗으려고 하면 반드시 잠시 줘야만 하니,

이것을 '미명微明(보이지 않는 총명 혹은 은미한 밝음)'이라고 한다.

부드럽고 약한 것이 굳세고 강한 것을 이긴다.

[마치] 물고기가 연못을 벗어나서는 안 되듯, 나라의 날카로운 기

물은 다른 사람들에게 보여줘서는 안 된다.

將欲歙[2]之, 必固張之,

將欲弱之, 必固强之.

將欲廢之, 必固興之,

將欲奪之, 必固與之,

是謂微明.

柔弱勝剛强.

魚不可脫於淵, 國之利器, 不可以示人.

---

1) "고固"를 마서륜의 설에 따라 "고차姑且"라고 보아 "잠시"라고 번역한 것이다. 물론 마서
   륜의 설에 비판적인 학자도 있으니 위페이린이 그렇다. 그는 이 글자를 "정定" 자로 보아
   "반드시"라고 번역해야 옳다고 했다.(위페이린, 앞의 책, 76쪽)

2) "흡歙" 자가 하상공본에는 들이쉴 "흡噏" 자로 되어 있다. 본래는 '거두어들이다'라는 뜻
   이나, 여기서는 《설문해자》의 "축비야縮鼻也"에 의거하여 '오므라들다' '수축하다'는 의미
   로 번역했다.

【해설】

이 장은 '도'로써 나라를 다스리는 원리를 말한다. 얼핏 해괴한
논리라고 볼 수도 있다. 많은 노자 연구자가 이 장의 가르침을 권모
술수로 보고 해석해왔고 일정 부분 설득력이 있다. 그 원조는 한비
자다. 한비자는 탈奪과 여與라는 개념을 이렇게 비유했다.

월越나라 왕이 오吳나라 신하로 들어와서는 제나라를 토벌하도록
권했는데, 이것은 오나라를 피폐시키고자 한 것이었다. 오나라는 애
릉艾陵에서 제나라 사람과 싸워 승리하고, 장강長江과 제수濟水까지 영
토를 확장했으며, 황지黃池까지 강함을 드러냈다. 그런 다음 오호五湖
에서 오나라를 제압할 수 있었다.[3]

노자가 말하는 "미명微明"은 감춰져 있거나 드러나지 않는 조짐을
의미한다. 한비자의 주석대로 "형태가 드러나지 않는 가운데 일을
시작해 천하에 큰 공을 세우는 것〔起事於無形, 而要大功於天下〕"(《한비자》
〈유로〉)이다. 즉 미묘하고 깊은 도리를 분명하게 안다는 뜻이다. 혹
자는 미묘한 도가 밝게 나타나는 법도라고 풀이하기도 한다.

흡歙과 장張, 약弱과 강强, 폐廢와 흥興, 탈奪과 여與라는 사물의 대
립적 속성은 늘 번갈아가며 나타난다. 먼저 약하면 나중에 강하고,
먼저 빼앗으면 나중엔 빼앗기듯이, 먼저 빼앗으려면 먼저 주라는
논리가 도출될 수 있다. 이 장은 40장의 "약자도지용弱者道之用"과 함

---

3) "越主入宦於吳, 而觀之伐齊以弊吳. 吳兵旣勝齊人於艾陵, 張之於江·濟, 强之於黃池, 故可
    制於五湖."(《한비자》〈유로〉〔김원중 역, 322쪽〕)

께 읽어보면 좀 더 분명하게 의미가 파악된다.

이 장에서 노자가 말하는 "유약柔弱"은 "강강剛强"의 반대 개념이 아니라 본질적 유연성이다. 42장의 "굳세고 강한 자는 제명대로 살 수 없다〔强梁者, 不得其死〕", 52장의 "부드러움을 지키는 것을 강强이라고 한다〔守柔曰强〕", 76장의 "강하고 큰 것은 아래에 거처하고, 부드럽고 연약한 것은 위에 거처한다〔强大處下, 柔弱處上〕" 등을 보면 알 수 있다.

이렇게 본다면, "강강"은 부자연성으로 인해 무너지고 단명하지만 유약의 고요한 상태는 삶의 영속성을 지닌다. 바로 "약소한 위치에 있는 것처럼 자신을 낮추고 상대는 높이는 것〔處小弱而重自卑〕"(《한비자》〈유로〉)의 경지다.

맨 마지막 구절의 "이기利器"는 다양하게 번역돼왔다. 혹자는 "이로운 면모, 곧 강한 군사력이나 훌륭한 정책 같은 나라의 쓸모 있는 일들"(김학주)이라고 하고, 혹자는 "유효한 무기〔有效的武器〕"(런지위)라고 했으니 "이利"를 이로움이라는 의미로 풀이한 것이다. 한편 최진석은 법규, 규정, 명령, 형벌 같은 "날카로운 도구"라고도 보았다.

37장 도는 영원히 하는 일이 없지만 하지 못하는 것이 없으니

도는 영원히 하는 일이 없지만 하지 못하는 것이 없으니, 후왕이 만약 그것을 지킬 수 있다면 만물은 저절로 교화될 것이다.

[스스로를] 교화하려 하거나 욕심이 일어나게 되면 나는 이름 없는 소박함으로 그것을 억누를 것이다.

이름 없는 소박함에서는 또한 하고자 하는 욕심도 없어질 것이다.

욕심 부리지 않고[1] 고요하게 있으면 천하가 저절로 안정될 것이다.

道常無爲而無不爲, 侯王若能守之, 萬物將自化.

化而欲作, 吾將鎭之以無名之樸.

無名之樸, 夫亦將無欲.

不欲以靜, 天下將自定.

【해설】

상편 도경道經의 맨 마지막 장으로 총결에 해당한다. 무위의 중요성을 강조하면서 앞 장에 이어 '도'에 근거한 통치술을 다룬다. 그 근본 취지는 억지로 하지 말고 자연스러움에 순응하는 것이다. 첫 문장에 나오는 "도"는 항상 "무위無爲"라는 형식으로 운동하지만 모든 것을 이뤄내는 힘이 있다. '스스로 그러함'을 따르기 때문에 가능한 일이다. 이에 비해 "유위有爲"는 어떤 결과도 보장되지 않고 의

---

1) 원문의 "이以"는 접속사 '이而'와 같다고 보아 순접으로 번역했다.

지나 욕망을 통해 대상과 관계를 맺을 뿐이다. 마음에서 유위가 일어나면 노자는 "이름 없는 소박함(無名之樸)"으로 그것을 억누른다고 말한다. 3장에서도 일렀듯이 이름을 붙이기 전의 통나무 같은 성질로 돌아가라고 거듭 강조하고 있는 것이다. 성인이 되려면 먼저 마음을 비워야 하며, 어떤 일을 해도 절대 겉으로 드러나게 해서는 안된다. 통치자는 사사로운 욕망에 사로잡혀 자기를 과시하거나 억지로 꾸며보려는 태도를 경계하라는 충고다.

하편下篇

덕경德經

38장 최상의 덕은 덕이라고 하지 않으니

최상의 덕은 덕이라고 하지 않으니 이 때문에 덕이 있다.

최하의 덕은 덕을 잃으려 하지 않으니 이 때문에 덕이 없다.

최상의 덕은 [아무것도] 하지 않으면서 [무엇을] 위하여 하는 것도 없다.[1]

최하의 덕은 그것을 행하는데도 작위에 둔다.

최상의 인은 그것을 행하는데도 작위에 두지 않는다.

최상의 의로움은 그것을 행하는데도 작위에 둔다.[2]

---

1) 원문의 "상덕무위이무이위上德無爲而無以爲"를 번역한 것인데 한비자는 이런 주석을 달았다. "아무 일도 하지 않고 아무 생각도 하지 않으며 텅 비고 고요한 상태를 귀하게 여기는 까닭은 그 의지가 외부로부터 구속받지 않기 때문이라고 한다. 그 방법을 깨닫지 못한 사람은 일부러 아무 일도 하지 않고 아무 생각도 하지 않음으로써 고요해지려고 한다. 일부러 아무 일도 하지 않고 아무 생각도 하지 않음으로써 고요한 상태에 이르려고 하는 자는 의지가 항상 고요함을 잊지 않고 있다. 이것은 고요한 상태가 되려는 데에 속박되는 것이다. 고요한 상태란 그 의지가 속박되지 않는 것을 말한다. 지금 고요한 상태가 되려는 생각에 묶여 있다면, 그것은 고요한 상태가 아니다. 고요한 상태가 된 사람의 행하지 않음(無爲)이란 행하지 않음을 항상 마음에 매어두지 않는 것이다. 하는 것이 없는 것으로써 일정함이 있게 하면 고요해진다. 고요해지면 덕이 흥성할 것이다(所以貴無爲無思爲虛者, 謂其意無所制也. 夫無術者, 故以無爲無思爲虛也. 夫故以無爲無思爲虛者, 其意常不忘虛, 是制於爲虛也. 虛者, 謂其意所無制也. 今制於爲虛, 是不虛也. 虛者之無爲也, 不以無爲爲有常. 不以無爲爲有常, 則虛, 虛, 則德盛, 德盛之謂上德)."(《한비자》〈해로〉〔김원중 역, 279~280쪽〕)

2) 원문의 "상의위지이유이위上義爲之而有以爲"를 번역한 것인데, 이에 대해 한비자는 이런 주석을 달았다. "인仁이란 흔쾌히 다른 사람을 사랑하는 것이다. 다른 사람이 행복해지는 것을 좋아하고, 다른 사람에게 재앙이 있는 것을 싫어하는 것은 타고난 품성 때문에 그칠 수 없는 것이지 보답을 바라고 그러는 것이 아니다(仁者, 謂其中心欣然愛人也, 其喜人之有福, 而惡人之有禍也, 生心之所不能已也, 非求其報也)."(《한비자》〈해로〉〔김원중 역, 280쪽〕)

최상의 예는 그것을 행하는데도 아무도 그것에 응하지 않으면[3] 팔을 걷어붙이고 [적대시하여] 억지로 끌어당긴다.[4]

그러므로 도를 잃어버리고 나서야 덕이 있고, 덕을 잃어버리고 나서야 인이 있으며, 인을 잃어버리고 나서야 의가 있고, 의를 잃어버리고 나서야 예가 있게 된다.

예라는 것은 충심과 믿음이 옅어진 연후에 생긴 것이며 혼란의 시작이 된다.

[근거 없이] 앞서서 인식한다는[5]것은 도의 꾸밈이요 어리석음의 시작인 것이다.

그래서 대장부[6]는 그 중후함(상덕)에 처신하며 그 경박함(하덕)에

3) 원문의 "상례위지이막지응上禮爲之而莫之應"을 번역한 것인데, 이에 대해 한비자는 이런 주석을 달았다. "의義란 군주와 신하, 윗사람과 아랫사람이 그 직분의 일을 하는 것이고, 아버지와 아들의 귀하고 천한 차이이며, 마음을 알아주는 친구 사이의 교제이고, 친근한 사람과 소원한 관계에 있는 자를 가까이할 것인가 멀리할 것인가를 구분하는 준칙이다. 신하가 군주를 섬기는 것이 마땅하고, 아랫사람이 윗사람을 따르는 것이 마땅하며, 아들이 아버지를 섬기는 것이 마땅하고, 천한 이가 귀한 자를 존경하는 것이 마땅하며, 아는 사이 친구 간에 서로 돕는 것이 마땅하며, 친한 자는 가까이하고 소원한 자는 멀리 두는 것이 마땅하다. 의란 그 마땅함을 말한다. 마땅하므로 그것을 실천하는 것이다(義者, 君臣上下之事, 父子貴賤之差也, 知交朋友之接也, 親疏內外之分也. 臣事君宜, 下懷上宜, 子事父宜, 賤敬貴宜, 知交友朋之相助也宜, 親者內而疏者外宜. 義者, 謂其宜也, 宜而爲之)." 《한비자》〈해로〉(김원중 역, 281쪽))

4) 원문의 "양비이잉지攘臂而扔之"를 번역한 것인데,《광운廣韻》의 주석에 따른 것이다.("扔 強牽引也.") 물론《광아廣雅》에도 '끌어당기다'라는 뜻이 있다.("扔, 引也.") 한편 이 "양비이잉지攘臂而扔之"에 대해 한비자는 이런 주석을 달았다. "일반 사람들이 비록 의심한다고 하더라도 성인은 공경을 행하고, 손발의 예절을 다함에 게으름이 없다(衆人雖貳, 聖人之復恭敬盡手足之禮也不衰)."《한비자》〈해로〉(김원중 역, 282쪽))

5) 원문의 "전식前識"을 번역한 것인데, 한비자는 "근거 없이 멋대로 추측하는 것이다(無緣而忘意度也)"《한비자》〈해로〉(김원중 역, 284쪽)]라고 했다. 한편 이 단어를 "앞서 있는 인식 체계"(최진석 설), "선견지명先見之明"(런지위·리링 설), "일을 앞서 아는"(김학주 설) 등으로 해석하기도 하는데 한비자의 견해가 신선하다고 볼 수 있겠다.

머물지 않는다. 그 열매에 처신하며 꾸밈에 머물지 않는다. 그러므
로 저것을 버리고 이것을 취하는 것[7]이다.

上德不德, 是以有德.

下德不失德, 是以無德.

上德無爲[8]而無以爲,

下德爲之而有以爲,

上仁爲之而無以爲, 上義爲之而有以爲.

上禮爲之而莫之應, 則攘臂而扔之.

故失道而後德, 失德而後仁, 失仁而後義, 失義而後禮.[9]

夫禮者, 忠信之薄, 而亂之首.

前識者, 道之華, 而愚之始.

是以大丈夫處其厚, 不居其薄, 處其實, 不居其華, 故去彼取此.

【해설】

상당히 길고, 다양한 의미를 두루 담고 있는 이 장은《노자 도덕

6) 한비자의 해석에 따르면 대장부란 "지혜가 큰 사람〔其智之大〕"(《한비자》〈해로〉〔김원중
역, 285쪽〕)으로 총명한 사람인데 노자의 원의에 비교적 접근한 해석으로 보인다.

7) 원문의 "거피취자去彼取此"를 번역한 것인데, 한비자는 "외형상의 예절과 섣부른 판단
을 버리고 도리에 따르고 진실한 감정을 실행하는 것이다〔去貌徑絶而取緣理·好情實也〕"
(《한비자》〈해로〉〔김원중 역, 285쪽〕)라고 주석을 달았다. 물론 이 단어는 12장과 38장에
도 나온다.

8) 원문의 "위爲"는 무언가를 인위적으로 수행한다는 뜻으로 이렇게 하면 부자연스럽고 심
리적으로도 허위가 개입될 수밖에 없다는 것이다.

9) 이 대목은 한비자의 해당 부분과 매우 다르다. "도를 잃은 뒤에 덕을 잃고, 덕을 잃은 뒤에
인을 잃으며, 인을 잃은 뒤에 의를 잃고, 의를 잃은 뒤에 예를 잃게 된다〔失道而後失德, 失
德而後失仁, 失仁而後失義, 失義而後失禮〕."(《한비자》〈해로〉〔김원중 역, 282쪽〕)

경》후반의 첫 머리인 동시에 하편 덕경의 서문에 해당한다. 1장부터 37장까지가 노자 사상의 기둥이라고 본다면 이 38장부터 81장까지는 운용편이라고 볼 수 있다. 비교적 긴 문장과 많은 주제를 담고 있는데, 상편 도경에서는 원리에 치중했다면, 이 편에서는 현실에서의 도의 운용과 관련된 문제를 중점적으로 다루고 있다.

노자가 말하는 "상덕上德"은 가장 훌륭한 덕이면서 도가에서 지향하는 경지이다. 육덕명은 이런 말을 했다. "덕이란 얻는다는 의미다. 도가 만물을 낳으니 얻음이 있고 획득함이 있기에 덕경이라고 이름지었으며 이는 총 44장이다. 어떤 판본은 43장이다."[10] 마왕퇴본에서는 덕경을 앞에 두고, 도경을 뒤에 두고 있어 통행본과 다르다.

운용 편인 후반부는 한비자의 주석이 돋보이므로 그의 해석을 살펴볼 필요가 있다. 한비자는 《한비자》〈해로〉 편에서 "상덕부덕上德不德"에 대해 이런 주석을 달았다.

덕德이란 내면적인 것이며, 득得이란 외면적인 것이다. "최상의 덕은 덕이라 하지 않는다(上德不德)"라는 것은 그 정신이 외부 사물에 의해 어지럽혀지지 않는 것을 말한다. 정신이 외부 사물에 의해 어지럽혀지지 않으면 그 몸은 완전하게 되는데, 이것을 덕이라고 한다. 덕이란 자신에게 얻는 것이다.

무릇 덕이란 하지 않음(無爲)으로써 모이고, 욕심이 없음(無欲)으로써 만들어지며, 사고하지 않음(不思)으로써 평온해지고, 수단을 사용하지 않음(不用)으로써 고정된다.

---

10) "德者得也. 道生萬物, 有得有獲, 故名德經, 四十四章. 一本四十三章."(陸德明,《老子音義》)

그것을 하고자 하고 욕망한다면 덕은 머물 곳이 없고 덕이 머물 곳
이 없으면 완전하지 못하다. 기능을 하고 사려를 하면 덕이 확고해지
지 않는데, 확고하지 않으면 공이 없게 된다. 공이 없는 것은 [인위적으
로] 덕을 취하는 데서 생겨난다. [인위적으로] 덕을 구하면 덕이 없게 되
고, 덕을 구하지 않으면 덕이 있게 된다. 그래서 말하였다.
"최상의 덕은 덕이라고 하지 않으니 이 때문에 덕이 있게 된다."[11]

한비자는 덕경 1장에 대한 해석으로 〈해로〉 편 첫머리를 장식한다.
당시 법가가 이 장을 매우 중시했음을 뒷받침하는 중요한 단서이다.
"상덕"이란 도의 모습을 체화한 것으로 '하덕下德', 즉 인仁·의義·예禮
와 대비되는 것이다. 노자는 공자가 말하는 인, 의, 예가 좋지 않은
것이므로 마땅히 '도'와 '덕'을 이들보다 앞에 두어야 한다고 생각
한다. 최상의 덕은 무위의 차원에 머물고, 도에 근거를 두고 있으며
자연에 들어맞고 강제성이 없다.

그러므로 "상덕"은 '무위'하게 된다. 우리는 공자의 말처럼 예를
끊임없이 실천해나가는 과정을 통해 인성을 회복하는데 노자는 그
런 시도 자체를 부정적으로 바라본다. 후厚—박薄, 실實—화華의 관
계처럼 무엇을 취하고 버리느냐의 문제는 노자 입장에서 보면 중
요한 것이다. 제아무리 '최상의 인'을 말해도 여전히 '하덕'의 차원
에 머물고 있다고 노자는 강조하면서 상인과 상덕의 공통점은 바

---

11) "德者, 內也. 得者, 外也. '上德不德', 言其神不淫於外也. 神不淫於外, 則身全. 身全之謂得.
得者, 得身也. 凡德者, 以無爲集, 以無欲成, 以不思安, 以不固固. 爲之欲之, 則德無舍, 德
無舍, 則不全. 用之思之, 則不固, 不固, 則無功, 無功, 則生有德. 德則無德, 不德則有德. 故曰,
'上德不德, 是以有德.'"(《한비자》〈해로〉(김원중 역, 279쪽))

로 "무이위無以爲"로서 서로 관여하지 않는 것이라고 말한다. 물론 '인'은 공자가 가장 중시하는 도덕 개념으로 기본적으로 "사람을 사랑하는(愛人)"《논어》〈안연〉) 것이어서 박애주의와 맞닿아 있다. 노자가 말하는 도덕은 분명 자연에 합치된 것이지 인위적인 덕성이 아니다. 리링의 지적대로 인성과 본능을 억압하는 것은 도덕이 아니며, 그런 의미에서 '상덕이란 인성에 합치되는 도덕'으로서 사람에게 감동을 줄 수 있다.

한비자는 "이란지수而亂之首" 뒤에 '호乎' 자를 덧붙이고 주석을 달았다.

그러므로 예를 행하는 것은 사람들의 소박한 마음을 전하는 것이다. 사람들은 예절을 행하면서 다른 사람들이 예절로써 응하면 금방 기뻐하지만, 예절로써 응하지 않으면 원망을 품는다. 지금 예를 만든 것은 사람들의 소박한 마음을 전하려고 한 것인데 그것에 의거해 서로 원망하면 분쟁이 없을 수 있겠는가? 분쟁이 있으면 혼란스럽게 된다.[12]

요컨대 노자는 정치나 사회가 변동의 단계에서 위기의 단계로 넘어가는 것은 미래 지향적 발전이나 어려움의 극복이 아닌 퇴행으로 보았고, 현상 세계에는 불변하거나 영원히 지속되는 것이 없다고 보았다.

---

12) "然則爲禮者, 事通人之樸心者也. 衆人之爲禮也, 人應則輕歡, 不應則責怨. 今爲禮者事通人之朴心而資之以相責之分, 能毋爭乎? 有爭則亂."《한비자》〈해로〉(김원중 역, 283~284쪽))

39장 옛날부터 '일一'을 얻은 것들이 있다

옛날부터 '일一'을 얻은 것들이 있다. 하늘은 일一을 얻어서 맑아 졌고, 땅은 일一을 얻어서 안정되었으며, 신은 일一을 얻어서 신령 스러워졌고, 계곡은 일一을 얻어서 채워졌으며, 만물은 일一을 얻어 서 생겨나게 되었고, 후왕은 일一을 얻어서 천하의 우두머리가 되 었으니, 그것(일一)이 그렇게 만든 것이다.

하늘이 [그것으로써] 맑아지지 않았다면 아마도 갈라졌을 것이요, 땅이 안정되지 않았다면 쪼개졌을 것이며, 신이 신령스럽지 않았다 면 사라지게 되었을 것이요, 골짜기가 채워지지 않았다면 말라버렸 을 것이요, 만물이 생겨나지 않았다면 소멸되었을 것이며, 후왕이 고귀하게 되지 않았다면 쓰러졌을[1] 것이다.

그러므로 귀함이란 천한 것을 뿌리로 삼고, 높음이란 낮은 것을 기초로 삼는다. 이 때문에 후왕은 스스로를 고孤(외로운 자), 과寡(덕이 부족한 자), 불곡不穀(선하지 않은 자)이라 했으니 이것은 천함을 근본으 로 삼는 것이 아니겠는가? 그렇지 아니한가?

따라서 여러 번 명예를 얻을지라도 영예롭게 생각하지 않으니, 옥처럼 윤나게 하지 말고, 돌처럼 거칠어라.

昔之得一者. 天得一以淸, 地得一以寧, 神得一以靈, 谷得一以盈, 萬物得一以生, 侯王得

---

1) 원문의 "궐궐蹶"을 번역한 것인데 '쓰러지다'라는 의미다. '실각하다' 혹은 '나라를 잃다'라 고 의역할 수도 있다.

一以爲天下貞, 其致之.

天無以淸將恐裂, 地無以寧將恐發, 神無以靈將恐歇, 谷無以盈將恐竭, 萬物無以生將恐滅, 侯王無以貴高將恐蹶.

故貴以賤爲本, 高以下爲基, 是以侯王自謂孤寡不穀, 此非以賤爲本邪非乎.

故致數輿無輿, 不欲琭琭如玉, 珞珞如石.

【해설】

이 장에서 노자는 "일一"을 도에 비유하면서 "천天" "지地" "신神" "곡谷" 가운데 무엇도 이를 벗어날 수 없다고 했다. '일'은 인간의 이성으로 인식할 수 없는 영역을 포괄하는 개념이다. '일一'은 수의 시작이요 만물의 궁극이다.[2] 왕도 '일一'을 벗어날 수 없다. 노자는 사물이란 '무'를 기반으로 하고 있으니 항상 '유'라는 사물 속에 있는 '무'를 봐야 한다고 했다.

이 장에서 노자는 줄곧 겸손한 처신을 강조하고 있다. "고孤" "과寡" "불곡不穀"이란 호칭에서 그런 점이 나타난다. 이는 고대 군왕들이 사용한 겸사인데, 모두 절대 권력을 엄폐하려는 고육책에서 나왔다는 점도 염두에 두어야 한다. 한편, 이런 호칭 외에 "나 한 사람〔余一人〕"이라는 표현도 있다. 상商나라의 종교 수장은 권력이 자신에게 집중되어 있다는 걸 과시하기 위해 이 말을 썼다.

원문의 "만물득일이생萬物得一以生"도 왕필본과 하상공본에는 있는데, 백서본에는 없어 판본 문제가 제기되었다. 특히 가오밍高明을

160
—

---

2) 왕필은《노자주》, 39장의 주에서 이렇게 말했다. "一數之始而物之極也. 各是一物之生. 所以爲主也. 物皆各得此一以成."

비롯한 학자들이 오히려 왕필본 등의 문제점을 지적하면서 백서본이 노자 원본에 가깝다고 고증하고 있고 이 점에 대해 최진석이 상세한 논변을 펼치며 동조하고 있다. 하지만 필자는 아직까지는 완벽히 의혹이 해소되지 못했다고 보아 이 문구를 포함해 번역했다.

"비호非乎"란 단어 역시 설명이 필요하다. 필자는 통행본에 근거하여 "비호非乎"로 보았는데, 하상공본과 왕필본에는 "비야非也"로 되어 있다. 이를 따를 경우 반어형 해석과는 문장과 의미가 달라진다. 리링도 "비호非乎"가 아닌 "비야非也"가 앞뒤 문맥상 옳다고 교열하면서 부정의 의미를 강조한 것으로 보았다.[3] 그러나 필자는 통행본의 반어형 서술이 앞뒤 문맥에 비추어 적절하다고 본다.

맨 마지막 두 구절에 이 장의 결론이 나와 있다. 즉 "낙락珞珞"이란 '돌의 모양'을 말하며 "녹록琭琭"과 대비된다. 옥처럼 고귀해지려고 하지 말고 돌처럼 소박하라는 말이다. 즉 옥처럼 드러내기보다는 돌처럼 소박하게 스스로를 낮추라는 의미다.

---

3) 리링, 앞의 책, 136쪽. 위페이린은 "비호非乎" 대신 "비여非歟"로 교열해야 한다고 주장했다.(위페이린, 앞의 책, 82쪽)

40장 되돌아가는 것이 도의 움직임이고

되돌아가는 것¹⁾이 도의 움직임이고,

유약한 것이 도의 작용이다.

천하의 만물은 있음에서 생겨나고, 있음은 없음에서 생겨난다.

反者道之動,

弱者道之用.²⁾

天下萬物生於有, 有生於無.

【해설】

짧은 문장으로 이루어진 이 장은 노자 사상의 오묘함을 다시 한
번 일깨운다. 도의 운행은 반복 순환하고, 도의 작용은 유약하고 겸
허하다. 이를 통해 노자는 정반正反을 이야기한다. 장자가 "천하에
서 가을 짐승의 털끝보다 큰 것은 없고, [오히려] 태산은 작은 것이
다. 어려서 죽은 아이보다 장수한 이는 없으며, [오히려] 팽조는 일
찍 죽은 자다(天下莫大於秋毫之末, 而大山爲小. 莫壽於殤子, 而彭祖爲夭)"(《장자》
〈제물론〉)라고 말한 것과 같은 맥락이다.

한 번은 '정正'으로 한 번은 '반反'으로 운동하면서 쌍방의 모순을

---

1) 왕필의 주석대로 "높음은 낮음을 기초로 삼고, 귀함은 천함으로 근본을 삼고, 있음은 없음
   을 효용으로 삼는 것"이라는 의미로서, 상대적으로 반대 방향으로 돌아간다는 개념으로
   도의 변화와 운행을 상징한다.
2) 이 구절은 36장의 "유약승강강柔弱勝剛强"과 함께 읽어보면 그 의미가 더 분명해진다.

극복하고 상생의 틀로 들어간다. 첫 글자 "반反"이 '반返'으로 되어 있는 판본도 있으니, 죽간본이 그렇다. 만일 이 글자로 교열하면 의미가 완전히 달라진다.

다음 문장의 "약弱"에서 노자가 중시하는 귀유귀약貴柔貴弱의 마음가짐을 볼 수 있다. 노자는 늘 '약'의 입장에 서 있다.

마지막 문장의 "유생어무有生於無"에서 "무"는 '도道'로 보고 풀이하는 것이 옳다. '있음'은 '없음'을 근본으로 삼으니 '있음'을 온전히 하고자 한다면 반드시 '없음'으로 돌아가야 한다.

"유생어무有生於無"라는 구절은 이 장의 핵심이다. '도'가 '유'와 '무'의 통일체임을 분명히 한다 하더라도 우리는 "유생어무" 때문에 그 의미를 이해하는 데 애로를 겪게 된다. 어떤 사람은 "유생어무"에서 "유有"는 구체적이고 감지할 수 있는 존재이고 "무無"는 느낄 수 없는 절대적인 존재 혹은 존재하지 않는 무엇이라고 생각한다. 그러나 이러한 관점은 옳지 않다. 왜냐하면 왕필은 "유생어무"의 명제에 의거하여 귀무론貴無論을 주장했으니 '도'와 '만물'의 관계를 모자 관계 혹은 본말 관계라고 본 것이다. 따라서 적지 않은 학자들이 왕필의 이러한 해석에 영향을 받아 '무無'를 '도'와 동일시하고 '유'를 '만물'과 동일시하여 이 양자를 명확하게 구분하려고 했던 것이다. 그러나 분명한 사실은 '유'와 '무', 이 두 가지는 바로 '도'를 가리키며, '도'는 곧 '유'이기도 하고 '무'이기도 하니 '유'와 '무'는 사실상 '도'의 별칭이라는 점이다.[3]

덧붙여 맨 마지막 문장은 판본상 문제가 제기되어왔다. 죽간본에

---

3) 천구잉陳鼓應·바이시白奚, 《노자평전老子評傳》, 南京大學出版社, 2001, 112~113쪽 참조.

는 "만물萬物"이 아닌 "지물之物"로 적혀 있으나, 하상공본과 왕필본
에는 "만물"로 되어 있어 이에 따랐다. 그리고 마지막 구절의 "유有"
자가 죽간본에는 탈락되어 있는데, 앞뒤 문맥을 따져보면 이 역시
일리가 없지 않으나, 필자는 왕필본을 따랐다는 것도 첨언한다.

　노자는 분명 '도'란 독특한 초월성이 있어 무엇보다 우선한다고
보고 있다. 시공간의 제한을 받지 않으며 자연계 최초의 인자로서
무궁한 잠재력과 창조력을 갖고 있다. 당연히 '무無'와 관련이 있으
며, 62장의 "도란 만물의 깊숙한 곳〔道者, 萬物之奧〕"이라는 진술도 따
지고 본다면 같은 맥락에 있다.[4]

---

4)　천구잉·바이시, 앞의 책, 109쪽 참조.

41장 가장 높은 수준의 선비는 도를 들으면

가장 높은 [수준의] 선비는 도를 들으면 부지런히 그것을 실행하고, 중간 선비는 도를 들으면 가지고 있는 듯하기도 하고 잃어버린 듯하기도 하며, 가장 낮은 선비는 도를 들으면 크게 비웃으니, [그런 선비가] 비웃지 않으면 도가 될 만한 것이 못 된다.

그러므로 속담에 이런 말이 있었다. "밝은 도는 어두운 듯하고, 나아가는 도는 물러서는 듯하며, 평평한 도는 울퉁불퉁한 것 같고, 최상의 덕은 골짜기 같으며, 매우 깨끗한 것[1]은 더러운 것 같고, 넓은 덕은 부족한 것 같으며, 건실한 덕은 게으른 것 같고, 바탕이 참된 것은 더러운 것 같으며, 크게 모가 난 것은 모서리가 없고, 큰 그릇은 늦게 이루어지며, 큰 소리는 들리지 않고, 큰 형상은 형체가 없다."

도는 숨어 있어 이름이 없지만, 오직 도만이 잘 돌봐[2]주고 잘 이루게 할 수 있다.

上士聞道, 勤而行之, 中士聞道, 若存若亡[3], 下士聞道, 大笑之, 不笑不足以爲道.

故建言有之, 明道若昧, 進道若退, 夷道若纇, 上德若谷, 大白若辱, 廣德若不足, 建德若

---

1) 원문의 "태백大白"을 옮긴 것으로 혹자는 '아주 빛나는 것' 혹은 '크게 결백한 것' 등으로 해석한다.

2) 원문의 "대貸"를 옮긴 것인데, 잘 존재하도록 돌봐주는 것을 말한다.

3) "약존약무若存若亡"는 '약유약무若有若無'와 통한다. 즉 있는 듯하기도 하고 없는 듯하기도 하다는 의미다.

偸, 質眞若渝, 大方無隅, 大器晚⁴⁾成, 大音希⁵⁾聲, 大象無形.

道隱無名, 夫唯道, 善貸且成.

【해설】

세속의 시각으로 대립항을 설정하여 거기에 인간의 사유를 가
둬놓으려는 획일적 사유방식에 반대하는 노자의 시각은 여기서도
분명하게 드러난다. 여기 나오는 "명도약매明道若昧, (……) 질진약
투質眞若渝"는 78장의 "올바르게 한 말이 반대처럼 들린다〔正言若反〕"
와 연관되는 중요한 문장이다. 노자는 상반과 대립을 부정하고
있는데 이것은 상대적 가치관의 중요성을 강조한 말로 이해해야
한다.

첫 문장에서는 "문도聞道", 즉 "도를 듣는" 것이 중요하다는 점을
말하는데, 요즘 말로 하면 총명한 사람은 도를 따르고 보통 사람은
도에 의지하거나 도를 어기며, 어리석은 사람을 도를 무시한다는 것
이다.

이 장에서는 "대大" 자가 네 번 등장해 사물에 대한 인식의 확장

166
—

---

4) "만만晚" 자가 죽간본에는 "만曼" 자로 되어 있는데 이는 '만慢' 그리고 '만晚'과 거의 같은
   뜻이다. 한편, 이 "만晚"을 '면免'의 가차자로 보아 '무無'로 해석하는 학자도 있다. 위아래
   의 구절에 나오는 "무우無隅" "희성希聲" "무형無形" 등과 연관 지은 해석으로 이 역시 상
   당한 근거가 있다. 노자가 말하는 '만晚'은 그냥 늦는다는 뜻이 아니라, 더딤을 포함하는
   의미이기 때문이다. 마치 "희성希聲"의 "희希" 자도 '드물다'는 뜻이 아니라 '무無'와 같은
   개념으로 '아무것도 없다'는 의미이듯 말이다. 물론 더러 예외도 있으니, 43장의 "천하희
   급지天下希及之"에서의 "희希"는 '무無'라는 뜻이 아니며 '소少', 즉 '적다'는 의미다. 이렇
   듯 노자는 한자의 사전적 의미에 국한되지 않는 다양한 해석을 염두에 둔 사상을 저술에
   담아냈다.
5) 이 "희希"는 14장의 문장, "그것을 들으려 해도 들리지 않는 것을 '희〔希〕'라 하며〔聽之不
   聞名曰希〕"에 나오는 글자다.

을 보여준다. 잘 알려진 "대기만성"을 비롯하여 보이지 않거나 들리지 않는 무형의 존재에 주목한 노자의 생각이 참신하다. "대기만성"에 대해 한비자는 이런 예를 들었다.

초楚나라 장왕莊王은 즉위한 지 3년이 되도록 명령을 내린 적도 정무를 처리한 적도 없었다. 우사마右司馬가 곁에서 모시고 왕에게 수수께끼를 냈다.

그가 말하였다.

"새 한 마리가 남쪽 언덕에 멈추어서는 3년 동안 날갯짓도 하지 않고 날지도 않으며 울지도 않고 소리도 내지 않고 조용히 있습니다. 이 새의 이름을 무엇이라고 하겠습니까?"

왕이 말하였다.

"3년간 날갯짓을 하지 않는 것은 장차 날갯짓을 크게 하고자 함이요, 날지 않고 울지도 않는 것은 장차 백성들을 살피려는 것이오. 지금은 비록 날지 않아도 한번 날면 반드시 하늘을 가를 것이며, 비록 울지 않아도 한번 울면 반드시 사람들을 놀라게 할 것이오. 그대는 그만두시오. 나는 이것을 알고 있소."

반년이 지나서야 왕은 직접 정사를 돌보게 되었는데, 쫓겨난 자가 10명이고 승진한 자가 9명이며 주살된 대신이 5명이고 은사로 등용된 자가 6명으로 나라가 크게 다스려졌다. 그리고 병사를 일으켜 제나라를 공격해 서주徐州에서 격파했으며, 황하와 형옹 사이에서 진晉나라와 싸워 승리하고, 제후들을 송나라로 불러 모아 마침내 천하의 패자가 되었다.

장왕은 작은 선행을 하지 않았으므로 위대한 명성을 이룰 수 있었고, 능력을 다른 사람들에게 서둘러 보이지 않았으므로 큰 공을 세울

수 있었다.[6]

---

6) 楚莊王莅政三年, 無令發, 無政爲也. 右司馬御座而與王隱曰: "有鳥止南方之阜, 三年不翅,
不飛不鳴, 嘿然無聲, 此爲何名?" 王曰: "三年不翅, 將以長羽翼; 不飛不鳴, 將以觀民則. 雖
無飛, 飛必沖天; 雖無鳴, 鳴必驚人. 子釋之, 不穀知之矣." 處半年, 乃自聽政所廢者十, 所
起者九, 誅大臣五, 擧處士六, 而邦大治. 擧兵誅齊, 敗之徐州, 勝晉於河雍, 合諸侯於宋, 遂
霸天下. 莊王不爲小害善, 故有大名; 不蚤見示, 故有大功.(《한비자》〈해로〉〔김원중 역,
334~335쪽〕)

42장 도는 일一을 낳고

도는 일一을 낳고, 일은 이二를 낳으며, 이는 삼三을 낳고, 삼은 만물을 낳는다. 만물은 음을 짊어지고 양을 안고 있으며[1], 비어 있는 기운으로 조화를 이룬다.

사람들이 싫어하는 것은 오직 고孤, 과寡, 불곡不穀인데[2], 왕공(군주)[3]은 [이것들을] 호칭으로 삼는다. 그러므로 만물이란 간혹 덜어내려 해도 더해지는 경우가 있으며, 간혹 더하려 해도 덜어지는 것이다.

다른 사람이 가르치는 것을 나 또한 가르치니, 굳세고 강한 자는 제명대로 살 수 없다. 나는 [이 이치를] 장차 가르침의 어버이로 삼을 것이다.

道生一, 一生二, 二生三, 三生萬物. 萬物負陰而抱陽, 沖氣以爲和.

人之所惡, 唯孤寡不穀, 而王公以爲稱. 故物, 或損之而益, 或益之而損.

人之所教, 我亦教之, 强梁者, 不得其死. 吾將以爲教父.[4]

---

1) 원문의 "부음이포양負陰而抱陽"을 번역한 것으로 북쪽을 등지고 남쪽을 향해 앉는 것이다. 여기서 "부負"는 통가자通假字(나타내고자 하는 뜻의 글자가 이미 만들어져 있는데 글자를 쓰는 사람이 쓰려고 할 때 생각나지 않아서 뜻은 다르나 발음이 같은 글자를 빌려쓴 것)이다. '배背' '배倍' '부負'는 늘 사용하던 고대의 통가자였다.

2) 이 문장의 의미에 대해서는 이미 39장에서 다루었으니 해당 부분을 참조하라.

3) "왕공王公"은 "후왕侯王"과 유사한 개념인데, "후왕"이란 단어는 이미 32장, 37장, 39장에 나왔으니 비교해서 읽어보아야 한다.

4) 원문의 "교부教父"가 "학부學父"로 되어 있는 판본도 있는데 실은 둘 다 같은 의미다. 고문자에서 이 '교'와 '학'은 '문問'과 '문聞'처럼 근본이 같은 글자이다.

"생生"자가 연달아 나오는 첫 문장은 《노자 도덕경》에서 가장 난해하면서도 매우 중요한 부분으로 손꼽힌다. 물론 기본적인 의미는 도에서 '일'이 나오고 '일'에서 '이'가 나오며 '이'에서 '삼'이 나오며, '삼'에서 '만물'이 나온다는 말이다. 왕필이 이미 주석을 달았듯이 '일'이란 물아일체의 상태요, 도와 하나가 되는 무無의 차원에 있는 것이다.[5]

좀 더 살펴보면, 일은 '태일太一'이라는 설이 유력하다. '태일'이란 개념은 두 가지로 분류되는데 '궁극의 태일'로서 '도道'를 가리킨다는 설과, 도에서 파생되어 나온 것이라는 설이다. 후자로 볼 경우 40장의 "있음은 없음에서 생겨난다(有生於無)"라는 말처럼 보이지 않는 도에서 일이 생겨났다고 할 수 있다. 이때 "일一"을 '원기元氣'로 해석하여 원초적 물질을 뜻한다고 보는 이도 있다. 그렇다면 '도'는 원초적 본질보다 더 원초적인 것인 셈이다. "이二"란 음과 양을 말한다. "삼三"은 음양의 기운이 화기和氣를 이루는 것을 말한다.

원문의 "충기沖氣"는 비어 있는 기운으로, 음과 양의 두 기운을 잘 조화시킨다. 그리고 "화和"자는 《설문해자》에서 말한 "화龢"자와 같으며 조화롭다(調)는 의미다. 한편 유가에서는 이렇게 말한다. "드러났으나 모두 절도에 맞는 것을 화라고 한다(發而皆中節謂之和)."(《예기禮記》〈중용中庸〉)

또한 겉으로 보기에는 손해인 듯하지만 더 큰 이익을 얻는 지혜를 말한 "혹손지이익或損之而益, 혹익지이손或益之而損"은 58장의 "화란

---

5) "萬物萬形其歸一也. 何由致一. 由於無也. 由無乃一. 一可謂無."(왕필, 앞의 책, 42장)

복이 기대어 있는 바이며, 복이란 화가 엎드려 있는 바이구나(禍兮福之所倚, 福兮禍之所伏)"와 함께 읽어보아야 한다.

43장 천하에서 지극히 부드러운 것이

천하에서 지극히 부드러운 것이 천하에서 가장 단단한 것을 부린다.

형체가 없는 것이 틈이 없는 곳에까지 들어가니, 나는 이 때문에 무위無爲가 이로운 것임을 안다.

말없는 가르침과 무위의 이로움, 천하에서 이런 경지에 이른 경우는 드물다.

天下之至柔, 馳騁[1]天下之至堅.

無有入無間, 吾是以知無爲之有益.

不言之敎, 無爲之益, 天下希及之.

【해설】

도의 속성은 "부드러움(柔)"이다. 그것도 극치에 다다른 부드러움이다. "지유至柔"란 뒤에 나오는 단어 "지견至堅"의 상대어로 노자의 일관된 사유인 부드러움이 강함을 이긴다는 의미가 담겨 있다. "천하에 물보다 부드럽고 약한 것은 없으나 단단하고 강한 것을 공격하기로는 그것(물)보다 나은 것이 없으니, 그 무엇으로도 물을 바꿀 수 있는 것은 없다(天下莫柔弱於水, 而攻堅强者, 莫之能勝, 以其無以易之)"라는

---

1) 원문의 "치빙馳騁"은 말이 치닫는 것을 말하며 여기서는 "부린다"라고 해석했는데, 더 나아가 '극복하다'라는 의미로 풀 수도 있다. 이것을 "파고들어간다"로 해석하는 학자(김학목)도 있다.

78장의 문장을 참조해야 한다. 물이 강한 이유는 "형체가 없는〔無有〕" 속성이 있기 때문이다. 물이 아름다운 이유는 낮은 데를 지향하고 부드럽게 만물을 감싸면서 생육하고 때로는 '수적천석水滴穿石(물방울이 바위를 뚫는다)'이란 말처럼 돌도 뚫어버리기 때문이다. 그러니 천하에서 물보다 강한 것은 없고 물을 이길 수 있는 것도 없다.

기氣나 물처럼 형체가 없는 것은 "틈이 없어도〔無間〕" 틈이 있는 것들, 즉 돌이나 쇠 사이를 파고들어 어디든 갈 수 있다. "무유"는 허虛의 차원에, "무간"은 실實의 차원에 있다. 그러기에 병가에서도 실한 곳을 피하고 빈틈을 공격한다고 하지 않는가. 노자는 일관되게 겉으로 드러난 것은 결코 강하지 않다고 말한다. 이 구절 역시 78장의 "천하에 물보다 부드럽고 약한 것은 없으나〔天下莫柔弱於水〕"와 함께 읽어봐야 의미가 분명해진다.

44장 명성과 몸 중에서 어느 것이 더 친한가

명성과 몸 중에서 어느 것이 더 친한가, 몸과 재물 중에서 어느 것이 더 중요한가, 얻음과 잃음 중에서 어느 것이 더 해로운가?

이런 까닭으로 너무 아끼면 반드시 크게 손해 보고, 많이 쌓아두면 반드시 크게 잃는다.

만족할 줄 알면 욕되지 않고, 그칠 줄 알면 위태롭지 않아 오래도록 지속될 수 있다.

名與身孰親, 身與貨孰多, 得與亡孰病.

是故甚愛必大費, 多藏[1]必厚亡.

知足不辱, 知止不殆, 可以長久.

【해설】

인간의 욕망은 족함을 모른다. 채우면 채울수록 욕망은 더 커진다. 그런데 건전한 욕망과 탐욕은 다르다. 흔히 일이 잘 안 풀려 재야에서 세월을 보낼 때 품는 소박한 욕망은 건전하다. 문제는 성공한 뒤에 처신이 달라진다는 점이다.

무엇을 취하고 버리느냐 하는 문제는 단순한 취사선택의 문제가 아니다. 이를 통해 우리의 사유와 행동이 일정한 방향성을 띠며 굳어지게 마련이다. 노자가 말하고 있듯이 명성과 재화를 추구하는

---

1) "다장多藏"이 죽간본에는 "후장厚葬"으로 되어 있다.

세속적 가치관이 굳어질수록 행동거지 역시 이에 종속된다.

두 번째 문장의 "다多"는 '중重'과 마찬가지로 중시한다는 의미다. 노자는 이 글자를 사용해 "어느 것이 더 중요한가"라고 묻고 있다.

여기서 "지족知足"이란 멈출 줄 안다는 말로 앞에 나오는 "심애深愛"의 상대어이다. 마음의 절제를 의미한다. "지지知止"란 앞에 나오는 "다장多藏"의 상대어로 행위의 절제를 의미한다. 그러니 두 단어는 기본적으로 같은 맥락에서 이해해야 한다. 그리고 28장의 "상덕내족常德乃足"과 함께 읽어보아야 한다. "불욕不辱"과 "불태不殆" 또한 앞에 나오는 "대비大費"와 "후망厚亡"의 상대어로 이해해야 한다.

노자는 우리의 모든 우환은 멈춤을 모르는 데서 생겨난다고 본다. 사실 누구나 어느 단계에서 멈추고 싶지만 이게 쉽지 않다. 그럼에도 불구하고 멈춤은 "장구長久"에 꼭 필요한 덕목이다.

이 장에서 노자는 명예와 생명을 비교하고 둘의 경중을 따지면서 경물귀생輕物貴生 사상을 말하고자 했다.

45장 크게 이뤄진 것은 결함이 있는 듯하나

크게 이뤄진 것은 결함이 있는 듯하나, 그 작용은 어그러지지 않
는다.

크게 채워진 것은 비워져 있는 듯하나, 그 작용은 다하지 않는다.

크게 곧은 것은 굽은 듯하고, 크게 뛰어난 기교는 서툰 듯하며,
크게 훌륭한 언변은 말을 더듬는 듯하다.

급한 [몸의] 움직임이 추위를 이기고, 고요함이 더위를 이기니[1],
맑고 고요함이 천하의 올바름[2]이 된다.

大成若缺, 其用不弊.

大盈若沖, 其用不窮.

大直若屈, 大巧若拙, 大辯若訥[3].

躁勝寒, 靜勝熱, 淸靜爲天下正.

---

1) 이 구절에 대해 고명高明이란 학자는 "지체가 운동하면 온기가 생겨 한기를 이길 수 있
고, 마음이 편안하고 안정되면 열기를 이길 수 있다"고 풀이했다. 물론 그의 시각은 "조
躁"와 "정靜"이 상대적인 개념이라는 데서 출발하고 있다.

2) 원문의 "정正"을 번역한 것인데 이 글자 역시 이설이 많다. '수령首領', 즉 우두머리라고
번역하기도 하고, '정政'과 같은 글자로 보아 정치라고 번역하기도 하며, 때로는 '올바른
원칙' '올바른 것'이라고도 번역한다. 물론 이 모든 것에는 '주재하다'는 의미가 담겨 있다.

3) "대변약눌大辯若訥"은 통행본에 따른 것인데, 죽간본에는 "대성약굴大成若詘"로 되어
있다.

가장 완정한 것이 완정하지 않아 보이고 심지어 무언가 모자란
듯해 보인다. "약결若缺"이란 왕필의 주석처럼 "사물에 따라 이루어
져 하나의 형상이 되지 않으므로 결함이 있는 듯하다"[4]는 의미다.
"약충若沖"도 왕필의 주석처럼 "크게 채워진 것은 사물에 따라 부여
한 것으로 아끼거나 자랑함이 없으므로 비어 있는 듯하다"[5]는 의
미다. "약굴若屈"은 "사물에 따라 곧으니 곧음은 하나에 있는 것이
아니므로 마치 굽은 듯하다"[6]는 의미다.

　세속의 사람들은 가득 차 있는 것을 추구하고 욕망하지만, 노자
는 이를 좋아하지 않는다. 사실은 무언가 좀 부족해 보여야 계속 쓸
모가 있다. 다섯 번 약若 자를 반복함으로써 특유의 메시지를 전달
하는 노자의 방식도 이제 익숙하다. 78장의 "올바르게 한 말이 반
대처럼 들린다(正言若反)"도 같은 맥락에서 이해해야 한다.

　"정승렬靜勝熱"은 26장의 "고요한 것은 조급함의 임금(주재자)이 된
다(靜爲躁君)"와 연관되는 구절인데 여기서 "정靜"은 무위의 다른 개
념이기도 하다. 맨 마지막 구절의 "청정淸靜"은 무위의 또 다른 개념
이며 통치자가 당연히 갖추고 있어야 할 자세다. 천하의 안정을 위
해서 그러하다. 57장의 "내가 고요함을 좋아하니 백성이 저절로 올
바르게 되며(我好靜而民自正)"와 함께 읽어보면 그 의미가 확연히 들
어온다.

---

4)　"隨物而成. 不爲一象. 故若缺也."(왕필, 앞의 책)
5)　"大盈(沖)[充]足.隨物而與. 無所愛矜. 故若沖也."(같은 책)
6)　"隨物而直. 直不在一. 故若屈也."(같은 책)

46장 천하에 도가 있으면

천하에 도가 있으면 [전쟁터를] 달리던 말을 되돌려 [밭을] 일구게
하고[1],

천하에 도가 없으면 군마가 성곽 밖에서 태어난다.[2]

화는 만족할 줄 모르는 것보다 더 큰 것이 없고,

허물은 얻으려고 욕심내는 것보다 더 큰 것이 없다.

1) 이 구절에 대한 한비자의 주석은 이러하다. "도를 터득한 군주는 밖으로는 이웃하는 상대
    나라에 원한을 맺지 않고, 안으로는 백성들에게 덕과 은혜를 펼친다. 밖으로 이웃하는 상
    대 나라에 원한을 맺지 않는다는 것은 제후들을 예의로써 대우한다는 것이고, 안으로 백
    성들에게 덕과 은혜를 편다는 것은 백성들을 근본으로써 다스린다는 것이다. 제후들을
    예의로써 대우하면 전쟁이 일어나는 일이 드물고, 백성들을 근본으로써 다스리면 음란함
    과 사치가 그칠 것이다. 무릇 말이 중요하게 사용되는 까닭은 밖으로는 군수물자를 공급
    하고 안으로는 사치품을 공급하기 때문이다. 지금 도를 체득한 군주는 밖으로는 군수물
    자를 사용하는 일이 드물고, 안으로는 사치품을 금하므로 군주는 전투에서 말을 부려 질
    주할 일이 없고, 백성들은 말을 이용해 멀리 사치품을 운송할 필요가 없으니 농업에만 힘
    을 쏟으면 된다. 농업에 힘을 쏟으면 반드시 거름을 주고 논밭에 물을 대는 일을 할 것이
    다[有道之君, 外無怨讐於鄰敵, 而內有德澤於人民. 夫外無怨讐於鄰敵者, 其遇諸侯也, 外有
    禮義. 內有德澤於人民者, 其治人事也務本. 遇諸侯有禮義, 則役希起, 治民事務本, 則淫奢
    止. 凡馬之所以大用者, 外供甲兵而內給淫奢也. 今有道之君, 外希用甲兵, 而內禁淫奢. 上
    不事馬於戰鬪逐北, 而民不以馬遠淫通物, 所積力唯田疇. 積力於田疇, 必且糞灌]."(《한비
    자》〈해로〉[김원중 역, 297쪽])

2) "저는 이렇게 들었습니다. 호나라나 월나라를 공격하지 않았을 때는 요역과 부세가 적어
    백성이 풍족하고 배불리 먹었으며 따뜻한 옷을 입었고, 새로 수확한 곡식을 저장하고 묵
    은 쌀을 먹었으며, 마나 견직물도 넉넉했고, 소와 말이 무리를 이루었습니다. 또 말에 수
    레를 지워 밭을 갈고 말이 끄는 수레를 타지 않은 자가 없었습니다. 그 당시 전마는 모두
    땅을 가는 데 사용되고 살이 쪘습니다. 그러나 전쟁이 잦아지면서 군마는 부족해졌고, 어
    미 소와 말까지 전쟁터로 나갔기 때문에 망아지와 송아지도 모두 '전쟁터에서 태어났습
    니다[生於戰地]'. 집에서는 여섯 가축(소, 말, 양, 닭, 개, 돼지)을 기르지 못했고, 밭에는

그러므로 만족함을 아는 데서 얻는 만족이야말로 늘 만족하게
되는 것이다.

天下有道, 卻[3]走馬以糞[4].

天下無道, 戎馬生於郊[5].

禍莫大於不知足[6],

咎莫大於欲得.

故知足之足, 常足矣.

오곡을 심지 못했으며, 백성은 술지게미조차도 배불리 먹지 못하였으니, 어찌 귤이나 유
자를 실컷 먹었다고 말할 수 있겠습니까?"(《염철론鹽鐵論》〈미통未通〉) 이 글에서 알 수
있듯이 전쟁이 잦아 말들이 부족하여 새끼 밴 말까지 전쟁터에 나가게 되어 이들이 새끼
를 낳는다는 의미. 이 문장에 대한 한비자의 주석의 후반부만 간단히 적으면 이렇다.
"말이란 중요한 군수품이며, 근교(郊)는 국경에서 가까운 곳을 말한다. 지금 군대에 공급
하는 인력과 군마는 어미 말과 측근의 신하들이다(馬者, 軍之大用, 郊者, 言其近也. 今所
以給軍之具於將馬近臣)."(《한비자》〈해로〉(김원중 역, 298쪽))

3) '각'이라고 읽으며 '물러난다'는 의미인데 전쟁터에서 벗어나 논밭을 일궈 농사를 짓는다
는 말이다.

4) "분糞"은 '분전糞田', 즉 거름이 잘 뿌려져 있는 밭을 말하며, 나아가 곡식을 심고 경작한
다는 의미로도 쓰인다.

5) "교郊"는 교외로 여기서는 전쟁이라는 의미가 있다. 말이 본래 집에서 태어나야 하는데
전쟁터에서 태어나니 천하에 도가 없다는 것이다.

6) 이 구절에 대해 한비자의 해설을 들으면 명쾌하다. "인간에게는 털과 깃이 없기 때문에 옷
을 입지 않으면 추위를 견디지 못한다. 위로는 하늘에 속하지 않고, 아래로는 땅에 속하지
않으며, 위장을 근본으로 삼아 먹지 않으면 살 수 없다. 이 때문에 이익을 얻으려는 마음에
서 벗어나지 못하는 것이다. 이익을 얻으려는 마음을 제거하지 못하는 것이 인간의 근심
이다. 그래서 성인은 옷은 추위를 막을 수 있고 음식은 허기를 달랠 수 있으면 족하기 때
문에 근심이 없다. 그러나 사람들은 그렇지 못하다. 크게는 제후가 되고자 하고, 작게는
천금의 재산을 쌓아두려 하니 욕심을 부려 얻는 근심은 제거되지 않는다. 죄인이 사면되고
죽을죄를 지은 자가 때때로 살아나기도 하지만, 지금 만족할 줄 모르는 사람은 몸이 다하
도록 근심을 해결하지 못할 것이다(人無毛羽, 不衣則不犯寒, 上不屬天而下不著地, 以腸胃
爲根本, 不食則不能活, 是以不免於欲利之心. 欲利之心不除, 其身之憂也. 故聖人衣足以犯
寒, 食足以充虛, 則不憂矣. 衆人則不然, 大爲諸侯, 小餘千金之資, 其欲得之憂不除也. 胥靡
有免, 死罪時活, 今不知足者之憂, 終身不解)."(《한비자》〈해로〉(김원중 역, 299~300쪽))

【해설】

이 장에서도 전쟁을 비판하고 있다. 천하에 도가 있으면 평화롭지만 그렇지 못하면 전쟁이 일어날 수밖에 없다. 인간의 탐욕으로 인해 전쟁이 일어난다. 앞의 두 문장은, 분명 한비자의 주석[7]대로 천하에 도가 있어 급박한 근심이 없으면 역마驛馬를 사용할 필요가 없고, 천하에 도가 행해지지 않으면 공격이 멈추지 않아 서로 수비하는 일을 멈출 수 없고, 갑옷과 투구에는 이와 서캐가 자라고 막사에는 제비와 참새가 둥지를 틀지만, 병사들은 고향으로 돌아가지 못한다는 뜻이다.

앞의 두 문장과 뒤의 문장 사이에 연관성이 별로 없어 보여서 원래 두 부분으로 구성된 것을 후대에 누군가 합치지 않았나 추측하고 있다. "부지족不知足"과 "욕득欲得"은 33장의 자신이 있는 곳을 잃는 사람(失其所者)의 범주에 들어간다. "지족지족知足之足, 상족常足"은 44장과 연관이 있어 보인다. 다만 여기서 "지족지족知足之足"은 "지지지족知止之足"이란 하상공의 주석처럼 "멈춤을 알고 있기에 만족스럽다"로 해석된다. 한비자는 이렇게 재해석했다.

나라가 유지되면 영원하고 패왕霸王이 될 수도 있다. 개인이 살아 있으면 영원히 부귀해질 수도 있다. 탐욕으로 자신을 해치지 않는다면 나라는 멸망하지 않을 것이고 자신도 죽지 않을 것이다. 그래서 말하였다.

---

7) "天下有道, 無急患, 則日靜, 遠傳不用. 故曰, '卻走馬以糞.' 天下無道, 攻擊不休, 相守數年不已, 甲冑生蟣蝨, 鸞雀處帷幄, 而兵不歸. 故曰, '戎馬生於郊.'"(《한비자》〈유로〉)

"만족할 줄 아는 것이 만족한 상태이다."[8]

예를 하나 들어보자.

적翟나라 사람이 진晉나라 문공文公에게 여우 털과 검은 표범 모피를 바쳤다. 문공은 손님으로부터 모피를 받으면서 감탄하며 말했다. "이 짐승은 가죽이 아름답기 때문에 스스로 재앙을 초래하였구나!" 무릇 나라를 다스리는 사람 중 명예 때문에 재앙을 초래한 자가 있으니, 서徐나라 언왕偃王[9]이 그러하다. 성과 영토 때문에 재앙을 초래한 자가 있으니, 우虞와 괵虢나라가 이 경우이다. 그래서 말하였다. "욕심을 내는 것보다 큰 재앙은 없다." 지백智伯은 범씨范氏와 중항씨中行氏를 병합하고 조趙나라를 공격하려고 하였으나, 한韓나라와 위魏나라가 지백에게서 등을 돌려 지백의 군대는 진양晉陽에서 패하였다. 지백자신은 고량高梁 동쪽에서 죽었으며, 영토는 마침내 세 나라로 갈라졌다. 지백의 머리는 잘려 옻칠이 된 뒤 요강으로 만들어졌다. 그래서 말하였다. "재앙 중에서 만족할 줄 모르는 것보다 큰 것은 없다."[10]

무릇 욕심을 버리면 자유로워지는 법이다.

---

8) "邦以存爲常, 霸王其可也, 身以生爲常, 富貴其可也. 不以欲自害, 則邦不亡, 身不死. 故曰, 知足之爲足矣."(《한비자》〈유로〉〔김원중 역, 319~320쪽〕)

9) 서나라 왕으로 어질고 의롭게 나라를 다스려 이름을 날렸으나, 마침내 주나라 목왕穆王에게 항복했다.

10) 翟人有獻豐狐·玄豹之皮於晉文公. 文公受客皮而歎曰: "此以皮之美自爲罪." 夫治國者以名號爲罪, 徐偃王是也; 以城與地爲罪, 虞·虢是也, 故曰: "罪莫大於可欲." 智伯兼范·中行而攻趙不已, 韓·魏反之, 軍敗晉陽, 身死高梁之東遂卒被分, 漆其首以爲溲器. 故曰: "禍莫大於不知足."(《한비자》〈유로〉〔김원중 역, 318~319쪽〕)

47장 문을 나서지 않고도

문을 나서지 않고도 천하의 일을 알고,

들창을 엿보지 않아도 하늘의 이치를 볼 수 있다.

그 나아가는 것이 점차 멀어질수록 그 지혜는 더욱 적어진다.

이 때문에 성인은 다니지 않아도 알고, 보지 않아도 밝아지고, 하지 않고도 이룬다.

不出戶, 知天下,

不窺牖, 見天道.

其出彌遠, 其知彌少.

是以聖人不行而知, 不見而名[1], 無爲而成.

【해설】

이 장에서 강조하는 것 역시 무위의 경지다. 우리는 열심히 지식을 쌓지만, 앎이 먼 데까지 미치게 되면 가까이에 있는 일을 모른다. 성인은 상황에 따라 일을 계획하고, 일의 성질에 따라 공을 세우며, 만물의 특성을 이용하여 이익을 얻는다. 세 번째 문장의 "기출미원其出彌遠"을 한비자는 이런 비유를 들어 설명했다.

---

1) 원문의 "명名"은 '명明'과 뜻이 통하며 앞 구절 "불규유不窺牖, 견천도見天道"를 두고 한 말이다.

백공승白公勝[2]은 내란을 계획하고 있었다. 그는 조정에서 물러나오는 길에 말채찍을 거꾸로 쥐어 채찍의 예리한 부분에 뺨이 찔려 피가 땅에까지 흘렀지만 알지 못하였다. 정나라의 어떤 사람이 이 말을 듣고 이렇게 말하였다. "자기 뺨의 상처조차 잊었는데, 장차 무슨 일인들 잊지 않겠는가?"[3]

두 번째 문장의 "불규유不窺牖, 견천도見天道"를 보자. 이 여섯 글자가 《한비자》〈유로〉 편에는 "불출어호不出於戶, 가이지천하可以知天下, 불규어유不窺於牖, 가이지천도可以知天道"라고 되어 있는데 의미는 같다. 이 문장은 "고기 한 점 먹고 솥 안의 고기 맛을 다 알고, 깃털과 숯을 매달아놓고서 방 공기가 건조한지 습한지 알 수 있다. 이는 사소한 것으로 큰 것을 아는 것이다. 낙엽 하나를 보고 한 해가 저물어가는 것을 알고, 항아리 속의 얼음을 보고 천하가 추워졌음을 안다. 이것은 가까운 것으로 먼 것을 논하는 것이다"라는 《회남자》〈설산훈說山訓〉 편의 문장과 함께 읽어보아도 좋다. 그리고 송나라 당경唐庚의 《문록文錄》에 인용된 당대 시인의 시구에도 보인다.

산속 스님은 날짜 헤아리지 않고(山僧不解數甲子)
낙엽 하나로 천하에 가을이 왔음을 아네(一葉落知天下秋)

2) 초楚나라 태자 건建의 아들이다. 백白은 초나라의 동읍 중 하나이다. 백공승은 오吳나라에서 불려 들어온 뒤에 반란을 일으켜 영윤슈尹 자서子西, 사마司馬 자기子期를 살해하고 초나라 혜왕을 위협해 초나라 수도를 장악했다. 뒤에 섭공葉公에게 크게 패한 뒤 자살했다.

3) "白公勝慮亂, 罷朝, 倒杖而策銳貫顀, 血流至於地而不知. 鄭人聞之曰, 顀之忘, 將何爲忘哉." 《한비자》〈유로〉(김원중 역, 333쪽))

이렇듯 세상의 이치를 깨닫는 길은 여러 갈래이지만 그런 통찰력을 보여주는 사람은 드물다. 춘추시대 제나라 상국相國이었던 안영晏嬰은 예외다. 그는 인품이 온후하고 학문이 두터웠다. 낡은 갖옷을 30년이나 입을 만큼 검소하고 청렴했다. 50년 동안 상국 자리에 있으면서 결단력과 슬기와 해학이 넘쳤다. 무엇보다 외교 수완이 뛰어나 제나라의 위상을 높이는 데 일익을 담당했으니 "술자리에 나가지 않고도 천리 밖의 일을 절충했다(不出樽俎之間, 而折衝於千里之外)"《안자춘추》〈내편內篇〉 제16장)라는 평가를 받았다. 안영의 혜안을 보여주는 대목이다.

다시 47장 본문으로 돌아와서 마지막 문장의 "불견이명不見而名"은 설명이 필요하다. 왕필본과 백서 을본에는 "불견이명不見而明"이라고 되어 있는데, 상식적으로 긍정적 의미가 있는 "명明"자가 부정적 의미가 있는 "명名"자보다 타당하다고 여겨 주석가들이 이 글자로 바로잡은 것이다. "명明"은 분명 통찰력과 관련된 개념이며 노자철학의 전체 맥락과 궤를 함께한다. 최진석도 지적한 바 22장에도 "불자견고명不自見故明"이란 말이 있고 52장에도 "견소왈명見小曰明"이란 구절이 있다. "견見"과 "명明"의 관계는 대단히 밀접하다. "명明"이란 통찰력으로 남들이 보지 못하는 것을 콕 집어내는 능력이다. 사소한 것의 의미까지도 포착하는 능력이다.

경험에 근거한 지식과 욕망은 도道를 인식하는 데 선입관 내지는 편견으로 작용한다. 이를 제거해야 진리가 밝게 드러난다. 장자도 말했듯이 도는 간접적으로 인식하거나 추론할 수 없다. 직접 인식하고 직관하는 것이다.[4]

맨 마지막 구절 "무위이성無爲而成"은 무슨 일이든 자연스럽게 해야지, 인위적인 조작을 가하다 보면 낭패스러운 일이 많아진다는 뜻이다. "불행이지不行而知"는 이 장의 총결에 해당되며 48장의 내용과 이어진다.

　우리가 말하는 지식도 따지고 보면 그렇다. 아는 것이 먼 데까지 미칠수록 가까이에 있는 일을 도리어 점점 더 모르게 되고 이것이 세상의 이치라는 논지다.

4)　"以應无窮. 是亦一无窮, 非亦一无窮也. 故曰, 莫若以明."(《장자》〈제물론〉)

48장 학문을 행하면 지식이 날로 더해지고

학문을 행하면 [지식이] 날로 더해지고, 도를 행하면 [지식이] 날로 덜어진다.

덜어지고 또 덜어져 무위無爲에 이르니, 무위하면 하지 못하는 것이 없다.

천하를 취하려 하면 언제나 일거리를 없애야 한다. 그에게 일이 있으면 천하를 취하기에는 부족하다.

爲學日益, 爲道日損.

損之又損, 以至於無爲, 無爲而無不爲.

取天下, 常以無事. 及其有事, 不足以取天下.

【해설】

이 장은 29장, 47장과 연결된다. 앎을 구하고 도를 깨치려 할수록 더욱더 난감한 상황에 직면한다는 것이다. 노자는 모든 사고와 개념을 텅 비우고 직관하는 자세를 오래 견지하라고 말한다. 그런 뒤에야 비상한 깨달음이 온다.

"무위이무불위無爲而無不爲"는 38장의 "[아무것도] 하지 않으면서 [무엇을] 위하여 하는 것도 없다(無爲而無以爲)"는 문장과 비교하고 대조하며 읽어야 의미가 좀 더 분명히 전달된다. 이러한 자각의 차원은 배움(學)으로 얻어지는 것이 아니다. 일 자체를 하지 않고 일을 없애는 "무사無事"의 의지가 있어야 얻을 수 있다. 왕의 입장에서 "무사無事"는 백성을 힘들게 하지 않는 것이다. 57장에도 같은 문장이 나온다.

노자가 말하는 "무위無爲"와 "무사無事"의 차이는 짚고 넘어가야 한다. 63장에도 "무위를 행하고, 일거리를 없애는 것을 일로 삼고[爲無爲, 事無事]"라고 했으니, "무위"란 통치자 자신이 작위하지 않는 것이고 "무사"란 백성을 힘들게 하지 않고 근심을 안겨주지 않는 것이다.

직관적 인식에 대한 좋은 예로는 장자와 혜자의 재미있는 이야기가 있다.

장자가 혜자와 함께 다리 위를 거닐 때, 장자가 말했다. "저 작은 물고기들이 놀고 있는 것을 보시오, 저것이 물고기의 즐거움이라오." 그러자 혜자가 말했다. "그대는 물고기가 아닌데 어찌 물고기의 즐거움을 알겠는가?" 장자는 "그대는 내가 아닌데 어떻게 내가 모르는 줄 아는가?"라고 하니, 혜자는 "나는 그대가 아니니 그대의 아는 것을 모른다면 그대도 역시 물고기가 아니니 물고기의 즐거움을 모르지 않겠소?"라고 했다. 장자는 "맨 처음으로 돌아가자. 그대는 내가 어떻게 물고기의 즐거움을 아는가 하고 물었는데, 그대의 질문은 곧 내가 알고 있음을 그대가 안 것이다. 이 다리 위에서 나는 내 감각으로 알았다"[1] 고 했다.

---

1) "莊子與惠子遊於濠梁之上. 莊子曰, 鯈魚出遊從容, 是魚之樂也. 惠子曰, 子非魚, 安知魚之樂? 莊子曰, 子非我, 安知我不知魚之樂? 惠子曰, 我非子, 固不知子矣. 子固非魚也, 子之不知魚之樂, 全矣. 莊子曰, 請循其本. 子曰汝安知魚樂云者, 旣已知吾知之而問我, 我知之濠上也."《莊子》〈天下〉)

이 일화에서 장자는 혜자를 논리적으로는 설득하지 못했다. 하지만 논리 이전에 의식이 대상과 직접 접하며 직관할 뿐 아니라 직감하는 바가 있다. 사물 현상에 관한 앎은 자질구레한 논리로 따지지 않더라도 직관에 의해 자명해진다고 장자는 말한다. 좀 더 일반화하면, 앎은 의식과 대상 사이의 매개 없이 순간적으로 얻어진다고 할 수 있다.

이런 시각은 유가적 사유와 근본적으로 배치된다. 유가에서는 배움이 없다면 인성 계발이나 입신양명 등에 제약이 따를 수밖에 없다고 본다. 노자에게 학문은 인위적 조작을 체계화하는 과정으로 인간을 본성에서 거듭 멀어지게 하는 것이다. 노자는 도에 접근하기 위해 원초적 의식의 심층으로 파고 들어갈 것을 요구한다.

49장 성인은 일정한 마음을 갖지 않고

성인은 일정한 마음을 갖지 않고, 백성의 마음을 [자신의] 마음으로 삼는다.

[백성들 가운데] 선한 사람은 나도 그를 선하다고 여기고, 선하지 않은 사람 또한 선하게 여기기에, 선함을 얻게 된다.

[백성들 가운데] 미더운 사람은 나도 그를 미덥게 여기고, 미덥지 않은 사람 또한 미덥게 여기기에 믿음을 얻게 된다.

성인은 천하에 있으면서 [의지를] 거둬들여 천하를 위해 그 마음을 흐리멍덩하게[1] 한다. 백성은 모두 그 이목에 집중하지만, 성인은 그들을 모두 어린아이처럼 대한다.

聖人無常心, 以百姓心爲心.

善者吾善之, 不善者吾亦善之, 德善.

信者吾信之, 不信者吾亦信之, 德信.

聖人在天下歙歙焉, 爲天下渾其心, 百姓皆注其耳目[2], 聖人皆孩之.

---

1) 원문의 "혼渾"을 해석한 것인데, '혼융渾融'이란 뜻으로 백성과 마음을 함께하는 것을 가리킨다. 말하자면, 자신의 입장을 분명히 하지 않고 세상과 섞여 있어 구분이나 경계가 없는 경지를 말한다.

2) 이 일곱 글자가 왕필본에는 없는데, 하상공본에는 있고 왕필본의 주석에는 "백성각개주기이목언百姓各皆注其耳目焉, 오개해지이이吾皆孩之而已"라는 구절이 있다. 이에 따라 바로잡고 번역했다. 위페이린의 견해도 필자와 같다.(위페이린, 앞의 책, 100쪽)

【해설】

이 장에서는 앞 장에 이어 통치의 중요한 원리를 말한다. 성인, 즉 통치자는 백성의 마음을 자신의 마음으로 삼는데 이것이 바로 '무위이치'의 원리다. '무위이치'란 결국 민심의 향배와 궤를 같이 할 때 이르는 경지이다. 이른바 "무상심無常心"이 중요한데, 무상심은 사사로움이 없고 자아도 없는 상태이다.

노자는 여기서 앞 장에 나오는 "무사無事"와 "무위無爲"를 더욱 구체화해 설명하고 있다. 성인에게 "선善"과 "불선不善"의 구분은 의미가 없고 "신信"과 "불신不信"의 구분 역시 의미가 없으므로 "덕선德善"과 "덕신德信"이 가능해지는 것이다. "덕선"을 곧 "득선得善"으로 보아 이렇게 번역했다. 이 단어를 글자 그대로 "덕이 선해진다"(최진석설)라고 번역하기도 한다. 바로 아래의 "덕신德信"도 곧 "득신得信"으로 보아 "미더움을 얻는다"라고 번역했다. 푸페이룽傅佩榮이 《노자도덕경》에서 "득得"과 "덕德"은 상통한다고 본 데 따른 것이다.[3]

"흡歙"은 36장에도 나오는[4] 단어인데 역시 설명이 필요하다. 이 장에서는 "흡흡歙歙"이라고 중첩해서 적었는데, 필자의 번역과 달리 리링은 "겁에 질려 두려운 모양"[5]이라고 번역했으며 이 단어가 "출출怵怵"과 같다고 고증했다. 일리가 없는 바는 아니다. 한편, 이 단어를 "아무것도 모르는 모양"이라고 해석하기도 한다. 마지막 구절의 "해孩"에 대해서도 리링은 '어린아이 대하듯'이 아니라 "놀라게

---

3) 푸페이룽, 《세설노자細說老子》, 上海古籍出版社, 186쪽.

4) "장욕흡지將欲歙之"란 구절이다. 물론 36장의 경우 '오므라들다'라는 뜻으로 여기와는 다르게 쓰였다. 물론 충분히 비교해서 읽을 만한 가치가 있다.

5) 리링, 앞의 책, 158쪽.

하다"는 의미의 "해駭"로 읽어야 한다고 주장했다.[6] 즉 백성이 눈을 크게 뜨고 주목하게 만든다는 의미다. 그런데 푸페이룽은 필자처럼 보아야 한다고 주장한다.[7]

결론은 명쾌하다. 차별하지 않고 모든 사람을 순수한 마음으로 대하라는 것이다.

6) 리링, 앞의 책, 158쪽.
7) 푸페이룽, 앞의 책, 187쪽.

50장 삶을 벗어나 죽음으로 들어선다

삶을 벗어나 죽음으로 들어선다.

삶의 길이 열에 셋이요, 죽음의 길이 열에 셋이며, 사람이 살면서 죽는 곳으로 움직이는 길이 또한 열에 셋이 있다.

무엇 때문인가? 삶을 살아가는 것을 지나치게 [살아가려] 하기 때문이다.

들자 하니 삶을 잘 보존한다고 하는 사람은 뭍에서도 외뿔소나 호랑이와 마주치지 않고, 전쟁터에 들어가도 갑옷과 병기를 걸치지 않는다고 한다. 외뿔소는 그 뿔로 들이받을 곳이 없고, 호랑이는 그 발톱으로 할퀼 곳이 없으며, 병기는 그 칼날을 들이밀 곳이 없다.

무엇 때문인가? 그에게는 죽을 곳이 없기 때문이다.

出生入死.

生之徒, 十有三, 死之徒, 十有三, 人之生, 動之死地, 亦十有三.

夫何故, 以其生生之厚.

蓋聞善攝生[1]者, 陸行不遇兕虎, 入軍不被甲兵, 兕無所投其角, 虎無所措其爪, 兵無所容其刃.

夫何故, 以其無死地.

---

1) "섭생攝生"이 백서본에는 "집생執生"이라고 되어 있는데 이 역시 통가자이다. "섭생"은 '양생養生'과 유사한 개념이다.

【해설】

첫 구절부터 예사롭지 않은 선언을 하고 있는 이 장에서 노자는
양생과 후생의 경계를 이야기하고 있다. "출생입사出生入死"를 좀 더
풀이해보면, "나오는 것을 태어나는 것이라 하고, [자연으로] 들어가
는 것을 죽음이라 한다"라고 해석하기도 하고, "나오는 것이 삶이
고 들어가는 것이 죽음이다"라고 해석하기도 하는데, 필자는 왕필
의 주석 "출생지出生地, 입사지入死地"에 의거하여 해석했다. 한비자
는 이 "출생입사"를 이렇게 보았다.

인간은 출생에서 시작해 죽음으로 끝난다. 시작을 '벗어나오다[出]'
라고 하며, 끝을 '들어서다[入]'라고 한다.[2]

노자가 생각하기에 사람은 한평생 세 가지 유형의 삶을 살아가
게 되어 있다. 원문의 "십유삼十有三" 또한 해석에 이설이 많고 난해
한 구석이 있다. 보통 "10분의 3"이나 "열에 셋" 정도로 해석한다.
이 부분에 대해 한비자는 이렇게 주석을 달았다.

인간의 몸에는 360개의 마디가 있고 사지와 아홉 구멍이 있는데 이
것이 가장 중요한 부분이다. 사지와 아홉 구멍을 합하면 열셋이 되는
데, 이 열셋이 움직이고 멈추는 것은 모두 생존에 속하는 것이다. 이
에 속하는 것을 도徒라고 한다.[3]

---

2) 人始於生而卒於死. 始之謂出, 卒之謂入."(《한비자》〈해로〉[김원중 역, 303쪽])
3) "人之身三百六十節, 四肢·九竅, 其大且也. 四肢與九竅, 十有三者, 十有三者之動靜, 盡屬於
生焉. 屬之謂徒也."(《한비자》〈해로〉[김원중 역, 303~304쪽])

반면 왕필은 "십유삼"에 대해 한비자와 전혀 다른 견해를 보였다. 그는 인간의 삶을 대략 3등분하여 3분의 1은 생기발랄한 상태이고, 3분의 1은 거의 죽어가는 상태이고, 3분의 1은 구체적인 무엇인가를 하는 상태라고 해석했다. 이들 모두가 죽음의 길로 들어선다고 보는 관점인데, 상당히 일리가 있다.

원문의 "육행불우시호陸行不遇兕虎"는 이런 뜻이다.

성인이 세상을 느긋하게 살아가는 것은 다른 사람을 해치려는 마음이 없어서이다. 다른 사람을 해치려는 마음이 없으면 다른 사람도 그를 해치려는 마음이 없으며, 해치려는 사람이 없으면 다른 사람을 방비할 필요가 없다.[4]

다음 구절의 "불피갑병不被甲兵"도 한번 새겨봐야 하는데, 한비자는 "갑옷을 갖출 필요가 없다"로 해석한다. 그 이유는 "방비를 하지 않아도 반드시 해가 없는 것이 천지의 이치이다"《한비자》〈해로〉)라고 보았기 때문이다. 이와 달리 "불피갑병"을 "무기에 상처를 입지 않는다"로 해석하는 이도 있다.

성인은 정신의 소모를 막고 고요한 곳에 머무는 것을 귀하게 여긴다. 코뿔소나 호랑이에게는 정해진 구역이 있으니, 그들이 움직이거나 쉬는 일정한 때와 영역을 피하면 절대로 짐승들에게 해를 입지 않는다는 것이다. 진정으로 양생에 뛰어난 사람은 자신의 생

---

4) 聖人之遊世也, 無害人之心, 無害人之心, 則必無人害, 無人害, 則不備人."《한비자》〈해로〉
〔김원중 역, 306쪽〕)

명을 잘 보존할 수 있으니, 어떤 위험에 처할지라도 나름의 삶을 의미 있게 꾸려간다. 생명을 잘 보존하는 비결은 바로 "생생生生"의 방식이라고 노자는 말하고 있다.

51장 도는 만물을 낳고

도는 [만물을] 낳고 덕은 [만물을] 길러준다.

만물은 형태를 갖추게 하고, 형세가 완성되는 것이다.

이 때문에 만물 중에서 도를 존중하고 덕을 귀하게 여기지 않는 것이 없다.

도가 존중되고 덕이 귀하지만 아무도 명령하지 않아도 언제나 스스로 그러한 것이다.

그러므로 도는 [만물을] 낳고 덕은 [만물을] 길러주며, 성장시키고 길러주며, 모양이 있게 하고, 성숙시켜주며[1], 보살펴주고, 덮어준다.

[만물을] 낳고도 소유하지 않고, 하고도 의지하지 않으며, 자라게 해주고도 주재하지 않으니, 이를 현묘한 덕이라고 한다.

道生之, 德畜之.

物形之, 勢成之.

是以萬物莫不尊道而貴德.

道之尊, 德之貴, 夫莫之命而常自然.

故道生之, 德畜之, 長之育之, 亭之毒之, 養之覆之.

---

1) 이 부분은 "정지독지亭之毒之"를 번역한 것으로 최진석은 "안정시키고 성숙시키며"(최진석, 앞의 책, 387쪽)라고 했고, 김학목은 "모양이 만들어지게 하고 살찌게 하며"(김학목, 《노자 도덕경과 왕필의 주》, 홍익출판사, 2012, 256쪽)라고 했는데, 김용옥은 "멈추게도 하고 또 독을 주기도 한다"(김용옥,《길과 얻음》, 통나무, 1989, 123쪽)라고 하는 등 이설이 많다.

生而不有, 爲而不恃.

長而不宰, 是謂玄德.

【해설】

'도'와 '덕'을 함께 거론하면서 이 둘과 만물의 긴밀한 관계를 설명하고 있다. 만물은 객관적 자연법칙에 따라 성장 발전한다는 시각이 기본 출발점이다. 또한 '도'와 '덕'을 통해 결국 완정한 '도덕道德' 체계가 구성된다.

노자는 이미 앞 장에서 '덕'의 성질과 작용을 여러 차례 언급했으며 자신의 행위가 도덕의 표준에 부합한다면 인간은 끊임없이 변화, 발전할 수 있다고 했다. 이런 점에서 사람은 '도'와 '덕'의 존귀함, 즉 보편 규율을 따르고 응용할 줄 알아야 한다.

두 번째 문장의 "세勢"는 판본상 고려할 사항이 있다. 백서본에서는 "세勢" 자가 "기器" 자로 되어 있는데 이를 "도"와 "덕"의 기능 문제로 본 최진석은 "기"가 노자의 원의에 더 근접한다고 지적했다. "기"는 이미 28장과 29장에서 나왔는데, 일반적인 기물을 가리키기도 하고 법령 같은 추상적인 도구를 지칭하기도 한다. 필자는 "형세"로 번역했다.

맨 마지막 문장 "장이부재長而不宰"의 "장長"을 두고 해석에 이설이 있다. "수장이 되게 하다"라는 해석이 대표적이다. 이 부분은 10장의 "[만물을] 낳아주고 길러주며, 낳았으면서도 소유하려 하지 않고, 이루어놓고도 뽐내지 않으며, 수장이 되지만 주재하지 않으니, 이를 현묘한 덕이라고 한다(生之畜之, 生而不有, 爲而不恃, 長而不宰, 是謂玄德)" 와 거의 유사하니 비교해서 읽어볼 필요가 있다. 65장에도 "현묘한 덕(玄德)"이란 용어가 나오니 함께 읽어보면 좋다.

52장 천하에 시초가 있기에

천하에 시초가 있기에 천하의 어머니(근본)가 된다.

이미 그 어머니를 얻고 나서 그 자식을 알고, 이미 그 자식을 알고 나서 다시 그 어머니를 지키면, 죽을 때까지 위태롭지 않을 것이다.

그 [지식의] 구멍(감각기관)을 막고, 그 [지식의] 문을 닫으면[1], 죽을 때까지 수고롭지 않을 것이다.

그 구멍을 열고 그 일을 해나가려 하면 죽을 때까지 구제되지 못할 것이다.

[아주] 작은 것을 보는 것을 '명明(밝음)'이라 하고, 부드러움을 지키는 것을 '강强'이라고 한다.

그 빛을 사용하면, 다시 그 밝음으로 돌아가야 자신에게 재앙을 남기지 않으니, 이것이 습상襲常[2]이라고 하는 것이다.

天下有始, 以爲天下母.[3]

旣得其母, 以知其子, 旣知其子, 復守其母, 沒身不殆.

---

1) 56장에도 같은 문장이 보인다. 물론 여기서 의미하는 바는 지식과 욕망을 끊고, 눈과 귀를 막고 외부와 단절하라는 것이다.

2) 글자 그대로 영원한 도에 익숙해지는 것, 익숙하여 어느 한편으로 치우치지 않고 영원한 것을 의미한다. 여기서 "습習"을 '습襲'으로 교열해야 한다는 학자도 있으니 27장의 "습명襲明(감추고 있는 총명함)"이란 단어와 관련지어 그렇게 주장한다. 그러나 필자는 왕필과 하상공의 견해에 따라 본문처럼 그대로 두었다.

3) 원문의 "시始"와 "모母"를 '도道'의 또 다른 표현으로 보고 "세계의 가장 근본적인 모습"으로 이해하자는 견해가 있다.(최진석 설) 한 걸음 더 나아가 최진석은 이 말이《회남자》나 왕필 식의 도가 아니라는 말을 덧붙였다.

塞其兌, 閉其門, 終身不勤.

開其兌, 濟其事, 終身不救.

見小曰明, 守柔曰强.

用其光, 復歸其明, 無遺身殃, 是爲習常.

【해설】

이 장은 노자의 생명사상을 말하고 있다. 어머니가 아이를 낳는 것에 비유해 천하 만물은 어린아이이며, 어머니는 바로 '도'라고 말한다. '도'와 '만물'의 관계를 말하는 것이다.

"명明"과 "강强"의 대비가 인상적인 이 장에서도 노자의 말은 상식을 뛰어넘는다. 작은 것을 보는 능력을 "명明"이라고 하고 부드러움을 지키는 것을 "강强"이라고 한다. 물론 "명"이란 외부 사물이 아닌 자기 자신을 제대로 아는 명철함을 말한다. 물론 이 명철함은 고정된 시각에 갇히지 않은 것이다. 유약은 조작됨이 없는 자연의 상태이며, 무리 없이 운행하므로 더 활발하게 활동한다. 또 최고의 경지에 이르면 형상도 없고 움직임도 없는 것처럼 보이지만, 사실은 참된 생명력과 도의 위대한 작용이 용솟음친다.

"개기태開其兌, 제기사濟其事"는 감각기관에 의존하는 판단, 표현기관에 의해 구성되고 진술되는 지식은 참된 앎이 아니라는 뜻이다. 이와 같이 노자가 경험적 지식과 사변적 지식을 부정하게 된 이유는 "사실상 도라는 것은 실제로 나타나는 작용이 있고 그것이 존재한다는 증거가 있지만 행위도 없고 형체도 없으며, 또 그것을 전할 수 있지만 받을 수는 없고, 터득할 수는 있지만 볼 수는 없다(夫道, 有情有信, 無爲無形, 可傳而不可受, 可得而不可見)(《장자》〈대종사大宗師〉)는 장자의 말과 일맥상통한다. 하나의 예를 더 들면, 장자는 도道에 대해 말하기를, "해박하다고 해서 꼭 무언가를 알고 있는 것은 아니며, 분별한다고 해서 꼭 지혜로운 것은 아니다(博之不必知, 辯之不必慧)"(《장자》 〈지북유〉)라고 했다.

특히 "견소見小"란 말은 세심하게 설명할 필요가 있다. 단순히 사소한 것들을 본다는 말이 아니다. 세상 만물을 연결하는 아주 사소한 관계망을 파고들어가보는 통찰력을 의미한다. 그런 의미에서 리링도 "세밀한 데에서 관찰한다(察於細微)"[4]라고 풀이했다. 성현영이 소小를 "지극히 미묘한 이치(至妙之理)"라고 해석했는데 매우 적절한 주석이다. "견見" 역시 의도적이고 능동적으로 본다는 말이 아니라, 통찰력이 생기면 저절로 보인다는 의미다. "견소왈명見小日明"에 대해 한비자는 다음과 같은 실례를 들었다.

　　옛날 주왕紂王이 상아젓가락을 만들자, 기자箕子가 염려해 이렇게 생각하였다. '상아젓가락은 반드시 흙으로 만든 그릇에 사용할 수 없고 무소뿔이나 옥으로 만든 그릇에 사용할 것이다. 상아젓가락에 옥으로 만든 그릇을 쓰게 되면 반드시 채소로 만든 국을 먹지 않고 쇠고기나 코끼리 고기, 표범 고기만을 먹게 될 것이다. 쇠고기나 코끼리 고기, 표범 고기를 먹으면 반드시 베로 만든 짧은 옷을 입거나 초가집 밑에서 살려고 하지 않을 것이다. 그러면 반드시 비단옷에 구중궁궐이나 고대광실에 살려고 할 것이다. 나는 그 최후가 두렵기 때문에 상아젓가락을 만든 처음을 걱정한다.'

　　그로부터 5년이 지나자 주왕은 육포肉圃와 포락炮烙을 만들고, 술지

---

4)　리링, 앞의 책, 166쪽.

게미가 쌓인 언덕을 오르며 술을 채운 연못에서 놀았다. 그래서 주는 드디어 망하게 되었다. 그러므로 기자는 상아젓가락을 보고 천하의 화를 미리 알았던 것이다.[5]

"명明"은 천하 만물을 포괄하는 이치를 헤아리는 능력을 말하며 선입견에 사로잡히지 않는 넓은 시야를 아우르는 개념이다.

"수유왈강守柔曰强"이란 말처럼, 유약의 성격을 정확히 파악한 노자는 무위의 도를 가장 잘 따르는 것으로(8장에 나와 있듯이) 물(水)을 들고 있다. 노자는 "물은 만물을 아주 이롭게 하면서도 다투지 않고, 모든 사람이 싫어하는 곳에 머물고 있으므로 도에 가깝다(水善利萬物而不爭, 處衆人之所惡, 故幾於道)"라고 했다. "광光" 역시 예사로 볼 단어는 아니다. 이 단어는 다른 장에도 나오는데, "화기광和其光"(56장)과 "광이불요光而不耀"(58장)에 등장한다. 노자에게 "광光"은 "명明"이나 "지知"와 대비된다. 이 빛은 자신을 드러내면서 상대의 눈을 부시게 만드는 강력한 빛으로 오히려 숨겨야 한다. 뒤 구절의 "습상襲常"이 바로 빛을 감추는 모습을 의미한다.

비움이란 마음속에 있는 참된 자연 지식을 비우는 게 아니라 편견과 선입견을 갖지 않기 위한 전제조건인 셈이다. 인간의 분별지는 사물의 본질을 구하기 위해 분석하고 분해하지만 실상은 사물의 본질을 놓쳐버리는 결과만 초래한다. 이러한 분별지를 포기할

---

5) "昔者紂爲象箸以爲象箸必不加於土鉶, 必將犀玉之杯; 象箸玉杯必不羹菽藿, 則必旄·象·豹胎; 象·豹胎, 必不衣短褐而食於茅屋之下, 則錦衣九重, 廣室高臺. 吾畏其卒, 故怖其始. 居五年, 紂爲肉圃, 設炮烙, 登糟邱, 臨酒池, 紂遂以亡. 故箕子見象箸以知天下之禍."(《한비자》〈유로〉(김원중 역, 327~328쪽))

때 부분이 아니라 전체적인 지식을 얻어 사물의 본모습을 파악할
수 있게 된다.

53장 나에게 길을 확실하게 잘 아는 사람이 있어

나에게 [길을] 확실하게 잘 아는 사람이 있어 대도大道를 가게 한 다 하더라도, 오직 나쁜 길로 가게 될까 두렵다.

대도는 아주 평탄하나, 백성들은 지름길을 좋아한다.

조정은 아주 [깨끗하게] 치워져 있으며, 밭에는 잡초만 무성하고, 창고는 텅텅 비어 있는데, 화려한 무늬가 있는 옷을 입고 예리한 칼 을 찼으며, 음식을 물리도록 먹고, 재물은 남아도니, 이것을 도과盜夸 (도적의 우두머리)라고 하니, 도가 아니로다!

使我介然有知, 行於大道, 唯施是畏.

大道甚夷, 而民好徑.

朝甚除, 田甚蕪, 倉甚虛, 服文綵, 帶利劍, 厭飮食, 財貨有餘, 是謂盜夸, 非道也哉.

【해설】

이 장에서는 글자 그대로 길이라는 의미의 '도道'로 도를 비유하 고 있다. 첫 구절의 "개연介然"에서 "개介"는 원래 '크다'는 의미다. 여기서는 '확실하고 분명한 모양'을 가리키는 것으로 보고 해석했 다. 혹자는 이 글자에 '작다'는 의미도 있다고 보아 '사소한 능력이 나 인식의 수준 정도'로 풀이하기도 한다.

정말 큰길을 걸으면 샛길로 빠질 염려가 없는데, 세상 사람들은 어찌된 노릇인지 샛길, 즉 지름길로 들어서려고 한다. 이 둘째 문장 에 대한 한비자의 주석은 이러하다.

《노자》에서 이른바 대도大道라고 한 것은 정도正道를 말한다. 이른바 '겉모습이 비스듬하다(貌施)'고 한 것은 사특한 도(邪道)를 말하고, 이른 바 지름길(徑大)이라고 한 것은 아름다운 것(佳麗)을 말한 것인데, 아름 답다는 것은 사특한 도에서 갈라진 것이다.[1]

흔히 지름길이 좋다고 생각하지만 노자에 따르면 절대 그렇지 않다. 정도를 벗어난 길에서는 유혹에 빠지기 십상이기 때문이다. 세 번째 문장의 "조심제朝甚除"는 조정이 아주 깨끗하게 치워진 것 을 말한다. 왕필은 궁전의 방 안 기물이 화려하게 잘 배치된 것이라 고 풀이하는데 적절하지 않은 것 같다. 뒤의 두 문장과 연관 지으 면, 조정의 부패를 상징한다는 해석이 더 적절하다. 국고가 바닥난 상황이라는 말이다. 그리고 "도과盜夸"는 의미가 분명치 않아 해석 상 논란거리가 많은 단어다. 한비자는 "도우盜竽"라고 하면서 이런 주석을 달았다.

우竽는 다섯 가지 소리의 으뜸이다. 그래서 이것이 먼저 울리면 종 이나 현악기가 모두 따라 하며, 이것이 소리를 내면 모든 악기들이 답 한다. 지금 크게 간사한 행동을 하는 자가 있으면 세속의 백성들이 답 할 것이고, 세속의 백성들이 답하면 작은 도적이 반드시 답하게 될 것 이다. 그래서 말하였다.
"화려한 무늬가 있는 옷을 입고 예리한 칼을 차고 아주 배부르게

---

1) "書之所謂大道也者, 端道也. 謂貌施也者, 邪道也. 所謂徑大也者佳麗也. 佳麗也者, 邪道之 分也."(《한비자》〈해로〉(김원중 역, 310쪽))

먹고 마시고도 재물이 남은 자, 이를 도적의 괴수라고 한다."[2]

　노자는 일관되게 인위를 비판하고 있으니, 당시 권력을 틀어쥐고 위세를 부리는 통치자들의 행태를 날카롭게 풍자하는 동시에 심지어 이들이 도둑의 우두머리에 불과하다고 혹평했다.

---

2) "竽也者, 五聲之長者也, 故竽先則鍾瑟皆隨, 竽唱則諸樂皆和. 今大姦作則俗之民唱, 俗之民唱則小盜必和. 故, 服文采, 帶利劍, 厭飮食, 而貨財有餘者, 是之謂盜竽矣."《한비자》〈해로〉(김원중 역, 311쪽)) 사실상 '우竽'와 '과夸'는 통가자다.

54장 잘 세운 것은 뽑히지 않고

잘 세운 것은 뽑히지 않고 잘 끌어안으면 떨어지지 않으니, [이런 원칙에 따르면] 자손들의 제사가 그치지 않게 될 것이다.

자신에게서 그것을 닦으면 그 덕이 진실해지고, 집안에서 그것을 닦으면 그 덕이 여유로워지며, 고을에서 그것을 닦으면 그 덕이 오래가고, 나라에서 그것을 닦으면 그 덕이 풍성해지며, 천하에서 그것을 닦으면 그 덕이 널리 퍼지게 된다.

그러므로 자신을 통해서 자신을 보고, 집안을 통해서 집안을 보며, 고을을 통해서 고을을 보고, 나라를 통해서 나라를 보며, 천하를 통해서 천하를 본다.

내가 어떻게 천하가 그러함[1]을 알았겠는가? 바로 이러한 원칙[2] 때문이다.

善建者不拔[3], 善抱者不脫, 子孫以祭祀不輟.

修之[4]於身, 其德乃眞, 修之於家, 其德乃餘, 修之於鄕, 其德乃長, 修之於國, 其德乃豊, 修之於天下, 其德乃普[5].

---

1) 여기서 "그러함"이란 말은 바로 '자연自然'의 본의本義에 해당된다.

2) 이 장의 첫 줄 "잘 세운 것은 뽑히지 않고, 잘 끌어안으면 떨어지지 않으니[善建者不拔, 善抱者不脫]"를 가리킨다.

3) 한비자의 주석은 이러하다. "성인의 경지에 이른 자는 그렇지 않아 한 차례 취할 것과 버릴 것의 기준을 세우면, 비록 좋아하는 물건을 보더라도 이끌리지 않는다. 이끌리지 않는 것을 일컬어 '뽑히지 않는다[不拔]'라고 한다."(《한비자》〈해로〉(김원중 역, 312쪽))

4) "지之"는 앞의 구절들을 의미한다. 물론 이 말이 포괄적으로 지칭하는 것은 바로 '도道'다.

故以身觀身, 以家觀家, 以鄉觀鄉, 以國觀國, 以天下觀天下.

吾何以知天下然哉, 以此.

【해설】

잘 다스려져 통치 기반이 확립되고 자자손손 제사가 끊이지 않는 것이 고대 국가의 존립을 정의하는 개념이었다. 첫 문장의 "제사불철祭祀不輟"이란 사람의 자손으로서 이러한 이치를 깨달아 종묘를 지키는 것이다. 이에 대해 한비자는 이런 예를 들어 설명했다.

초楚나라 장왕莊王이 황하黃河와 형옹衡雍에서 승리하고 돌아와 손숙오孫叔敖에게 상을 주려고 하자, 손숙오는 한수漢水 부근의 모래와 자갈이 있는 토지를 청하였다. 초나라 법에는 신하에게 봉록을 줄 때, 두 세대 뒤에는 영토를 회수하도록 되어 있었는데, 오직 손숙오만은 계속 가지고 있었다. 그 토지를 회수하지 않은 까닭은 그 땅이 척박했기 때문이다. 그래서 아홉 세대까지 제사가 끊이지 않았다.[6]

노자는 국가의 기본이 개인이라는 점을 강조한다. 통치자가 도를 지켜 나라를 제대로 다스리면 종묘사직을 자손대대로 유지할 수 있다. 이는 얼핏 보기에 유가가 말하는 방식과 유사하다. 즉 수신

---

5) "기덕내보其德乃普"란 왕필본과 하상공본에 의거한 것이다. 맨 마지막의 "보普" 자가 넓다는 의미의 "부溥" 자로 되어 있는 판본도 있다.

6) "楚莊王旣勝, 狩於河雍, 歸而賞孫叔敖. 孫叔敖請漢間之地, 沙石之處. 楚邦之法, 祿臣再世而收地, 唯孫叔敖獨在. 此不以其邦爲收者, 瘠也, 故九世而祀不絶."(《한비자》〈유로〉(김원중 역, 320쪽))

제가치국평천하로 대변되는 덕치의 원리와 말이다. 그러나 똑같이 '수신修身'을 말하고 있지만, 노자의 경우 수신은 인의도덕이 아니고 자신의 몸을 보양하는 데서 출발한다.

성인은 마음이 흩어지지 않으면, 비록 욕심나는 물건이 있을지라도 마음이 동요되지 않는다. 마음이 동요되지 않는 것을 "불탈不脫"이라고 한다. 왕필은 많은 것을 탐하지 않고 할 수 있는 일만 한다는 의미로 풀이했다.

이 장에서 말하는 "덕德" 또한 자연의 덕이며 자연에 부합해 성명性命을 보전하는 덕이다. 덕을 통해 천하를 다스리는 문제는 개인의 덕을 천하의 덕으로 확장하는 게 아니다. "신身" "가家" "향鄕" "국國" "천하天下"가 저마다 제 역할을 수행하는 것이 중요하다. 대를 위해 소를 희생해서는 안 되고, 작은 단위부터 큰 단위에 이르기까지 유기적인 체계 속에서 나름의 가치와 의미가 구현되어야 한다는 말이다. 그런 점에서 노자의 개인은 바로 천하와 동격으로 간주된다. 물론 이루고도 소유하지 않는 "거피취자去彼取此"의 원칙은 여기에서도 엄격하게 적용된다. 물론 궁극적인 목표는 장구長久함을 유지해나가는 데 있다.

55장 덕을 두텁게 품은 사람은

덕을 두텁게 품은 사람은 갓난아이에 비유되니, 벌이나 전갈이나 독충이 쏘지 않고, 맹수도 덮치지 않고, 사나운 새들도 공격하지 않는다.

뼈는 약하고 근육은 부드러우나 단단히 쥐고, 수컷과 암컷의 교합[1]에 대해서도 알지 못하나 고추가 발기하는 것은 정기精氣가 지극하기 때문이다. 온종일 울어도 목이 잠기지 않는 것은 화기和氣가 지극하기 때문이다.

조화를 아는 것을 '상常(영원함)'이라 하고, 상을 아는 것을 '명明(밝음)'이라 하며, 삶을 더하려고 하는 것을 '상祥(상서로움)'이라 하고, 마음이 기를 부리는 것을 '강强(굳셈)'이라 한다.

만물이 장성하면 노쇠하게 되니, 이를 도에 맞지 않는다고 한다. 도에 맞지 않으면 일찍 죽는다.

含德之厚, 比於赤子, 蜂蠆虺蛇不螫, 猛獸不據, 攫鳥不搏.

骨弱筋柔而握固, 未知牝牡之合而朘作, 精之至也. 終日號而不嗄, 和之至也.

知和曰常, 知常曰明, 益生曰祥, 心使氣曰强.

物壯則老, 是謂之不道, 不道早已.

---

1) 원문의 "합슴"을 번역한 것인데, '성교'라는 의미다. 백서나 죽간본에는 "회會"로 되어 있다. 물론 둘은 같은 개념이다.

【해설】

　이상적인 인간의 유형을 말하고 있는 이 장에서는 갓난아이를 성인에 비유해 최상의 덕목들을 설명해나가고 있다. 첫 문장의 "적자赤子"란 피부가 붉은빛을 띠는 갓난아이를 말한다. 노자가 일관되게 주장하듯 모든 덕목을 다 갖춘 존재다. 물론 적자란 백성을 가리킨다. 남성의 음경을 비유하는 은어라고 보기도 하는데 뒤에 나오는 "고추가 발기하는 것은"이라는 구절과 연결될 수도 있다. 자연의 정기와 화기의 극치를 보여주는 갓난아이는 남녀 음양의 균형까지 구현하고 있는 존재다. 그리고 "최작朘作"은 마왕퇴본에 의거한 것으로 어린아이의 고추를 '최朘'로 본 데 따른 것이다.[2) 왕필본에는 "전작全作"으로 되어 있다. 여기서는 글자의 의미와 문맥에 따라 갓난아이의 생식기가 자동으로 발기하는 것이라고 옮겼다.

210

　"익생益生"은 50장의 "생생지후生生之厚"라는 구절과 함께 살펴보아야 할 개념이다. 노자는 갓난아이가 겉으로는 유약해 보이지만 생명력은 어른보다 강하다는 점을 강조한다. 여성도 마찬가지다. 겉으로는 유약해 보여도 남성에 비해 강한 면이 많다.

　맨 마지막에 나와 있듯이 노자가 보기에 인생 자체가 삶과 죽음의 조화인데, 사는 것만을 추구하다 보면 재앙에 휩싸이게 된다. 바로 자연의 이치에 어긋난 것이며, 자연의 도에 부합하지도 않는다. 자연의 이치를 벗어나서 장구한 세월 동안 존속할 가능성은 없다.

---

2)　이 글자는 《설문해자》 육부肉部에 "갓난아이의 음경이다(赤子陰也)"라고 되어 있다. 하상공본이나 다른 판본에는 '준峻'으로 나온다.

56장 지혜로운 자는 말하지 않고

지혜로운 자는 말하지 않고, 말하는 자는 지혜롭지 않다.

그 구멍〔兌〕(감각기관)을 막고, 그 [지식의] 문을 닫으며[1], 그 날카로움을 꺾고, 그 엉킴을 풀어주며, 그 빛을 조화시키고, 그 먼지에 동화되니, 이를 일러 현동玄同이라고 한다.

그러므로 [그에게] 가까이할 수도 없고 멀어질 수도 없으며, 이롭게 할 수도 없고 해롭게 할 수도 없으며, 귀하게 여길 수도 없고 천하게 여길 수도 없다.

그러므로 천하에서 귀하게 된다.

知者不言, 言者不知.

塞其兌, 閉其門, 挫其銳, 解其紛, 和其光, 同其塵, 是謂玄同.

故不可得而親, 不可得而疏, 不可得而利, 不可得而害, 不可得而貴, 不可得而賤.

故爲天下貴.

【해설】

81장과 연관되어 있는 첫 문장부터 예사롭지 않다. 역시 자신을 드러내려는 욕망을 줄이고 존재를 과시하지 말라는 노자 특유의 역설이 빛난다. 지식을 끊고 욕망을 버리라는 충고는 2장에 나오는 "불언지교不言之教" 이후 계속 강조된다. 앎에 대한 정의를 내리고

---

1) 52장에 이미 나왔으니 해당 문장을 보기 바란다.

언어로 개념화하고 체계화하는 순간 그건 이미 앎 자체를 떠나버린다.

그리고 원문의 "분紛"자는 마왕퇴 갑본과 을본에 의거하였다. 왕필본에는 "분分"자로 되어 있으며 그 주석에는 "분忿"자로 되어 있으나, 여기서는 "분紛"자로 교열하여 번역했다. 또한 이 문장에서 네 개의 "기其"는 모두 도 자체를 이해한 "현동玄同"한 사람을 가리킨다. 현동의 "현玄"은 '깊고 그윽함(幽深)'이란 의미이고, '동同'은 '차별이 없다'는 의미로 "화기광和其光, 동기진同其塵" 등과 연결된다.

유가는 예를 숭상하고 차별을 귀하게 여겨 친소 관계나 귀천의 문제를 중시했고, 묵가는 '동同'을 강조하였으며 '별別'을 반대하고 겸애와 상동尙同을 주장했으니 노자와는 근본 관점이 다르다. 이미 36장에서 설명했는데, 이기利器는 형벌이나 법령 등 백성을 구속하기 위한 예리한 도구라고 해석하기도 한다. 포괄적으로 보면 문명의 이기를 말한다.

진정으로 아는 자는 나서지 않는다. 내가 안다고 생각하는 것으로 인해 오히려 나의 무지를 드러낼 수 있다. 이 장의 후반부에서 노자는 친소 관계, 이해관계, 귀천의 문제 등을 떠난 사람이 천하에서 가장 귀한 존재라고 강조했다.

57장 올바름으로 나라를 다스리고

올바름으로 나라를 다스리고 기이함으로 용병하며, 일거리를 만들지 않음으로써 천하를 취한다.

내가 무엇으로 그러하다는 것을 알겠는가? 이러한 이치 때문이다.

천하에 꺼리고 피하는 것이 많아지면, 백성들은 더욱 가난해지고, 백성들이 이로운 기물을 많이 갖게 되면 국가는 점점 더 혼란해지며, 사람들에게 기교와 사치가 많아지면 기이한 물건들이 점점 더 많아지고, 법령이 더욱 드러날수록 도적이 많아지게 된다.

그러므로 성인은 말한다. "내가 하는 일을 없애니 백성이 저절로 교화되고, 내가 고요함을 좋아하니 백성이 저절로 올바르게 되며, 내가 일거리를 만들지 않으니 백성이 저절로 부유해지고, 내가 욕심을 없애니 백성이 저절로 순박해진다."

以正治國, 以奇用兵, 以無事取天下.

吾何以知其然哉, 以此.

天下多忌諱, 而民彌貧, 民多利器, 國家滋昏, 人多伎巧, 奇物滋起, 法令滋彰[1], 盜賊多有.

故聖人云, 我無爲而民自化, 我好靜而民自正, 我無事而民自富, 我無欲[2]而民自樸.

---

1) "법령자창法令滋彰"은 통행본에 의거한 것인데, "법령法令"을 "법물法物"이라고 한 판본들도 있다.

2) "무욕無欲"을 "욕불욕欲不欲(바라지 않는 것을 바라다)"이라고 교열해야 한다고 주장하는 학자도 있다. 그 의미는 크게 다르지 않으나 어감이 미묘하게 다르다. 여기서는 교열하지 않는다.

【해설】

이 장에서도 치국의 문제를 다룬다. 나라를 다스리는 일은 "정正"을 따르고 전쟁의 용병술은 "기奇"를 따른다는 구체적인 방침을 제시하는데, 지금까지 펼친 논지와 조금 다르다. 우리는 흔히 '정'을 긍정적인 개념으로, '기'를 부정적인 개념으로 보지만, 노자는 이 둘을 상호 의존적인 관계로 파악한다.

전쟁에서는 명분에 따를 수가 없다. 상대에 따라 유연하게 대처하고 허를 찌르는 기습이 더 효과적이다. 그래서 원문의 "이기용병以奇用兵"은 손자의 병법에도 응용되었다. "무릇 전쟁이란 정공법으로 [적군과] 맞서고 기습으로 승리한다. 따라서 기습을 잘하는 자는 끝이 없는 것이 하늘과 땅 같고 마르지 않는 것이 강과 바다 같다〔凡戰者, 以正合, 以奇勝. 故善出奇者, 無窮如天地, 不竭如江河〕."《손자병법》〈세勢〉)

이 문장을 좀 더 설명하면, 작전에는 정면공격과 기습이 있는데, 기병을 능숙하게 운용하는 장수는 그 변화가 무쌍하고 끊임이 없다. 기병과 마찬가지로 보병의 운용법도 무궁하다. 정공법으로 주력 부대와 맞서고 기습에 특화된 유격 부대로 승리를 결정짓는 것은 용병의 기본이라고 해도 과언이 아니다. 사실 기정奇正이란, '세勢'를 형성하는 술術인데 비정규 전술과 정규 전술을 말한다. '정正'이 교전을 시작할 때 적진에 투입하는 공격 부대라고 한다면, '기奇'는 우측과 좌측의 날개가 되어 기습 공격을 하는 기동 부대다. 이 개념은 고대 수학에서 말하는 기奇와 우偶의 개념과 관련된다. 이에 따르면 유형으로 무형에 응하는 것이 '정'이며 무형으로 유형을 제압하는 것을 '기'라고 한다.

맨 마지막 문장에서 말한 "무위無爲" "호정好靜" "무사無事" "무욕無欲" 등은 분명 도道의 면모이자 성인의 미덕이다. 이 네 가지에 통하면 백성이 저절로 다스려진다.

이런 맥락에서 노자는 금령禁令을 배제하고 법령을 정비하지 말 것을 요구하고 있다. 이는 조화로운 자연처럼 만물이 자생자화自生自化하게 하라는 말로[3], 우주와 인간 사회도 자연 그대로 둔다면 조화와 균형을 이루어간다는 가르침이다. 여기서 "자화自化"란 '자연화육自然化育'의 준말이며, '무위자화無爲自化' '무위화無爲化'라고 쓰기도 한다.

---

3) 이 말은 29장의 "천하라는 신령한 기물은 [억지로] 할 수가 없는 것이다(天下神器, 不可爲 也)"와 함께 읽어보아야 한다.

58장 그 정치가 어리숙하면

그 정치가 어리숙하면[1] 그 백성은 순박해지고, 그 정치가 세밀하게 살피면 백성은 원망을 품는다.[2]

화란 복이 기대어 있는 바이며, 복이란 화가 엎드려 있는 바이구나.

누가 그 궁극을 알겠는가?[3] 아마도 정도라는 것은 없으니, 정도가 다시 기이한 것이 되고, 선함이 다시 요사스런 것이 된다.

사람들이 미혹된 나날이 참으로 오래되었구나.

이 때문에 성인은 반듯하지만 가르지[4] 않고, 예리하지만 상처 주지 않으며, 올곧지만 함부로 하지 않고, 빛나지만 번쩍거리지는 않는다.

其政悶悶, 其民淳淳, 其政察察, 其民缺缺.

禍兮福之所倚, 福兮禍之所伏.

孰知其極. 其無正, 正復爲奇, 善復爲妖.

---

1) "민민悶悶"은 이미 20장에 나왔는데 "혼혼昏昏(어리숙하다)"과 유사하고, '빠뜨리지 않고 자세히 살핀다'는 의미의 "찰찰察察"과 대비된다. 경계가 없어 애매모호하고 흐릿한 모습 혹은 어리숙한 모습을 말한다.

2) 원문의 "결결缺缺"을 해석한 것으로 이 말은 만족스럽지 못하다, 혹은 원망을 품다라는 뜻이다. 이 단어를 '불안해진다' 혹은 '교활해진다'라고 번역하는 학자도 있다.

3) 원문의 "숙지기극孰知其極"을 번역한 것인데, 한비자는 이런 주석을 달았다. "사람들이 도리를 가볍게 버리고 쉽게 경거망동하는 것은 화와 복의 관계가 그처럼 심오하고 도가 이처럼 광활하고 심원한지를 모르기 때문이다(衆人之輕棄道理而易妄擧動者, 不知其禍福之深大而道闊遠若是也)."(《한비자》〈해로〉(김원중 역, 287쪽))

4) 차별을 두지 않는다는 말이다.

人之迷, 其日固久.

是以聖人方而不割, 廉而不劌, 直而不肆, 光而不耀.

【해설】

노자는 세련되고 빈틈없는 것보다 어리숙한 통치 방식을 선호했다. 나라를 다스리는 군주가 너무 세세하게 살피고 꼼꼼하게 법령을 정하면 백성이 그것들을 피하는 데 골몰하게 되어 엉뚱한 방향으로 갈 수밖에 없다고 잘라 말한다.

노자는 화복을 논하며, 상반되는 '정正'과 '기奇', '선善'과 '요妖' 등이 서로 교차하는 관계망의 형성을 보여준다. 하나는 좋고 다른 하나는 나쁘다는 식의 우열이 있는 게 아니며 절대적인 복도 화도 없다는 것이다. 새옹지마塞翁之馬란 말이 있다. 즉 '변방 늙은이의 말'이라는 뜻으로 인생의 길흉화복이 무상하여 예측할 수 없음을 가리킨다. 초기 도가 사상을 기반으로 한 유안劉安의 《회남자》〈인생훈人生訓〉에 나오는 이야기이다.

중국 북방에 호胡라는 이민족이 살고 있었다. 어느 날 변방 노인의 말 한 마리가 오랑캐 땅으로 달아나자 이웃 사람들이 위로했다. 하지만 노인은 그 일을 마음에 두지 않고 태연히 말했다.

"이 일이 복이 될지 누가 압니까?"

몇 달이 지나서 달아났던 말이 오랑캐의 좋은 말 한 필을 데리고 돌아왔다. 마을 사람들이 와서 축하하는 말을 하자 노인은 이번에도 기뻐하는 빛이 없이 태연히 이렇게 말하였다

"이것이 화로 변하지 않는다고 누가 말할 수 있겠소?"

얼마 뒤에 노인의 아들이 말을 타다가 떨어져 다리가 부러지고 말

왔다. 마을 사람들이 또 위로하러 왔다. 그러나 노인은 슬퍼하는 기색도 없이 여전히 태연하게 말했다.

"이것이 행운으로 바뀌지 않는다고 그 누가 말할 수 있겠소?"

그로부터 1년이 지나 오랑캐가 쳐들어오자 젊은이는 모두 전쟁터로 나가야만 했다. 전쟁터로 나간 젊은이들은 대부분 살아 돌아오지 못했으나 늙은이의 아들만은 불구여서 싸움터로 끌려가지 않아 목숨을 부지할 수 있었다.

이런 사례를 염두에 두고 "화혜복지소의禍兮福之所倚"를 살펴보자. 이 구절에 대한 한비자의 주석은 이렇다.

사람은 재앙을 당하면 마음이 두려워지고, 마음이 두려워지면 행동이 단정해지며, 행동이 단정해지면 재앙과 화가 없게 되고, 재앙과 화가 없으면 천수를 다하게 된다. 행동이 반듯하면 생각이 무르익고, 생각이 무르익으면 사물의 이치를 얻게 되고, 사물의 이치를 얻게 되면 반드시 공을 이루게 된다. 천수를 다하면 온전하게 장수할 것이며, 반드시 공을 이루면 부유하고 귀해질 것이다. 온전하게 장수하고 부유하고 귀한 것을 '복福'이라고 한다. [이렇게] 복은 본래 재앙이 있는 곳에서 생긴다.[5]

그럼에도 불구하고 사람들은 "미혹되어[迷]" 살아온 지 오래고 그

---

5) "人有禍, 則心畏恐, 心畏恐, 則行端直, 行端直, 則思慮熟, 思慮熟, 則得事理. 行端直, 則無禍害, 無禍害, 則盡天年. 得事理, 則必成功.盡天年, 則全而壽. 必成功, 則富與貴. 全壽富貴之謂福. 而禍本於有禍."《한비자》〈해로〉(김원중 역, 286쪽])

런 선입견을 버리기도 쉽지 않으니 한탄이 나온다. 특히 "미迷"의 의미에 대해 한비자는 이런 주석을 달았다.

　　무릇 가고자 하는 길을 잃고 헛되이 행동하는 것, 이를 가리켜 갈피를 못 잡는다고 한다. 사람이 갈피를 못 잡으면 이르고자 하는 곳에 이를 수 없다. 지금 사람들은 이르고자 하는 곳에 이를 수 없기 때문에 갈피를 못 잡는다고 하는 것이다.[6]

같은 맥락에서 "복혜화지소복福兮禍之所伏"도 살펴볼 필요가 있다. 이 구절에 대한 한비자의 주석은 이렇다.

　　사람에게 복이 있으면 부유함과 귀함에 이르고, 부유함과 귀함에 이르면 입을 것과 먹을 것이 좋아지며, 입을 것과 먹을 것이 좋아지면 교만한 마음이 생기고, 교만한 마음이 생기면 행동이 사악하고 괴벽해져 도리를 벗어나는 행동을 하게 되며, 행동이 사악하고 괴벽해지면 요절하고, 도리를 저버리는 행동을 하면 공을 이루지 못한다. 무릇 안으로는 요절의 재난이 있고, 밖으로는 공을 이룬 명성이 없는 것은 큰 재앙이다. [이렇게] 재앙은 본래 복이 있는 곳에서 생겨난다.[7]

---

6) "凡失其所欲之路而妄行者之謂迷, 迷則不能至於其所欲至矣. 今衆人之不能至於其所欲至, 故曰, 迷."(《한비자》〈해로〉〔김원중 역, 287쪽〕)

7) "人有福, 則富貴至, 富貴至, 則衣食美, 衣食美, 則驕心生, 驕心生, 則行邪僻而動棄理. 行邪僻, 則身死夭, 動棄理, 則無成功. 夫內有死夭之難而外無成功之名者, 大禍也. 而禍本生於有福."(《한비자》〈해로〉〔김원중 역, 286쪽〕)

맨 마지막 문장의 "방方" "염廉" "직直" "광光"에 대한 한비자의 주
석은 이렇다.

이른바 방方이란 안과 밖이 서로 호응하는 것이며 말과 행동이 서
로 부합하는 것이다. 이른바 염廉이란 살고 죽는 때를 분명히 하여서
재물을 가볍게 여기는 것이다. 이른바 직直이란 의론이 공정해서 마음
이 한쪽으로 치우치지 않는 것이다. 이른바 광光이란 벼슬자리와 작위
가 존중되고 귀하며 의복이 거창하고 화려한 것이다.[8]

220
―

---

8) "所謂方者, 內外相應也, 言行相稱也. 所謂廉者, 必生死之命也, 輕恬資財也. 所謂直者, 義必
公正, 心不偏黨也. 所謂光者, 官爵尊貴, 衣裘壯麗也."(《한비자》〈해로〉(김원중 역, 288쪽))

59장 사람을 다스리고 하늘을 섬기는 것으로는

사람(백성)을 다스리고 하늘을 섬기는 것으로는 아끼는 일만 한 것이 없다.

오직 아끼기 때문에 일찌감치 [도를] 따를 수 있으니, 일찌감치 따르는 것이란 덕을 두텁게 쌓음을 말하는 것이다.

덕을 두텁게 쌓으면 이기지 못하는 것이 없고,

이기지 못함이 없으면 그 궁극을 알지 못함이 없으니,

그 궁극을 알지 못함이 없으면 나라를 가질 수 있고,

나라의 근본[도]을 갖고 있으면 [나라가] 오랫동안 유지될 수 있다.[1]

이것이 뿌리를 깊이 박되 튼튼하게 하며, 사는 것이 길며 오랫동안 보는 이치라고 하는 것이다.

治人事天, 莫若嗇.

夫唯嗇, 是以早服, 早服, 謂之重積德.

重積德, 則無不克,

無不克, 則莫知其極,

莫知其極, 可以有國,

有國之母, 可以長久.

---

1) 유지될 수 있는 이유에 대해 한비자는 "무릇 도는 세상과 더불어 변하므로 생명을 정립할 시간도 길고, 봉록을 유지할 시간도 길다[夫道以與世周旋者, 其建生也長, 持祿也久]"(《한비자》〈해로〉[김원중 역, 293쪽])는 이유를 들었다. 한비자 역시 '모母'를 '도道'와 동일시하고 있다.

是謂深根固柢, 長生久視之道.

【해설】

이 장에는 덕경德經을 중간 단계에서 한번 정리해보려는 의도가 깔려 있다. 노자는 덕을 쌓는 과정을 말하면서 "장생구시長生久視"라는 개념을 제시한다. 첫 구절 "치인사천治人事天"에 대한 한비자의 주석은 이렇다.

《노자》에서 '백성을 다스린다(治人)'고 한 것은 움직임과 고요함을 알맞게 조절해 사고의 낭비를 줄이는 것이고, '하늘을 섬긴다(事天)'고 한 것은 청력과 시력을 끝까지 써버리지 않고 지식을 고갈시키지 않는 것이다.[2]

222

이어서 핵심적인 단어 "색嗇"이 나온다. 이 글자는 논란의 여지가 많아 저마다 다른 해석을 해왔다. 왕필은 "[곡식을] 거둔다"는 뜻으로 보았다. 농부가 농사를 지어 잡초 따위를 제거하고 수확을 한다는 의미다. 어떤 학자는 "농사를 짓듯이"라고 번역하기도 했다.(김학주) 이 글자에 대한 확실한 참조 가치가 있는 자료는 한비자의 주석이다.

진실로 지나치게 다 써버리면 정신을 많이 낭비하게 되고, 정신을 많이 낭비하면 맹인, 귀머거리, 미치광이와 같은 재앙에 이르게 될 것

---

2) "書之所謂治人者, 適動靜之節, 省思慮之費也. 所謂事天者, 不極聰明之力, 不盡智識之任."
《한비자》〈해로〉(김원중 역, 290쪽))

이다. 이 때문에 그것을 아껴 써야 하는 것이다. 아낀다는 것은 곧 그 정신을 아끼고 그 지식을 아끼는 것이다.[3]

백성을 다스리거나 제사를 지낼 때 '아끼는' 것보다 더 중요한 덕목은 없다. 이는 단순히 물건을 아끼라는 말이 아니라 과도한 집착을 경계하라는 말이다.

원문의 "조복早服" 역시 설명이 필요한데, 한비자는 "조복蚤服"이라고 달리 표현하면서 이런 주석을 달았다.

사람들이 정신을 사용하는 마음가짐은 조급하다. 조급하면 낭비가 많아지게 되는데, 소모가 많아지는 것을 '사치(侈)'라고 한다.
성인이 정신을 사용하는 것은 고요하다. 고요하면 소모가 적은데, 소모가 적은 것을 '아낀다(嗇)'라고 한다. 아끼는 방법은 도리로부터 나온다. 무릇 아낄 수 있으면 도를 따르는 것이며 이理에 복종하는 것이다. 일반 사람들은 걱정하고 환난에 빠지더라도 물러설 줄 모르고 도리에 따르려고 하지 않는다. 성인은 비록 재앙과 환난의 형상을 보지는 못하지만 마음을 비우고 도리에 복종하기 때문에 이것을 '조복蚤服'이라고 한다.[4]

223
—
하편下篇 덕경德經

---

3) "苟極盡, 則費神多, 費神多, 則盲聾悖狂之禍至, 是以嗇之. 嗇之者, 愛其精神, 嗇其智識也." (《한비자》〈해로〉〔김원중 역, 290쪽〕)

4) "衆人之用神也躁, 躁則多費, 多費之謂侈. 聖人之用神也靜, 靜則少費, 少費之謂嗇. 嗇之謂術也, 生於道理. 夫能嗇也, 是從於道而服於理者也. 衆人離於患, 陷於禍, 猶未知退, 而不服從道理. 聖人雖未見禍患之形, 虛無服從於道理, 以稱蚤服."(《한비자》〈해로〉〔김원중 역, 291쪽〕)

그리고 "중적덕重積德"에 대한 한비자의 각주는 이렇다.

　사람을 다스리는 방법을 아는 자는 생각이 고요하고, 하늘을 섬길
줄 아는 사람은 이목구비가 잘 통한다. 생각이 고요하면 원래의 고유
한 덕을 잃지 않을 것이고, 이목구비가 막힘이 없으면 조화로운 기운
이 나날이 들어올 것이다. 그래서 말하였다.
　"부단히 덕을 쌓아야 한다."[5]

그리고 "무불극無不克"에 대한 한비자의 주석 역시 참조할 만하다.

　덕을 쌓은 뒤에 정신이 고요해지고, 정신이 고요해진 이후에 조화
로운 기운이 많아지며, 조화로운 기운이 많아진 후에 생각이 꼭 들어
맞게 되고, 생각이 꼭 들어맞은 이후에 만물을 제어할 수 있으며, 만물
을 제어할 수 있으면 싸움에서 적을 쉽게 이길 수 있고, 싸움에서 적을
쉽게 이길 수 있으면 언변으로 세상을 제압할 수 있다. 언변으로 세상
을 제압할 수 있기 때문에 '이기지 못할 것이 없다'라고 하였다.[6]

　특히 마지막 문장의 "심근고저深根固柢"에서 "저柢"의 의미에 대해
한비자는 이렇게 명쾌한 해석을 내놓았다.

224
—

---

5)　"知治人者, 其思慮靜, 知事天者, 其孔竅虛. 思慮靜, 故德不去, 孔竅虛, 則和氣日入. 故曰重
　　積德."《한비자》〈해로〉〔김원중 역, 291쪽〕)

6)　"積德而後神靜, 神靜而後和多, 和多而後計得, 計得而後能御萬物, 能御萬物則戰易勝敵, 戰
　　易勝敵而論必蓋世, 論必蓋世, 故曰無不克."《한비자》〈해로〉〔김원중 역, 291~292쪽〕)

나무에는 만근曼根(사방으로 퍼져나간 뿌리)과 직근直根(곧장 내린 뿌리)이 있다. 직근은《노자》에서는 '저柢'라고 하였다. 직근은 나무의 생명을 세우는 기초이고, 만근은 나무의 생명을 유지하는 기초이다.[7]

"장생구시長生久視"란 사는 것이 길며 재위한 시기가 아주 길다는 말이다. 원문의 "시視"는 '활活(살아가다)' 혹은 '생활生活(생활하다)'이 라는 의미다.[8]

노자에 따르면, 세상의 어려움은 많은 일이 이루어지지 않아 생 기는 게 아니라 너무 많은 일을 하기 때문에 생긴다. 성인이 나라를 다스릴 때는 규범이나 법률로 강제하지 말고 가능하면 간섭하지 말라는 것이다.

7) "樹木有曼根, 有直根. 根者, 書之所謂"柢"也. 柢也者, 木之所以建生也, 曼根者, 木之所以 持生也."(《한비자》〈해로〉〔김원중 역, 293쪽〕)

8) 런지위, 앞의 책, 188쪽.

60장 큰 나라를 다스리는 것은

큰 나라를 다스리는 것은 작은 생선을 찌듯이 한다.

도로써 천하에 군림하면, 그 귀신도 신령스럽지 못하니,

귀신이 신령스럽지 못한 것이 아니라 신이 사람을 해치지 못하는 것이요,

신이 사람을 해치지 못하는 것이 아니라, 성인도 사람을 해치지 못하는 것이다.[1]

[이] 둘(사람과 귀신)이 서로 해치지 않으므로 덕이 서로에게 돌아간다.

治大國, 若烹小鮮.

以道莅[2]天下, 其鬼不神,

非[3]其鬼不神, 其神不傷人,

非其神不傷人, 聖人亦不傷人.

夫兩不相傷, 故德交歸焉.

---

1) 원문의 "성인역불상인聖人亦不傷人"을 번역한 것이다. 한비자는 이 구절에 대해 "무릇 안으로 부스럼이나 종기, 부종 같은 질병이 없고, 밖으로 형벌로 인한 화가 없다면 귀신을 매우 가볍게 여길 것이다(夫內無痤疽癉痔之害, 而外無刑罰法誅之禍者, 其輕恬鬼也甚)"(《한비자》〈해로〉〔김원중 역, 295쪽〕)라는 주석을 달았다.

2) "군림하면"이라고 번역한 "리莅"의 원래 뜻은 '다다르다'이다. '리涖'와 같은 글자다.

3) 이 "비非" 자에 대해 고형은 "비匪"와 같으며 "불유不唯"의 합음合音이라고 주장하는데 일리가 없는 것은 아니다. 이 경우 번역문도 단순한 부정의 의미를 넘어 '~뿐만 아니라'는 식으로 좀 더 구체화된다.

【해설】

이 장에서 노자는 나라 다스리기를 작은 생선을 찌는 것에 비유하고 있다. "팽烹"은 삶을 '자煮'와 같은 뜻이다. "선鮮"은 고기 '어魚'와 같은 뜻이다. "약팽소선若烹小鮮"은 '여팽소선如烹小鮮'이라고도 한다. 작은 생선은 살이 부드러우므로 이리저리 뒤집으면 부서져버리니, 함부로 내장이나 비늘을 제거하지 않도록, 마음을 세심히 다스리고 모든 일에 조심하고 삼가며 처신한다는 소심익익小心翼翼의 마음으로 불의 세기를 조절하면서 주의 깊게 살펴보며 익히라는 것이다. 한 걸음 더 나아가 전전긍긍戰戰兢兢[4]이란 말처럼 대단히 조심하며 두려워 떨듯이 조심스럽게 다스리라는 의미도 있다. 이 말은 《한비자》〈해로〉 편에서 재해석되어 나라를 다스릴 때 자주 '법령을 바꾸면(變法)' 백성들만 힘들 뿐이라는 논의로 이어진다.

무릇 법령이 바뀌면 이로움과 해로움이 바뀌게 되고, 이로움과 해로움이 바뀌면 백성들이 힘써야 할 일도 바뀐다. 힘써야 할 일을 바꾸는 것을 업종을 바꾼다고 한다. 그러므로 이런 이치에 의거해 보면, 사람을 쓰면서 자주 일을 바꾸면 성공할 가능성이 적어진다. 큰 물건을 보관했다가 자주 자리를 옮기면 손상되는 부분이 많아질 것이고, 작은 생선을 찔 때 자주 뒤집으면 그 윤기를 잃게 될 것이며, 큰 나라를 다스리면서 자주 법을 바꾸면 백성들이 고통스러워할 것이다. 이

---

4) 이 말은 《시경》〈소아小雅·소민小旻〉에 나온다. "감히 맨손으로 호랑이 못 잡고 감히 걸어서 황하 못 건넘을. 사람들은 그 한 가지는 알지만 이외에 다른 것은 알지 못하네. 두려워하며 조심하기를 깊은 못에 임하듯 하고, 엷은 얼음판 밟고 가듯 해야 한다네(不敢暴虎, 不敢馮河, 人知其一, 莫知其他. 戰戰兢兢, 如臨深淵, 如履薄氷)."

때문에 도를 터득한 군주는 고요함을 귀중하게 여기고 법을 자주 바
꾸지 않는다. 그래서 말하였다.

"큰 나라를 다스리는 것은 마치 작은 생선을 찌듯이 하여야 한다."[5]

치도治道를 아는 군주는 허정虛靜, 즉 텅 빈 고요함을 귀하게 여긴
다. 법을 바꾸어나감으로써 백성들을 혼란에 빠뜨리지 않으며, 능
수능란하여 다른 사람이 눈치채지 못하게 귀신같이 일을 처리한다
는 것이다. 맨 마지막 문장에 대해 한비자는 이런 주석을 달았다.

귀신이 사람에게 재앙을 끼치지 못하면 혼백은 떠나지 않을 것이
고, 혼백이 떠나지 않으면 정신은 혼란스러워지지 않으며, 정신이 혼
란스러워지지 않으면 이것을 덕이 있다고 한다. 군주가 축적한 것이
풍성해 귀신이 그 정신을 혼란스럽게 하지 못하면 덕은 백성들에게
다할 것이다.[6]

결국 나라를 다스릴 때는 백성의 마음을 살피는 것이 중요하기
에 군주는 기본 제도를 갖추고 각자 이익을 추구하여 누리게 하면
되지, 불필요한 규제를 만들어 백성을 괴롭히는 무소불위無所不爲의
권력자가 되어서는 안 된다는 것이다.

---

5) "凡法令更則利害易, 利害易則民務變, 民務變謂之變業. 故以理觀之, 事大衆而數搖之, 則少
成功, 藏大器而數徙之, 則多敗傷, 烹小鮮而數撓之, 則賊其宰, 治大國而數變法, 則民苦之.
是以有道之君貴虛靜, 而重變法. 故曰, 治大國者若烹小鮮."(《한비자》〈해로〉〔김원중 역,
294~295쪽〕) 참고로 한비자는 "자者" 자를 하나 더 넣었다.
6) "鬼不祟人則魂魄不去, 魂魄不去則精神不亂, 精神不亂之謂有德. 上盛蓄積而鬼不亂其精神,
則德盡在於民矣."(《한비자》〈해로〉〔김원중 역, 296쪽〕)

61장 큰 나라는 낮은 곳으로 흐르니

큰 나라는 낮은 곳으로 흐르니, 천하가 만나는 곳이요, 천하가 [귀의하는] 암컷이 된다.

암컷은 항상 고요함으로 수컷을 이기는데, 고요함으로 낮추기 때문이다.

그러므로 큰 나라가 작은 나라에게 낮추면, 작은 나라[의 신뢰]를 얻고,

작은 나라가 큰 나라에 낮추면 큰 나라[의 신뢰]를 얻는다.

그러므로 어떤 나라(큰 나라)가 낮춰서 [작은 나라의 신뢰를] 얻기도 하고 어떤 나라(작은 나라)가 낮춰서 [큰 나라의 신뢰를] 얻기도 하니,

큰 나라는 단지 [작은 나라] 사람들을 길러주고자 하는 것이요, 작은 나라는 단지 [큰 나라로] 들어가 [그] 사람들을 섬기려 하는 것이다.

양쪽(귀신과 성인)이 저마다 그 바라는 바를 얻으려면 가장 중요한 것은 마땅히 낮추어야 한다는 것이다.

大國者下流, 天下之交, 天下之牝.

牝常以靜勝牡, 以靜爲下.

故大國以下小國, 則取小國,

小國以下大國, 則取大國.

故或下以取, 或下而取,[1)]

大國不過欲兼畜人, 小國不過欲入事人.

夫兩者各得其所欲, 大者宜爲下.[2)]

229
—
하편下篇 덕경德經

【해설】

패권 경쟁이 난무하고 저마다 윗자리를 차지하려는 현실에서 거리를 두고, 노자는 "하下"자를 핵심어로 내세우면서 반드시 자신을 낮추는 데서 시작하라고 말한다. 첫 문장에서 말하는 바는 왕필의 주석처럼 "강과 바다는 큰 곳에 있으면서도 낮은 곳에 처하니 모든 시내가 그곳으로 흘러가는[江海居大而處下則百川流之]"이치다.

이 장의 문맥을 자세히 살펴보면, 미묘하게 남녀의 관계에 비유하여 대국과 소국의 관계를 설명하고 있는 점이 눈에 띈다. 여성은 고요함으로 남성을 통제하지만 남성에 비해 결코 약하지 않다. "이정위하以靜爲下"는 암컷이 수컷을 이기는 원리가 바로 "정靜"에 있음을 알려주는 핵심 구절이다. '고요[靜]'하지 못하면 '낮춤[下]' 수도 없다.

노자의 비유는 바로 대국이 작은 나라를 얻으려면 반드시 몸을 낮추어야 한다는 것이다. 여기서 "취取"를 잘 번역해야 그 묘미가 드러나는데, 필자는 문법적 의미를 배제하고 대국으로부터 많은 것을 얻는다는 것을 염두에 두고 의역했다. 이는 왕필의 주석처럼 "대국납지大國納之", 즉 대국에 소국이 받아들여진다는 말이다. 물론 서

---

1) 이 두 구절에서 앞의 "혹或"자는 대국을 가리키고 뒤의 "혹或"자는 소국을 가리킨다. 이렇게 보아야 앞뒤의 문맥에 맞는다.

2) 맨 마지막 문장의 "부양자각득기소욕夫兩者各得其所欲, 대자의위하大者宜爲下"의 구두점에 대한 검토가 필요하다. 혹자는 "夫兩者各得其所欲大者, 宜爲下"라고 구두점을 찍어 번역하기도 하는데 그렇게 되면 "양쪽이 저마다 그 바라는 바를 크게 얻으려면 마땅히 낮추어야 한다는 것이다"가 된다.(김학주 설) 런지위와 최진석 등은 필자처럼 구두점을 찍었다. 그리고 원문의 "대자大者"에 대해서도 이설이 있는데, "가장 중요한 것"(최진석 설)이라는 번역과 "큰 나라(大國)"(런지위 설)라는 해석이 있다. 필자가 보기에 런지위의 견해도 일리가 있지만, 여기서는 "가장 중요하다"라고 옮겨야 문맥에 더 어울린다.

로가 있어야 할 곳에 있어야겠지만, 선후를 따지자면 대국이 먼저 낮춘 후에야 비로소 소국이 신하의 예로 복종하게 되어 있다는 것이다. 서로 공존을 위해 취하는 행동이다.

이어지는 62장과 긴밀히 연관된 이 장에서 노자는 '도'의 성질처럼 대국도 낮게 처신해야 많은 것을 얻을 수 있다고 강조했다. 가진 자는 가진 자대로 못 가진 자는 못 가진 자대로 나름의 존재 이유가 있다. 그것이 바로 겸허한 자세다.

62장 도란 만물의 깊숙한 곳에 있으니

도란 만물의 깊숙한 곳¹⁾에 있으니, 선한 사람의 보배요, 선하지 않은 자도 보존하는 것이다.

번지르르한 말로는 다른 사람의 존경을 얻을 수 없지만, 번지르르한 행실이 사람에게 영향을 끼칠 수도 있다. 사람이 선하지 않다고 해서 어찌 그 사람을 버리겠는가!

그러므로 천자를 세우고 삼공三公을 두었는데, 비록 큰 옥을 받쳐 들고 네 필의 말이 끄는 마차를 앞세운다고 하더라도, 앉아서 이런 도에 나아가는 것만 못하다.

옛날에 이 도를 귀하게 여겼던 까닭은 무엇인가? 구하여 얻으면 죄도 [그것을] 통해서 면해지게 될 것이라고 말하지 않았던가?

그러므로 [도는] 천하에서 귀한 것이 된다.

道者萬物之奧. 善人之寶, 不善人之所保.

美言可以市尊, 美行可以加人.²⁾ 人之不善, 何棄之有.

---

1) 원문의 "오奧"에 대한 번역인데 왕필본을 따른 것이다. 백서 갑을본에는 "주注" 자로 되어 있고 고명高明을 비롯한 근대의 주석가들은 "주主" 자로 교열했는데, 만물 발생의 근거인 종주宗主라는 의미다. 필자는 왕필본을 따랐다.

2) 이 두 구절이 왕필본과 대부분의 판본에는 "미언가이시美言可以市, 존행가이가인尊行可以加人"이라고 되어 있다. 하지만 《회남자》의 〈도덕훈道德訓〉〈인간훈人間訓〉에는 모두 본문처럼 되어 있어 이에 근거하여 바로잡아 교열하고 번역하였다. 참고로 "존행尊行"이란 자리가 만들어낸 권위적인 행실을 가리키는 말로 결코 좋은 의미로 쓰이지 않으며 문맥에도 딱히 부합하지 않는다.

故立天子, 置三公³⁾, 雖有拱⁴⁾璧以先駟馬, 不如坐進此道.

古之所以貴此道者何, 不曰⁵⁾求以⁶⁾得, 有罪以免邪.

故爲天下貴.

【해설】

앞 장에 이어 세상을 포용하는 '도'를 다루고 있다. "오奧"가 이런 생각을 대변하는데, 하상공의 주석처럼 "오란, 감춘다는 뜻이다. 도는 만물을 위해 감추므로 포용하지 않는 바가 없다〔奧, 藏也. 道爲萬物之藏, 無所不容也〕."

말하자면 실천하는 도의 모습이라고 할까. '도'는 만물의 주인이고 '선인善人'의 보배인 것이다. 선한 사람과 선하지 않은 사람을 대하는 성인의 태도는 한결같다. 이 둘을 구분하거나 우열을 나누려고 하지도 않는다. 이 문장은 49장의 "선한 사람은 나도 그를 선하다고 여기고, 선하지 않은 사람 또한 선하게 여기기에〔善者吾善之, 不善者吾亦善之〕"와 통한다. 노자가 말하는 성인은 도를 체득하여 언제나 모든 것을 포용한다.

"미언美言"은 결코 좋은 의미의 '아름다운 말'이 아니고, 공자가 말한 "교언巧言(교묘하게 꾸민 말)"이다. 상대가 듣기 좋은 말로, 81장의

---

3) "삼공三公"이란 고대 조정의 가장 높은 고위직 세 명으로 '사도司徒' '사마司馬' '사공司空'이다.

4) "공拱"은 양손으로 받쳐 든다는 의미다.

5) "불왈不曰"을 "불위不謂"라고 적은 판본도 있다.

6) "구이求以"는 왕필본에는 "이구以求"라고 되어 있고 하상공본도 그렇다. 그러나 대부분의 판본에는 필자가 교열한 대로 쓰여 있고, 다음 구절, 즉 "유죄이면有罪以免"과 상대적인 문장으로 보면 이렇게 바로잡아야 문맥도 자연스럽다.

"아름다운 말은 믿음직스럽지 않다(美言不信)"라는 문장에 나오는 아름다운 말과 같다. 남의 비위나 맞추려는 가식적인 말로는 복을 얻기보다 화를 얻기 십상이고 믿음을 주지 못한다. 노자와 공자의 다른 점을 들자면, 공자는 겉과 속을 모두 중시하는 문질빈빈文質彬彬이라는 입장을 취했는데 노자는 속만을 강조했다는 점이다. "인지불선人之不善, 하기지유何棄之有"는 27장의 "이 때문에 성인은 언제나 사람을 잘 구제하기 때문에 버려지는 사람이 없게 된다. 언제나 사물을 잘 구제하므로 버려지는 물건이 없게 된다(故無棄人, 常善救物, 故無棄物)"와 함께 읽어보면 그 의미가 분명해진다.

63장 무위를 행하고

 무위를 행하고, 일거리를 없애는 것을 일로 삼고, 맛을 없애는 것을 참맛으로 삼는다. 작은 것을 크게 여기고, 적은 것을 많게 여기며, 원한을 덕으로 갚는다.

 어려운 일을 도모하는 자는 쉬운 데에서 [착수]하고, 큰일을 하는 자는 그 작은 일에서 [시작]한다.

 천하의 어려운 일은 반드시 쉬운 데에서 일어나고, 천하의 큰일은 반드시 세세한 일에서 일어난다.

 이 때문에 성인은 끝내 위대하다고 여기지 않으므로 그 위대함을 이룰 수 있는 것이다.

 무릇 가볍게 [다른 사람의 요구를] 승낙하게 되면 반드시 믿음이 부족하고, 대부분 쉬운 일에는 반드시 많은 어려움이 닥친다. 이 때문에 성인은 오히려 그것(모든 일)을 어렵게 여기므로 끝내 어려움이 없게 되는 것이다.

> 爲無爲, 事無事, 味無味. 大小多少, 報怨以德.
>
> 圖難於其易, 爲大於其細.
>
> 天下難事, 必作於易, 天下大事, 必作於細.
>
> 是以聖人終不爲大, 故能成其大.
>
> 夫輕諾必寡信, 多易必多難, 是以聖人猶難之, 故終無難矣.

【해설】

여기서는 무위의 정치를 통해 다스림의 극치에 이르러야 한다고 주장한다. 핵심어는 "무미無味"이다. 78장의 "정언약반正言若反"과 같은 맥락에서 이해되며 보통 사람들이 좋지 않다고 생각하는 쪽에 서 있으라고 한다. 예를 들어 크고 작음, 어려움과 쉬움 중에 작음과 어려움을 취한다. 쉬움은 어려운 데서 시작되고 큰 것은 작은 데서 비롯된다고 말하니 상식과는 반대되는 말이다. 따라서 노자가 말한 "보원이덕報怨以德" 역시 보통 사람이 덕으로 덕을 갚고 원망으로 원망을 갚는 경우와는 다르다. "보원이덕"의 경우 공자와 시각이 다르므로 검토할 필요가 있다. 《논어》〈헌문〉 편에 보면 이런 말이 있다.

어떤 사람이 말했다. "은덕으로 원한을 갚으면 어떻습니까?" 공자께서 말씀하셨다. "무엇으로 은덕에 갚겠는가? 곧은 마음으로 원망을 갚고 은덕으로 은덕을 갚는다."[1]

공자는 은덕에는 은덕으로, 원한에는 곧은 마음으로 갚아야 한다고 말했다. 원한을 원한으로 갚을 필요는 없지만, 그에 상응하는 처벌이나 조치가 필요하다는 이야기이다. 공자는 원한을 은덕으로 갚으면 은덕을 준 자에게는 줄 것이 없다고 보았다.

다음 문장을 풀이하면 이렇다. 형상을 갖춘 물체 가운데 큰 것은 반드시 작은 것에서 발전해나왔다. 병아리에서 닭이 생겨나고, 새털구름이 모여 뭉게구름이 되는 것처럼 말이다. 또한 오랜 시간에

---

1) "或曰, 以德報怨, 何如. 子曰, 何以報德. 以直報怨, 以德報德." 참고로 《논어》의 이 문장에서 "덕德"을 '은덕'이라고 번역했지만, 노자의 "덕德" 자는 그냥 '덕'으로 옮기는 것이 낫다.

걸쳐 많아진 사물은 처음에는 한두 개에 불과한 소수에서 비롯되었다. 한푼 두푼 모아 큰돈을 만들 듯이 말이다. 이것이 바로 "필작어세必作於細"의 개념이다. 한비자는 이것을 '위기에 대처하는 지혜'로 심화하여 해설한다.

천 장이나 되는 제방도 땅강아지와 개미 구멍 때문에 무너지고, 백척이나 되는 집도 굴뚝 틈새의 불씨로 인해 잿더미가 된다. 그래서 백규白圭는 제방을 순시하다가 작은 구멍을 막았으며, 나이 든 사람들은 불씨를 막기 위해 굴뚝 틈새를 막았다. 이 때문에 백규는 수해를 당하지 않았고, 나이 든 사람들은 화재를 당하지 않았다. 이것은 모두 쉬운 일을 조심하여 재난을 피한 것이며, 작은 것을 삼가서 큰 재앙을 멀리한 것이다.[2]

이와 비슷한 사례는 또 있다.

편작扁鵲[3]이 채蔡나라 환후桓侯를 만났다. 편작이 잠시 서서 환후를 살펴보고 말했다.

---

2) "千丈之隄, 以螻蟻之穴潰, 百尺之室, 以突隙之烟焚. 故曰, 白圭之行隄也, 塞其穴, 丈人之愼火也塗其隙, 是以白圭無水難, 丈人無火患. 此皆愼易以避難, 敬細以遠大者也."(《한비자》〈유로〉[김원중 역, 323~324쪽])

3) 고대의 명의로 성은 진秦이고 이름은 월인越人이다. 편작이란 원래 고대 황제黃帝 시대의 신비스런 명의를 가리키는 말이었다. 그의 생애에 대해서는 설이 분분하다. 춘추시대 말기에서 전국시대 초기에 활동했다는 설이 일반적이다. 진晉나라 왕 간자를 구한 것으로 유명하다. 그는 평생을 의학 연구에 몰두해 진단법을 체계적으로 분류했고, 침이나 뜸 등 중국 의학의 기본적인 치료법을 완성했다. 그러나 동시대 의원들의 시기를 받아 진秦나라에서 의술을 펴던 중 자객에게 피살됐다.

"왕께서는 피부에 질병이 있습니다. 치료를 하지 않으면 장차 심해질까 두렵습니다."

환후가 말하였다.

"나는 병이 없소."

편작은 물러나왔다.

환후가 말했다.

"의사는 이득을 좋아해 질병이 없는데도 치료해 자신의 공이라고 자랑하려고 한다."

열흘이 지나서 편작은 다시 환후를 만나 말하였다.

"왕의 질병은 살 속에 있으니 치료하지 않으면 장차 더욱 심해질 것입니다."

환후는 응하지 않았다. 편작은 나갔고, 환후는 또 불쾌해했다.

열흘이 지난 뒤 편작은 또 만나러 와서 말했다.

"왕의 질병은 장과 위에 있습니다. 치료하지 않으면 장차 더욱 심해질 것입니다."

환후는 또 응하지 않았다. 편작은 나왔고, 환후는 또 불쾌해하였다. 열흘이 지나 편작은 환후를 멀리서 바라보다가 발길을 돌려 달아났다. 그래서 환후는 사람을 시켜 그 까닭을 물었다.

편작이 말했다.

"질병이 피부에 있을 때는 찜질로 치료하면 되고, 살 속에 있을 때는 침을 꽂으면 되며, 장과 위에 있을 때는 약을 달여 복용하면 됩니다. 그러나 병이 골수에 있을 때는 운명을 관장하는 신이 관여한 것이라서 어찌할 방법이 없습니다. 지금 군주의 질병은 골수까지 파고들었으므로 신이 아무것도 권유하지 않았던 것입니다."

그로부터 닷새 뒤 환후가 몸에 통증이 있어 사람을 시켜 편작을 찾왔지만, 편작은 이미 진秦나라로 달아난 뒤였다. 환후는 결국 죽었다.

그러므로 훌륭한 의사가 질병을 치료할 때는 피부에 있을 때 고치려고 하는데, 이것은 모두 작은 것에서 해치우려고 한 것이다. 무릇 일의 화와 복 역시 질병이 피부에 있을 때 치료하는 이치와 같다. 그러므로 성인은 일찍 일을 보고 처리하였다.[4]

---

4) 扁鵲見蔡桓公, 立有間. 扁鵲曰: "君有疾在腠理, 不治將恐深." 桓侯曰: "寡人無疾." 扁鵲出. 桓侯曰: "醫之好治不病以爲功." 居十日, 扁鵲復見曰: "君之病在肌膚, 不治將益深." 桓侯不應. 扁鵲出. 桓侯又不悅. 居十日, 扁鵲復見曰: "君之病在腸胃, 不治將益深." 桓侯又不應. 扁鵲出. 桓侯又不悅. 居十日, 扁鵲望桓侯而還走, 桓侯故使人問之. 扁鵲曰: "疾在腠理, 湯熨之所及也; 在肌膚, 鍼石之所及也; 在腸胃, 火齊之所及也; 在骨髓, 司命之所屬, 無奈何也. 今在骨髓, 臣是以無請也." 居五日, 桓侯體痛, 使人索扁鵲, 已逃秦矣. 桓侯遂死. 故良醫之治病也, 攻之於腠理. 此皆爭之於小者也. 夫事之禍福亦有腠理之地, 故曰聖人蚤從事焉.(《한비자》〈유로〉[김원중 역, 324~325쪽])

64장 안정되면 유지하기 쉽고

안정되면 유지하기 쉽고, 조짐이 생기지 않아야 도모하기 쉬우며, 물렀을 때 녹기 쉽고, 미미한 것은 흐트러지기 쉽다.

생기지 않았을 때 작위하고, 어지러워지지 않았을 때 다스려야 한다. 한 아름으로 껴안을 수 있는 나무라 하더라도 가을 터럭 끝[같은 싹]에서 자라나고, 9층이나 되는 누대도 한 삼태기의 흙에서 시작되며, 천 리 가는 길도 발아래에서 시작한다.

작위하는 이는 실패하고 집착하는 이는 잃으니, 이 때문에 성인은 하는 일이 없으므로 실패하지 않고 집착하는 일이 없으므로 잃어버리지 않는다.

백성들이 일하는 것을 보면 항상 거의 다 이루려 하다가 실패한다. 마치기까지 신중하기를 시작할 때처럼 하면 실패할 일이 없다.

이 때문에 성인은 욕심내지 않는 것을 욕심내며, 얻기 어려운 재물을 귀하게 여기지 않고, 배우지 않으려는 태도를 배우며, 뭇 사람들이 지나치는 바(허물)를 회복시켜[1]준다. 만물이 스스로 그러하도록 도와주지만 함부로 작위하지 않는다.

其安易持, 其未兆易謀, 其脆易泮, 其微易散.

爲之於未有, 治之於未亂, 合抱之木, 生於毫末, 九層之臺, 起於累土, 千里之行, 始於足下.

---

1) 원문의 "복復"은 '반返'과 같은 의미이니, '돌아오게 하다', 즉 '회복시키다'는 뜻이다.

爲者敗之, 執者失之, 是以聖人無爲故無敗, 無執故無失.

民之從事, 常於幾成而敗之. 愼終如始, 則無敗事.

是以聖人欲不欲[2], 不貴難得之貨, 學不學, 復衆人之所過, 以輔萬物之自然, 而不敢爲.

【해설】

큰일은 작은 일에서 발전해나가니, 작은 싹이 피어나 큰 나무로 성장하며 높은 누각 역시 평지에서 쌓아 올라간다. 어떤 사건이 아직 시작되지 않았을 때는 어지러움의 씨앗도 발생하지 않아 쉽게 대처할 수 있다. 일이 시작되면 성가시고 다루기 어렵다. 그래서 총명한 사람은 우환을 미연에 방지한다. 공휴일궤功虧一簣, 즉 공이 삼태기 하나 분량의 흙 때문에 이지러진다는 말이 있다. 사소한 방심으로 거의 완성된 일이 무산된다는 말이다.《서경》〈여오旅獒〉 편에 이런 이야기가 있다.

주나라 무왕武王이 상나라를 멸망시킨 지 얼마 되지 않았을 때 일이다. 당시 변방의 여러 만족蠻族은 주나라의 세력이 강해지자 앞다투어 공물을 헌상하며 친교를 맺으려고 했다. 그 가운데 여旅라는 나라에서는 오獒라는 개를 바쳤는데, 키가 네 자나 되며 사람의 말귀를 알아듣는 명견이었다. 무왕은 이 선물을 받고 매우 기뻐했다. 이때 무왕의 동생 소공召公 석奭이 무왕의 이러한 마음을 경계하여 다음과 같이 노래했다.

아, 밤낮으로 덕에 뜻을 두지 않을 수 있으리.

작은 일이라도 신중히 하지 않으면

큰 덕을 이루지 못하리.

아홉 길의 산을 만들면서[爲山九仞]

공이 한 삼태기 흙으로 이지러진다네[功虧一簣]

아홉 길이나 되는 산을 만들 때 삼태기 하나에 들어갈 양만큼의 흙이라도 부족하면 완성할 수 없듯이, 무왕의 천하통일 역시 조금이라도 빈틈이 있으면 이룰 수 없음을 경고한 것이다. 다시 원문으로 돌아가보자. 원문의 "미조이모未兆易謀"를 한비자는 다음과 같은 비유를 들어 설명했다.

예전에 진晉나라 공자 중이重耳가 나라를 떠나 망명할 때 정鄭나라를 지나게 되었다. 이때 정나라 왕은 중이에게 예의를 갖추어 대접하지 않았다.

숙첨叔瞻이 군주에게 간언하였다.

"이 사람은 현명한 공자입니다. 왕께서는 그를 후하게 예우해 덕을 쌓아둘 만합니다."

정나라 왕은 그의 말을 듣지 않았다.

숙첨이 또 간언하였다.

"그를 후하게 예우하지 않으시려거든 죽여서 후환이 없도록 하는 것이 좋습니다."

정나라 왕은 또 듣지 않았다.

공자는 진나라로 돌아가게 되었고, 이후에 병사를 일으켜 정나라를 크게 격파해서 여덟 성을 차지하였다.

진晉나라 헌공獻公은 수극垂棘의 옥을 미끼로 우虞나라에 길을 빌려 괵虢나라를 공격하려고 하였다.

이때 우나라의 대부 궁지기宮之奇가 간언하였다.

"그렇게 해서는 안 됩니다. 입술이 없으면 이가 시리게 됩니다. 우나라와 괵나라가 서로 구원한 것은 서로 덕이 있어서가 아닙니다. 지금 진나라가 괵나라를 멸망시키면 내일은 반드시 우나라가 괵나라를 따라서 망하게 될 것입니다."

그러나 우나라 왕은 그의 말을 듣지 않고 옥을 받고 길을 빌려주었다. 진나라는 괵나라를 취하고, 돌아오는 길에 우나라를 멸망시켰다.

이 두 신하는 모두 재앙이 피부에 있을 때 서둘러 치료하려고 하였으나, 두 군주는 이를 따르지 않았다. 그러므로 숙첨과 궁지기 또한 우나라와 정나라의 편작이라고 할 수 있지만, 두 군주는 듣지 않았기 때문에 정나라는 파괴되고 우나라는 망한 것이다.[3]

"불귀난득지화不貴難得之貨", 즉 "얻기 어려운 재물을 귀하게 여기지 않고"를 읽을 때도 한비자의 주석이 참고할 만하다.

송宋나라의 한 농부가 가공하지 않은 옥돌을 얻게 되자 자한子罕에게 바치려고 하였다. 자한이 받으려고 하지 않자, 농부가 말하였다.

---

3) "昔晉公子重耳出亡, 過鄭, 鄭君不禮. 叔瞻諫曰, 此賢公子也, 君厚待之, 可以積德. 鄭君不聽. 叔瞻又諫曰, 不厚待之, 不若殺之, 無令有後患. 鄭公又不聽. 及公子返晉邦, 擧兵伐鄭, 大破之, 取八城焉. 晉獻公以垂棘之璧, 假道於虞而伐虢, 大夫宮之奇諫曰, 不可. 脣亡而齒寒, 虞·虢相救, 非相德也. 今日晉滅虢, 明日虞必隨之亡. 虞君不聽, 受其璧而假之道. 晉已取虢, 還, 反滅虞. 此二臣者皆爭於腠理者也, 而二君不用也. 然則叔瞻·宮之奇, 亦虞·鄭之扁鵲也, 而二君不聽, 故鄭以破, 虞以亡."(《한비자》〈유로〉〔김원중 역, 326~327쪽〕)

"이것은 보옥으로서 마땅히 군자의 물건이 되어야지 소인이 쓰기
에는 마땅하지 않습니다."

자한이 말하였다.

"그대는 옥을 보물로 생각하지만, 나는 그대의 옥을 받지 않는 것을
보물로 생각하오."

이것이 바로 농부는 옥을 바라지만 자한은 바라지 않는다는 것이
다.[4]

이 장이 전반부와 후반부로 나뉜다고 보는 학자도 있는데, 중간
의 "위자패지爲者敗之"부터가 후반부에 해당한다고 보는 것이다. 한
비자 역시 전후반으로 나누어 주석을 달았다.

---

4) "宋之鄙人得璞玉而獻之子罕, 子罕不受. 鄙人曰, 此寶也, 宜爲君子器, 不宜爲細人用. 子罕
曰, 爾以玉爲寶, 我以不受子玉爲寶. 是鄙人欲玉, 而子罕不欲玉."(《한비자》〈유로〉〔김원중
역, 329쪽〕)

65장 옛날에 도를 잘 행했던 사람은

옛날에 도를 잘 행했던 사람은 백성들을 명민하게 하지 않고 그들을 어리석게 만들고자 했다.

백성들을 다스리기 어려운 것은 그들이 지혜가 많기 때문이다.[1]

따라서 지혜로 나라를 다스리는 것은 나라를 해치는 것[2]이요, 지혜로 나라를 다스리지 않는 것이 나라를 복되게 한다.

이 두 가지를 아는 것 또한 법식[3]이다.

언제나 법식을 아는 것을 현덕玄德(아득한 덕)이라고 한다.

현덕은 깊고도 멀구나. 만물과 되돌아오게 마련이니, 그런 다음에야 대단히 순조롭게 된다.

古之善爲道者, 非以明民, 將以愚之.

民之難治, 以其智多.

故以智治國, 國之賊,

不以智治國, 國之福.

知此兩者亦稽式.

---

1) 원문의 "이기지다以其智多"를 번역한 것인데, 왕필본과 하상공본에 따른 것이다. "이기지야以其智也"로 되어 있는 판본에 따라 이를 교열해야 한다고 주장하는 학자도 있다.(리링, 앞의 책, 202쪽) 하지만 문맥상 "다多"가 있어야 옳다고 보아 그대로 두었다.

2) 원문의 "적賊"을 번역한 것인데, 단순한 도적이 아니라 사람을 죽일 정도의 흉악한 범죄자를 가리킨다. 여기서는 "해치는 것"으로 옮겼으나 내포된 의미를 염두에 두어야 한다.

3) 원문의 "계식稽式"을 번역한 것으로 "계稽" 자는 "법法" 자와 뜻이 같으니 법칙 혹은 전범이라는 의미다.

常知稽式, 是謂玄德.

玄德深矣遠矣. 與物反矣, 然後乃至大順.

【해설】

'명明'이냐 '우愚'냐. 일반적으로 생각하는 바와는 달리 노자는 후
자 쪽을 택한다. 이것이야말로 노자의 우민 정책이라고 비판하기도
하는데, 필자는 그런 식으로 몰아가서는 안 된다고 생각한다.

여기서 질문이 필요하다. 과연 노자가 주장한 백성의 어리석음은
과연 백성만의 어리석음인가? 아니다. 통치자 역시 어리석음을 도
구로 삼아야 한다. 말하자면 어리석음을 가장하거나 심지어 그런
상태를 추구하여 어리석은 백성들과 같은 모습을 보이라는 역설의
의미가 담겨 있다. 바로 이런 점에서 잘 생각해봐야 할 단어가 현덕
玄德이다. 51장에서도 "〔만물을〕 낳고도 소유하지 않고, 하고도 의지
하지 않으며, 자라게 해주고도[4] 주재하지 않으니, 이를 현묘한 덕
이라고 한다(生而不有, 爲而不恃, 長而不宰, 是謂玄德)"라고 하였는데, 이는
'도'의 구체적이고 현실적인 모습을 의미하며 보통 사람들은 이해하
기 어려운 심오한 덕이다. 노자는 이미 20장 첫머리에서 "절학絕學"
이라고 하면서 "어리석게 하라(愚之)"라는 가르침의 실마리를 꺼내
며, "혼혼昏昏"과 "민민悶悶"을 거론한 바 있다. 학문을 끊어 백성을
가르치지 말고 통치하는 것은 결코 우민 정책이 아니다. 함께 덕을
행하는 심오한 이치가 담긴 가르침이다.

원문의 "여물반의與物反矣" 역시 상당히 중요한데 이는 "물극필반

---

4) 원문의 "장長"을 번역한 것인데 "수장이 되게 하다"라고 해석해도 무방하다.

物極必反"이라는 의미로 사물이 극에 이르면 반드시 참됨으로 돌아오게 된다[5]는 뜻이다. 25장에 나오는 "대大라는 것은 떠나감(逝)이요, 떠남은 멀어짐(遠)이며, 멀어짐은 되돌아오는 것(反)이라 한다(大曰逝, 逝曰遠, 遠曰反)"라는 문장의 맨 마지막 글자 "반反" 자와 같은 의미로 쓰인 것이다.

5) 그래서 이 구절에 대해 왕필은 "그 참됨으로 되돌아간다(反其眞也)"라는 주를 덧붙였다. "반기진反其眞"은 28장의 "다시 [질박한] 통나무로 되돌아가게 된다(復歸於樸)"와 같은 뜻이다.

66장 강과 바다가 모든 골짜기에서 왕 노릇 할 수 있는 까닭은

　　강과 바다가 모든 골짜기(시내)에서 왕 노릇 할 수 있는 까닭은 그 [스스로] 잘 낮추기 때문에 모든 골짜기의 왕 노릇을 할 수 있는 것이다.

　　그래서 성인이 백성보다 위에 오르고자 하면 반드시 [스스로를] 낮추는 말을 해야 하고, 백성보다 앞서고자 하면[1] 반드시 자신을 그들보다 뒤에 두어야 한다.

　　이 때문에 성인은 [백성] 위에 있어도 백성이 부담스럽게 여기지 않고, 앞에 있어도 백성은 방해된다고 여기지 않으니 이 때문에 천하가 즐겁게 추대하고 싫증내지 않는 것이다.

　　그(성인)는 다투지 않으므로 천하에서 아무도 그와 다툴 수 없다.

江海所以能爲百谷王者, 以其善下之, 故能爲百谷王.

是以聖人[2]欲上民, 必以言下之, 欲先民, 必以身後之.

是以聖人處上而民不重, 處前而民不害, 是以天下樂推而不厭.

以其不爭, 故天下莫能與之爭.

---

1)　이 말은 백성들을 영도한다는 뜻이다.

2)　원문의 "성인聖人"이란 단어가 왕필본에는 없고 하상공본 등 다른 판본들에는 있는 경우가 많아 교정한다.

【해설】

사람들은 자신을 낮추려 하지 않는다. 그러나 강물과 바다는 그렇지 않다. 모든 시냇물이 어딘가로 흘러 들어가는 이유는 아래를 지향하기 때문이다. 성인의 통치도 이러해야 한다. 통치에 있어 백성 위에서 군림하려고 하면 국정이 순조로울 수 없다. 법과 규율로 통제하기보다는 겸허하게 처신하고 스스로 모범을 보여야 백성이 불만 없이 따를 것이다. 첫 문장은 39장의 "귀함이란 천한 것을 뿌리로 삼고, 높음이란 낮은 것을 기초로 삼는다(貴以賤爲本, 高以下爲基)"와 함께 읽어보면 그 의미가 분명하게 드러난다.

한걸음 더 나아가 통치자가 백성을 위협하거나 부담을 주면 오히려 그들에게 버림받을 수 있다. 백성들은 한계에 다다르면 결국 투쟁에 나설 것이다. 이 또한 섬뜩한 경고의 메시지다. 통치자가 물처럼 아래로 향하고 겸손하게 임하는 것은 결국 자신을 위한 처세술이자 통치술이다.

67장 천하가 모두 나의 도가 커서

천하가 모두 나의 도가 커서[1] [기존의 학풍을] 닮지 않은 것 같다고 한다. 오직 크기 때문에 닮지 않은 것처럼 보이는 것이다. 닮았다면 아마도 오래전에 자질구레하게 되었을 것이다.

나에게는 세 가지 보물이 있으니 그것들을 지녀 간직하니, 첫째는 인자함이라는 것이고, 둘째는 검소함이라는 것이며, 셋째는 감히 천하보다 앞서려 하지 않는 것이다.

인자하므로 용감할 수 있고[2], 검소하므로 넓어질 수 있으며[3], 감히 천하보다 앞서려 하지 않으므로 그릇(천하)의 우두머리가 될 수 있다.

지금 인자함을 버리고 용감함을 취하며[4], 검소함을 버리고 넓은 것을 취하며, 뒤따라가는 것을 버리고 앞서는 것을 취한다면 죽을 것이다.

인자함으로 싸우면 승리하고, [인자함으로] 지키면 견고하니, 하늘

---

1) 이 문장의 문맥을 고려해서 '크기만 하고'라는 식으로 번역할 수도 있다.

2) 이 말은 용감함은 인자함에서 비롯된다는 의미이다. 즉 상관관계가 밀접하다는 것이다.

3) 이 구절에 대한 한비자의 주석을 보자. "지혜로운 선비가 자신의 재물을 절약해 사용하면 집안이 부유해지고, 성인이 자신의 정신을 아끼고 귀중히 하면 정신이 왕성해진다. 군주가 그 병사들을 자주 싸움터로 내몰지 않는다면 백성은 많아질 것이고, 백성이 많아지면 나라는 넓어질 것이다(智士儉用其財則家富, 聖人愛寶其神則精盛, 人君重戰其卒則民衆, 民衆則國廣)."《한비자》〈해로〉(김원중 역, 307쪽))

4) 원문의 "且且"를 번역한 것인데, 연이은 이 세 글자는 왕필의 주석대로 "취取" 자와 같은 의미다. 그래서 '취하다'로 번역해야 한다.

이 장차 그를 구원한다면 인자함으로 그를 호위할 것이다.

天下皆謂我道大, 似不肖, 夫唯大, 故似不肖, 若肖久矣, 其細也夫.

我有三寶, 持而保之, 一曰慈, 二曰儉⁵⁾, 三曰不敢爲天下先.

慈故能勇, 儉故能廣, 不敢爲天下先, 故能成器長.

今舍慈且勇, 舍儉且廣, 舍後且先, 死矣.

夫慈以戰則勝, 以守則固, 天將救之, 以慈衛之.

【해설】

이 장은 용병을 논하고 있으니 용병에는 세 가지 지침과 원칙이 있다. 첫째는 인자함, 둘째는 검소함, 셋째는 앞서려고 하지 않는 것이다. 만일 자애로움이 없이 용감함만을 생각하고 검소함이 없이 넓힘만 생각하고 뒤따름 없이 앞섬만을 생각하다가는 먼저 죽기 십상이다. 인자한 군대가 승리한다는 데서 노자의 비전非戰 사상을 알 수 있다. 마음을 얻어 진심으로 굴복하게 해야지 상대가 겉으로만 굴복하는 척해서는 결코 승리를 얻을 수 없다.

특히 주목해야 할 글자는 "자慈"이다. 기본 의미는 인자함이다. 런지위에 따르면⁶⁾, 노자가 말하는 "자慈"는 인간의 본성에 뿌리박혀 있어 사랑과 동정심을 불러일으킨다. 합리성이나 문화적 배경과 무관하게 무의식적으로 우러나오므로 주관과 객관, 자아와 타자의 구분이 없으며, 이 "자慈"를 통하여 주관과 객관은 즉각 융합한다. "인자함"은 49장의 다음 문장과 긴밀히 연관된다. "성인은 일정한 마

---

5) "검儉"은 59장 첫 문장의 "색嗇"과 뜻이 같다. '검소하다', '아끼다'라는 뜻이다.

6) 런지위, 앞의 책, 207쪽.

음을 갖지 않고, 백성의 마음을 [자신의] 마음으로 삼는다. [백성들 가운데] 선한 사람은 나도 그를 선하다고 여기고, 선하지 않은 사람 또한 선하게 여기기에, 선함을 얻게 된다(聖人無常心, 以百姓心爲心. 善者吾善之, 不善者吾亦善之, 德善)."

앞서 나가지 않을 때 얻을 수 있는 효과를 한비자는 이렇게 설명했다.

감히 천하의 앞이 되려고 하지 않으면 하는 일마다 되지 않는 일이 없고, 공을 세우는 일에 성공하지 못하는 경우가 없으므로 의견은 반드시 천하를 압도하게 되니 고관대작의 위치에 있지 않으려고 해도 있지 않을 수 있겠는가? 고관대작의 자리에 있다는 것은 큰일을 할 우두머리가 된다는 것을 말한다.[7]

원문의 "불초不肖"는 글자 그대로 '어리석다'라고 번역할 수도 있는데, 여기서는 그렇게 이해하면 안 된다. 여기서 "초肖"는 '닮다' '본받다'는 의미로 쓰였다. 런지위는 "초肖"가 "상像" 혹은 "상사相似"와 같은 뜻이라고 보았으며 "~와 비슷하다"라고 번역했다.

"성기成器"는 바로 "대기大器"이며, 천하를 지칭한다. 29장에서 나온 "신기神器"와 유사한 개념이다. 반면 왕필은 글자 그대로 기물 혹은 도구로 해석하기도 했다.

"이수즉고以守則固"에 대해서는 다음과 같은 한비자의 주석이 예

---

7) "不敢爲天下先, 則事無不事, 功無不功, 而議必蓋世, 欲無處大官, 其可得乎? 處大官之謂爲成事長."(《한비자》〈해로〉(김원중 역, 309쪽))

리하다.

자식에게 자애로운 자는 감히 먹고 입는 것을 끊지 않고, 몸을 아
끼는 자는 감히 법도를 떠나지 않으며, 네모진 것과 둥근 것을 아끼는
자는 감히 규구를 버리지 않는다. 그래서 전쟁터에 나가 병사와 벼슬
아치를 아끼면 적과 싸워 승리하고, 무기를 아끼면 성을 견고하게 지
킬 수 있다.[8]

물론 이 장에서도 노자는 통치자가 자기 생각을 개입시키려 할
경우 이를 적극 차단해야 한다는 점을 강조한다. 세상에 나서지 말
아야 앞설 수 있다는 역설의 논법이 여기서도 빛을 발한다. 자신을
배제하면 할수록 오히려 자신이 부각된다는 것이다.

하편下篇 덕경德經

---

8) "慈於子者不敢絶衣食, 慈於身者不敢離法度, 慈於方圓者不敢舍規矩. 故臨兵而慈於士吏則
   戰勝敵, 慈於器械則城堅固."(《한비자》〈해로〉(김원중 역, 309쪽))

68장 장수 노릇을 잘하는 자는 무용을 뽐내지 않고

장수 노릇을 잘하는 자는 무용을 뽐내지 않고, 싸움을 잘하는 자는 노여워하지 않으며, 적을 잘 이기는 자는 다투지 않고[1], 사람을 잘 부리는 자는 그보다 낮춘다.

이것을 다투지 않는 덕이라 하고, 이것을 사람을 부리는 능력이라고 하며, 이것을 하늘[의 도道]과 짝한다 하니 옛날의 [무덕武德의] 정점[2]이었다.

> 善爲士者不武, 善戰者不怒, 善勝敵者不與, 善用人者爲之下.
>
> 是謂不爭之德, 是謂用人之力, 是謂配天[3]古之極.

【해설】

비교적 쉽게 이해되는 이 장에서도 노자는 물러남을 원칙으로 삼고 다른 사람의 힘을 이용해야지 정면으로 충돌해서는 목적을 달성하지 못한다고 경고하고 있다. 즉 뛰어난 장수는 함부로 용맹을 과시하지 않으며, 싸움을 잘하는 자 역시 함부로 분을 토하지 않아야 냉철하게 대응할 수 있다는 논리다.

---

1) 원문의 "불여不與"는 "부쟁不爭"과 같고 왕필의 주석에 따른 것이다.("不與爭也") 물론 "여與"를 '~더불어'라는 의미로 보아 '더불어 [다투지] 않고'라는 식으로 번역할 수도 있다.

2) 원문의 "극極"을 번역한 것으로 "정점"이라는 뜻이다. 이 글자를 '표준' 혹은 '준칙'이라고 번역하는 경우도 드물지 않다. 문맥과 원의를 살려 번역했다.

3) "배천配天"의 "배配"는 '합치되다' '짝하다'는 의미다.

첫 구절의 "사士"는 왕필의 주석에 의거하여 사졸들의 우두머리인 장수를 가리킨다("士卒之帥也")고 보았다. 본래 '사士'는 묘당에 있는 겸손한 군자를 가리켰는데 전쟁터에서는 '무부武夫'를 의미하며, 맨 앞에서 적과 싸우는 병사라는 말도 설득력이 있다. 맨 마지막 문장의 "고故"가 잘못 들어간 글자라고 주장하는 학자가 있으니 유월이 대표적이다. 그는 앞의 두 구절 "시위부쟁지덕是謂不爭之德, 시위용인지력是謂用人之力"과 연관 지어 문법적 일관성을 위해 이 글자를 없애야 한다고 보았는데, 상당한 일리가 있다.

전쟁의 최고 금기는 바로 노여움이다. 옛날의 군주가 노여움을 못 이겨 군대를 일으켰다가 국가적 위기를 초래한 일이 반복된 바 있다. 노자가 말하는 무덕武德은 바로 "부쟁지덕不爭之德", 즉 다투지 않는 덕이다.

69장 용병술에 이런 말이 있다

용병술에 이런 말이 있다. "나는 감히 주체가 되기보다는 객체가 되어야 하고, 감히 한 치를 나아가기보다는 한 자를 물러서야 한다."

이것은 행진함에 대열이 없는 듯하고, 팔로 밀쳐도 팔이 없는 듯하며, 대적하려 하나 적이 없는 듯하고, [무기를] 잡고 있어도 무기가 없는 듯함을 말한다.

화는 적을 가벼이 여기는 것보다 더 큰 것이 없으며[1] 적을 가벼이 여기면 거의 나의 보물(삼보三寶)을 잃을 것이다.

그러므로 대적할 만한 군대가 서로 맞붙을 때는 자애로운 자가 승리한다.

用兵有言, 吾不敢爲主而爲客, 不敢進寸而退尺.

是謂行無行, 攘無臂, 扔無敵, 執無兵.

禍莫大於輕敵, 輕敵幾喪吾寶.

故抗兵相加, 哀[2]者勝矣.

---

1) 이 문장에서 "경적輕敵"을 '무적無敵'의 오기라고 주장하는 학자들도 있지만, 왕필의 견해에 따랐다.

2) "애哀"는 '자애로울 애愛'와 같으며 '애愛'는 삼보 중의 하나다. 옛날에 이 두 글자는 통용되는 경우가 많았다.

【해설】

첫 문장에 노자가 말하는 용병론의 핵심이 들어 있다. 노자는 전쟁을 논할 때도 도의 형식을 모방하여 스스로를 낮추고 드러내지 않으며 상황을 결코 앞세우지 않아야 한다고 가르친다. 전쟁을 일으키기 좋아하는 "위주爲主"가 아닌, 부득이해서 응전하는 "위객爲客"이 되어야 한다고 말한다. 하상공이 풀이한 것처럼, "응대하되 제창하지 않는다[和而不倡]". 이는 앞 장에서 살펴본 "불무不武"와 "불노不怒"이다.

이 장은 67, 68장과 한 묶음으로 봐야 하는데 67장에서 자애로움을 내세웠고 68장에서는 스스로 낮추어야 한다고 말했다. 노자는 객客의 입장을 중시했는데 이는 "[대도는] 만물을 입혀주고 길러주지만 주인 노릇을 하지 않고[衣養萬物而不爲主]"(34장)라고 말한 바와 같다. 번역문의 "대적할 만한 군대"라는 표현은 67장의 "인자함으로 싸우면 승리하고, [인자함으로] 지키면 견고하니, 하늘이 장차 그를 구원한다면 인자함으로 그를 호위할 것이다[夫慈以戰則勝, 以守則固, 天將救之, 以慈衛之]"와 함께 읽어야 의미가 잘 전달된다.

70장 나의 말은 매우 알기 쉽고

나의 말은 매우 알기 쉽고 매우 행하기 쉬운데도,

천하에서 누구도 알지 못하고 누구도 행하지 못한다.

말에는 종지宗旨가 있고, 일에는 중심 되는 것이 있으나 [저들은 무지하여] 알지 못하기 때문에 나를 알아주지 못하는 것이다.

나를 알아주는 이가 드물다는 것은 [곧] 내가 귀한 것이니,

이 때문에 성인은 베옷을 걸치고도 옥을 품고 있는 것이다.

吾言甚易知, 甚易行.

天下莫能知, 莫能行.

言有宗, 事有君, 夫唯無知, 是以不我知.

知我者希, 則我者貴,

是以聖人被褐懷玉.

【해설】

노자의 푸념이 인상적인 이 장에서는 자신의 사상을 이해하지 못하는 시대와 세인들에게 고뇌를 표출하고 있다. 이는 오로지 전쟁과 영토 확장을 통해 세력을 과시하는 데 골몰하는 군주들에 대한 심각한 경고이기도 하다. 노자는 자신의 한계를 돌아보며 쓸쓸한 소회를 털어놓고 있다.

첫 두 문장은 47장과 이 장에 붙인 왕필의 주석[1]에 나와 있듯이, 굳이 문을 열고 나가거나 창문을 통하지 않아도 알 수 있는데도, 조급한 욕심과 영화와 이익에 현혹되어 제대로 실천하지 못한다는

의미이다.

　세 번째 문장의 "언유종言有宗, 사유군事有君"은 말에는 근본이 있으니 함부로 지껄이면 안 된다는 뜻이다. 여기서 "종宗"은 '종지'이고, "군君"은 '주재하는 주체' 혹은 '근거' 정도로 번역해야 한다. 물론 이 두 글자가 가리키는 것은 '도道'다.

　맨 마지막 문장의 "성인"은 이상적인 통치자를 가리킨다. 왕필의 주석처럼 "피갈被褐"은 세속과 함께한다는 의미이고 "회옥懷玉"은 참된 진리를 간직하고 있다는 뜻이다.

　노자는 자신의 일관된 사상에 대한 무한한 자부심이 있다. 보통 사람들 속에 섞여 있어 남들이 알아주지 않아도 실망하지 않는다며 자신을 위안하는 중이다.

1)　"可不出戶窺牖而知. 故曰甚易知也. 無爲而成. 故曰甚易行也. 惑於躁欲. 故曰莫之能知也. 明於榮利. 故曰莫之能行也."(왕필, 앞의 책)

71장 스스로 잘 알지 못한다는 것을

[스스로 잘] 알지 못한다는 것을 [제대로] 아는 것이 최상이고, 알지 못하는 것을 [스스로] 안다고 [말]하는 것이 병이다.

오직 병을 병으로 여기기 때문에 병이 아닌 것이다.

성인은 병이 없으니 병을 병으로 여기기 때문에 병이 없는 것이다.

知不知上, 不知知病.

夫唯病病, 是以不病.[1]

聖人不病, 以其病病, 是以不病[2].

【해설】

판본상의 문제가 많이 제기되고 있는 이 장에서 노자는 앎의 자세를 다루고 있다. 무언가를 안다고 해도 마치 모르는 양, 어리석은 양, 잘 모르는 양하는 사람이 진정으로 아는 자요, 반대로 행동하는 사람은 문제가 있다는 것이다.

좀 더 자세히 보자. 첫 구절의 "부지不知"는 무식한 상태가 아니고 자신이 아는 것을 어떤 지식의 틀로 끌어들여 생각하지 않는다는

---

1) "부유병병夫唯病病, 시이불병是以不病", 왕필본과 하상공본 및 기타 대부분의 판본에 이렇게 되어 있다. 그런데 뒤의 "시이불병是以不病" 때문에 문맥이 자연스럽지 않다며 두 구절을 통째로 빼야 한다고 주장하는 학자도 있다.(위페이린, 앞의 책, 142쪽)

2) "병병病病" "불병不病" 역시 논란거리가 된다.《한비자》〈유로〉 편에는 각각 "불병不病" "무병無病"으로 되어 있다.

의미다. 이 두 구절을 "알지 못하는 것을 안다고 하는 것이 최상이고, 아는 것을 알지 못한다고 하는 것이 병이다"라고 번역하기도 한다. 두 번째 구절의 "지知"는 자신이 아는 내용을 섣불리 이론화하거나 상징화하려는 시도들을 지칭한다. 한편, 이 구절은 공자의 저 유명한 말을 떠오르게 한다.

> 공자께서 말씀하셨다. "유3)야, 너에게 어떤 것을 안다는 것을 가르쳐줄까? 어떤 것을 알면 그것을 안다고 하고 알지 못하면 알지 못한다고 하는 것, 이것이 [진정으로] 아는 것이다(由, 誨女知之乎. 知之爲知之, 不知爲不知, 是知也)."《논어》〈위정〉)

성인은 무엇을 알고 무엇을 모르는지 정확히 꿰뚫고 있다. 진정한 앎에 도달하지 못한 사람일수록 어떤 체계나 권위에 기대어 안다고 큰소리치면서 타인들 앞에 서려고 해서 문제가 생긴다. 노자는 바로 이것이 병이라고 했다.

---

3) 여기서 유由는 중유仲由로 '중'은 자로子路의 성이고 '유'는 이름이다. 공자보다 불과 아홉 살 연하로 만년까지 공자의 곁을 떠나지 않은 몇 안 되는 제1기 제자다.

72장 백성이 통치자의 위압을 두려워하지 않으면

　백성이 [통치자의] 위압을 두려워하지 않으면 큰 위엄이 서게 될 것이다.

　그들(백성)이 머무는 곳을 함부로 하지 말고 그곳에서 살아가는 일을 싫어하지 않게 한다.

　오직 싫어하지 않게 하기 때문에 [백성들이] 싫어하지 않는 것이다.

　이 때문에 성인은 스스로를 알지만 스스로를 드러내지 않고, 스스로를 아끼지만 스스로를 귀하게 여기지는 않는다.

　그러므로 저것("자현自見"과 "자귀自貴")을 버리고 이것("자지自知"와 "자애自愛")을 취하는 것이다.

民不畏威[1], 則大威至.

無狎[2]其所居, 無厭其所生.

夫唯不厭, 是以不厭,

是以聖人自知不自見, 自愛不自貴.

故去彼取此.

---

1) "위威"는 '위압'이라는 뜻인데, 자연스러운 위엄이 아니라 가혹한 정치와 폭정을 가리킨다. 뒤 구절의 "위威" 역시 위압이라는 뜻인데 백성들의 모반이나 폭동을 가리킨다.

2) "압狎"은 '업신여기다' '함부로 대하다'라는 뜻인데, 여기서는 경시할 "협狹"과도 통한다.

【해설】

노자가 이 장에서 강조하는 바는 민심 이반으로 인해 모반이 일어난다는 것이다. 일단 백성들이 권위를 두려워하지 않으면 오래지 않아 통치 기반이 허물어지게 마련이다. 통치자가 너무 백성들을 옥죄려 하면 결국 터질 수밖에 없다는 것이다.

통치자의 서열 관계를 17장에서 다루었는데, 노자가 생각하기에 상당히 중요한 것이 믿음의 문제다. 백성이 통치자의 존재 자체를 잘 모를 때 올바로 다스릴 수 있다는 점을 전제하여 논의를 이어간다. 백성이 삶에 염증을 느끼는 일차 원인은 통치자의 고압적인 자세이다.

통치자가 자신을 낮추면서 일관된 길을 가는 비결은 "자지自知"와 "자애自愛"에 있지 결코 "자현自見"과 "자귀自貴"에 있지 않다. 맨 마지막의 "거피취자去彼取此"는 이미 38장과 12장에도 나왔다. "자애自愛"란 노자의 삼보三寶 중 "자慈"와 관련이 있으며, "자지自知"는 33장에 나왔고, "자현自見"은 22장에 나왔다.

통치자가 자기 권위를 세우는 일에는 백성의 고혈이 들어간다. 66장에서도 보았듯이 통치자는 골짜기처럼 자신을 낮추어야 한다.

73장 위험을 무릅쓰는 것에 용감하면 죽고

[위험을] 무릅쓰는 것에 용감하면 죽고, [위험을] 무릅쓰지 않는 것에 용감하면 사니, 이 둘 중에서 어떤 것(전자)은 이롭고 어떤 것(후자)은 해롭다.

하늘이 미워하는 것에 누가 그 까닭을 알겠는가?

이 때문에 성인은 오히려 그렇게 하는 것(용감한 것)을 어려워한다.

하늘의 도는 다투지 않으면서도 잘 이기고, 말을 하지 않으면서도 잘 대답하며, 부르지 않아도 저절로 오게 되고, 느긋하면서도 잘 도모한다.

하늘의 그물은 넓고 넓어, 듬성듬성하면서도 빠뜨리는 법이 없다.

勇於敢則殺, 勇於不敢則活, 此兩者, 或利或害.

天之所惡, 孰知其故.

是以聖人猶難之.

天之道, 不爭而善勝, 不言而善應, 不召而自來, 繟然而善謀,

天網恢恢, 疏而不失.[1]

【해설】

이 장에서도 용병을 말한다. 첫 문장의 의미는 전투에서 적을 죽이는 일이 아닌 자신의 목숨을 보존하는 일에 용감하게 나서라는

---

1) "실失"은 '루漏'와 같다. 즉 '새어나가다'라는 의미다.

것이다. 이런 노자의 경고는 비전 사상과 전쟁 자체에 대한 한없는 회의에서 비롯된 것이다. 첫 구절은 76장의 "딱딱하고 굳어버린 것은 죽음의 무리이고, 부드럽고 연약한 것은 삶의 무리이다[堅强者死之徒, 柔弱者生之徒]"와 같은 맥락에서 이해할 수 있다. "부쟁이선승不爭而善勝"은 66장의 "그(성인)는 다투지 않으므로 천하에서 아무도 그와 다툴 수 없다[以其不爭, 故天下莫能與之爭]"와 같은 의미이다.

그래서 이 문장은 손자의 "이 때문에 백번 싸워 백번 이기는 것이 최선의 용병이 아니며 싸우지 않고 적의 군대를 굴복시키는 것이 최선의 용병이다[是故百戰百勝, 非善之善者也, 不戰而屈人之兵, 善之善者也]"《손자병법》〈모공謀攻〉라는 말과 통한다. 손자에게 완전한 승리란 아군과 적군의 세력을 온전하게 유지하면서 이기는 것이다. 즉 최소한의 비용으로 최대의 효과를 얻어야 한다. 그것이 생존의 지혜다. 일단 전쟁에 돌입하면 양측의 피해는 어마어마하기 때문이다.

통치자는 자꾸 자신을 앞세워 군림하지 말고 있는 듯 없는 듯 처신하면서 "부르지 않아도 저절로 오게[不召而自來]" 해보라고 권한다. 왕필은 이 구절을 "아래에 처하면 만물은 저절로 귀의한다[處下, 則物自歸]"라고 풀었다. 사계절이 그러하듯 만물의 이치도 마찬가지다. 때가 되면 모든 일이 자연스럽게 이뤄지니 여유롭게 때를 기다려야 한다. 하늘에서 내리는 비가 만물을 적시듯, 한 방울의 빗방울이 결국 강과 바다에 닿듯이 말이다.

이미 5장에서 나온 "다언삭궁多言數窮"이란 말처럼, 너무 많은 말을 하다 보면 막히게 마련이다. "듬성듬성하면서도 빠뜨리는 법이 없다[疏而不失]"라는 말처럼, "하늘의 그물[天網]"은 천도가 작용하는 범위, 곧 자연의 질서다. 자연의 법은 이를 어긴다 해도 심판하는 법관이나 관련 법규도 없지만 만물은 이에 순응하고 자연의 순환

에서 벗어날 수 없다. 누가 죽음과 삶의 문제에서 자유로울 수 있겠
는가.

자연에 가까운 인간이라야 이와 같은 만능의 힘을 지닌 자연의
돌봄을 받을 수 있다. 작위 없는 자연의 사회로 돌아가면 어머니의
자궁 속 같은 편안함을 느낄 것이다. 나라의 경우도 어딘지 풀린 듯
느슨해 보일 때 비로소 올바른 정치가 실행되는 법이다.

74장 백성이 죽음을 두려워하지 않는데

백성이 죽음을 두려워하지 않는데, 어찌 죽음으로써 그들을 벌벌 떨게 하겠는가.

만약 백성들로 하여금 늘 죽음을 두려워하게 하고, 사악한[1] 행동을 하는 자가 있어 내가 그를 잡아 죽인다면, 누가 감히 [그렇게 하겠는가]?

늘 죽음을 집행하는 자[2]를 두어 그가 [사람을] 죽이게 한다. 죽음을 집행하는 자의 대리인[3]이 [사람을] 죽인다면, 이것을 뛰어난 목수[4]를 대신하여 나무를 깎는 것이라고 이른다.

뛰어난 목수 대신 나무를 깎게 되면 그의 손을 다치지 않는 경우가 드물다.

民不畏死[5], 奈何以死懼之.

若使民常畏死而爲奇者, 吾得執而殺之, 孰敢.

---

1) 원문의 "기기奇"를 번역한 것으로 '사邪'와 뜻이 같다. 왕필은 "괴이함으로 군중을 어지럽히는 것을 '기'라고 한다(詭異亂羣謂之奇也)"라고 주석을 달았다.

2) 원문의 "사살자司殺者"를 번역한 것인데, '천도天道'를 가리킨다.

3) 원문의 "대사살자代司殺者"를 번역한 것으로 가혹한 형벌과 학정을 일삼는 폭군에 대한 비유이다.

4) 원문의 "대장大匠"을 번역한 것으로 목장木匠 중에서도 가장 뛰어난 자를 말한다.

5) 원문의 "민불외사民不畏死"는 통행본에 따른 것인데, 리링은 "민불외사" 사이에 세 글자를 첨가하여 "약민항차불외사若民恒且不畏死"로 교열했다.(리링, 앞의 책, 228쪽) 하지만 이는 문맥상 설득력이 부족하다.

常有司殺者殺, 夫代司殺者殺, 是謂代大匠斲,

夫代大匠斲者, 希有不傷其手矣.

【해설】

통치자가 멋대로 백성의 생사여탈권을 쥐고 흔들어서는 안 된다
고 말하고 있다. 사람에게는 목숨이 가장 중요한데 백성이 죽음을
두려워하지 않으면 군주라 해도 전혀 손을 쓸 수가 없다는 것이다.

마치 가장 뛰어난 목수라야 천금이나 나가는 비싼 목재를 다룰
수 있는 것처럼 사람의 목숨은 죽음을 집행하는 이에게 맡겨 공정
하게 처리해야지 왕이 함부로 나서서는 안 된다는 것이다. 폭압 정
권은 통치하는 자의 그릇된 마음에서 탄생하며 모든 비극이 거기
서 생겨난다. 백성의 비극은 곧 왕의 비극으로 마감된다. 위정자의
인위적인 강압 정치로 말미암아 결국 권력을 남용하는 자들이 심
판을 받을 수밖에 없다는 논리다.

75장 백성이 굶주리는 것은

백성이 굶주리는 것은 그 윗사람이 세금을 많이 먹기 때문에, 이로써 굶주리게 되는 것이다.

백성을 다스리기 어려운 것은 그 윗사람이 [무엇인가를] 하려고 하기 때문에, 이로써 다스리기 어려운 것이다.

백성이 죽음을 가벼이 여기는 것은 그 윗사람이 너무 잘 살려고 하기 때문에, 이로써 죽음을 가벼이 여기는 것이다.

오직 삶을 위하는 마음이 없는 사람이 삶을 귀하게 여기는 사람보다 현명하다.

民之饑, 以其上食稅之多, 是以饑.

民之難治, 以其上之有爲, 是以難治.

民之輕死, 以其上求生之厚[1], 是以輕死.

夫唯無以生爲者, 是賢於貴生.

【해설】

명쾌한 논리가 돋보이는 이 장 역시 백성이 죽음을 두려워하지 않는 문제를 다루고 있다. 왜 백성이 죽음을 두려워하지 않는가? 이를 두고 노자 나름의 진단을 내리고 있으니, 백성의 재물을 탐내는 윗사람의 탐욕이 근본 원인이다. 백성들로부터 재물을 빼앗기

---

1) "구생지후求生之厚"는 50장의 "생생지후生生之厚"와 같은 개념이다.

위해 "유위有爲"에 기반한 온갖 방식을 동원하는 통치자는 언젠가는 궁지에 몰린 백성들에 의해 더 이상 유위에 따른 행위를 할 수 없게 된다. 여기서 "유위" 행위란 망령되게 가혹한 정령(정치적 법도와 규칙)을 내리는 것을 말한다.

심한 굶주림에 시달리는 백성이 급기야 통치자를 혐오하게 되면 "무이생위無以生爲"라는 말처럼 목숨을 돌보지 않고 무슨 짓이든 저지르게 된다. 위험천만한 상황이다. 다시 말해 반란으로 치닫게 될 수 있다는 점을 노자는 경고하고 있다.

76장 사람이 살아 있을 때에는 부드럽고 연약하지만

사람이 살아 있을 때에는 부드럽고 연약하지만, 그가 죽게 되면 딱딱하고 굳어버린다.

만물이나 초목이 살아 있을 때에는 부드럽고 여리지만 그들이 죽게 되면 마르고 시들게 된다.

그러므로 딱딱하고 굳어버린 것은 죽음의 무리이고, 부드럽고 연약한 것은 삶의 무리이다.

이 때문에 군대가 강하면 멸망하게 되고, 나무가 강하기만 하면 부러진다.

강하고 큰 것은 아래에 거처하고[1], 부드럽고 연약한 것은 위에 거처한다.

> 人之生也柔弱, 其死也堅強.
>
> 萬物[2]草木之生也柔脆, 其死也枯槁.
>
> 故堅强者死之徒, 柔弱者生之徒.
>
> 是以兵强則滅, 木强則折[3].
>
> 强大處下, 柔弱處上.

---

1) 이 문장은 원문의 "강대처하强大處下"를 번역한 것인데, 61장의 "큰 나라가 작은 나라에 낮추면, 작은 나라[의 신뢰]를 얻고[大國以下小國, 則取小國]"와 함께 읽어보면 명쾌하게 이해가 된다.

2) "만물萬物"이란 글자가 없는 판본들도 있으니 범응원본이나 오징吳澄본 등이 그러하다. 문맥상 앞 문장과 어울리지 않는다거나 "인人"의 상대자는 "초목草木"이고 구태여 "만물萬物"이라는 글자를 끼워 넣을 이유가 없다는 점을 든다. 일리가 있다.

【해설】

　여기서도 인위와 자연의 문제를 다루고 있다. 산 것과 죽은 것의 차이는 곧 부드러움과 뻣뻣함에서 찾을 수 있는데 이런 자연의 이치는 인간에게도 적용된다. 부드러우면서도 무리 없는 자연의 법칙이 인위적이고 강제적인 인간의 법도보다 우월하다. 가장 여린 이파리는 저 허공에서 바람에 나부끼지만, 가장 딱딱하고 오래된 이파리는 하늘과 만나지 못하고 그늘에 묻혀 있다. 가장 민첩하고 부드러운 잔뿌리는 땅의 가장 깊숙한 곳까지 침투해 물을 빨아올리지만, 이미 딱딱해진 뿌리는 움직임 없이 땅속에 갇혀 있다. 나이가 어릴 때는 유연하고 나이가 들수록 뻣뻣해지는 사람의 몸도 매한가지다. 세상을 사는 이치도 마찬가지인데 우리는 이 뻔한 사실조차 알지 못하고 자연을 거스르며 살아가고 있다.

272

3) "멸滅"은 《열자列子》〈황제黃帝〉 편과 《회남자》〈원도훈原道訓〉 편 등에 "병강즉멸兵强則滅, 목강즉절木强則折"이라고 되어 있어 이에 따라 바로잡아 번역한다. 이 문장의 "멸滅" 자가 왕필본에는 "불승不勝"으로 되어 있고, "절折" 자도 "병兵" 자로 되어 있는데, 위페이린은 왕필의 견해가 맞다고 보고 "병兵" 자를 동사 '잘라지다'로 해석했다. 한편 하상공본에는 "병" 자가 "공共" 자로 되어 있다.

77장 하늘의 도는

하늘의 도는 아마도 활을 당기는[1] 것 같구나!

[활시위가] 높아지면 눌러주고 낮아지면 들어준다.

남는 것이 있게 되면 덜어내고 부족한 것이 있게 되면 보태준다.

하늘의 도는 남는 것을 덜어내어 부족한 것을 보태주나, 사람의 도는 그렇지 않으니, 부족한 것을 덜어내어 남음이 있는 편을 봉양해준다.

누가 남음이 있는 것을 가지고 천하를 봉양할 수 있겠는가? 오직 도를 지닌 자일 것이다.

이 때문에 성인은 [무엇을] 하고도 의지하지 않고, 공을 이루어도 머물지 않으니, 그것은[2] 현명함을 드러내지 않으려고 하는 것이다.

天之道, 其猶張弓與.

高者抑之, 下者擧之.

有餘者損之, 不足者補之.

天之道, 損有餘而補不足, 人之道則不然, 損不足以奉有餘.

孰能有餘以奉天下, 唯有道者.

是以聖人爲而不恃, 功成而不處, 其不欲見賢.

---

1) 원문의 "장궁張弓"을 번역한 것으로 활시위를 당기는 것을 말한다.

2) 원문의 "기其"를 '대사代詞'로 보고 번역한 것인데, 이 '기其'는 '~때문이다'로 번역해야 한다는 주장도 있다. 물론 이렇게 번역할 수도 있지만, 필자는 취하지 않는다.

천도의 작용을 활시위를 당기는 것에 비유한 노자는 앞 장에 이어 통치자의 사악한 행위를 신랄하게 비판한다. 하늘에는 하늘의 도가 있고 인간에게는 인간의 도가 있다. 만물의 이치는 남으면 덜어내고, 부족하면 보충해주는 것인데, 세속의 인간은 이와 정반대로 움직인다는 것이다. 즉 통치자가 백성들로부터 재물을 빼앗아 여유 있는 상류층을 더욱 살찌우는 상황이다.

노자가 제시하는 해법은 명쾌하다. 남아도는 데서 덜어와 부족한 부분을 채워주는 자연의 이치로 돌아가야 한다는 것이다.

78장 천하에 물보다 부드럽고 약한 것은 없으나

천하에 물보다 부드럽고 약한 것은 없으나 단단하고 강한 것을 공격하기로는 그것(물)보다 나은 것이 없으니, 그 무엇으로도 물을 바꿀 수 있는 것은 없다.

약한 것이 강한 것을 이기고 부드러운 것이 굳센 것을 이긴다는 것은, 천하에서 알지 못하는 사람이 없으나 아무도 행동하지 않는다.

이 때문에 성인은 [이렇게] 말한다. "나라의 치욕을 받아들이니 이를 사직의 주인이라 하고, 나라의 상서롭지 못한 일을 받아들이니 이를 천하의 왕이라고 한다."

올바르게 한 말이 반대처럼 들린다.

天下莫柔弱於水, 而攻堅强者, 莫之能勝, 以其無以易之.

弱之勝强, 柔之勝剛, 天下莫不知, 莫能行.

是以聖人云, 受國之垢, 是謂社稷主, 受國不祥, 是謂天下王.

正言若反.

【해설】

물이 다시 등장한다. 겸손과 유연의 상징이자 세상의 강한 것을 모두 이기는 외유내강의 전형이 물이다. 그저 유연해 보이는 물을 노자는 무엇보다 소중히 다루고 존중한다. 겉보기와 다른 이런 물의 성질을 통치자도 염두에 두어야 한다.

맨 마지막 구절 "정언약반正言若反"은 정도에 서 있고 진짜 올바른 말일수록 겉으로 보면 오히려 틀린 말 같고 세속의 정서와는 상반

된다는 뜻이다. 그래서 무언가가 틀렸다는 판단을 내리는 마음속 잣대, 노자 시대에 유행한 것으로 예를 들자면 정명正名을 고집하는 유가의 닫힌 사고에서 벗어나라고 충고한다. 귀함과 천함, 군자와 소인, 예의와 무례 등으로 인간사를 구분하려는 유가와 달리, 노자는 대립되는 세계의 경계를 허물고 둘의 공존을 모색한다.

79장 큰 원한을 풀어줘도

큰 원한을 풀어줘도 반드시 남아 있는 원한이 있으니, 어찌 잘했다고 할 수 있겠는가?

이 때문에 성인은 좌계左契를 갖고 있고도, 다른 사람에게 빚 독촉을 하지 않는다.

덕이 있는 사람은 좌계를 맡고 덕이 없는 사람은 [돈] 거두는 일을 담당한다.

하늘의 도는 사사로움이 없어 언제나 선한 사람과 함께한다.

和大怨, 必有餘怨, 安可以爲善.

是以聖人執左契, 而不責於人.

有德司契, 無德司徹.

天道¹⁾無親, 常與善人.

【해설】

'원망'은 좀 불편한 단어다. 노자는 인간관계에서 일단 원망이 생기면 설령 그것을 해소하더라도 얼마간 앙금이 남는다고 하면서 앙금을 해소하려는 노력이 선善으로 쉽게 연결되기 어렵다고 주장

---

1) '천도'란 일반적으로 하늘의 이치를 말한다. 인간의 도리인 세도世道와는 다른 개념으로 유가에서도 늘 거론되었던 중요한 개념이다. 다음 문장을 참고하라. "선생님께서 말씀하신 성性(본성)과 천도天道는 얻어 들어볼 수 없다(夫子之言性與天道, 不可得而聞也)." 《논어》〈공야장公冶長〉)

한다.

두 번째 문장의 "좌계左契"란 단어도 이해하기 쉽지 않다. 전통적으로 '채권자' 정도로 해석해왔는데, 자의적 의미는 둘로 나눈 '부신符信' 가운데 왼쪽 것이란 뜻이다. 하나는 자신이 갖고 오른쪽 것은 상대에게 준다. 고형은 채무 관계가 있는 것을 길사吉事의 차원으로 이해하여 성인이 잡고 있는 이 좌계야말로 높고 좋은 자리라고 보았다. 물론 최진석의 지적처럼, 채무 관계의 계약은 길사일 수 없으며 당연히 흉사의 차원에 속한다. 상서롭지 못한 좌계는 "자신을 낮추는 물의 형상을 응용한 또 하나의 메타포"[2]라는 점에 필자 역시 수긍하는 바다. 말하자면 원망이 아예 생기지 않도록 해야 한다는 의미가 담겨 있다.

맨 마지막 문장의 "천도무친天道無親"에서의 "친親"은 대단히 중요한 탐구 대상이다. 노자가 말하는 '친함'은 통념과는 달리 사사로운 친소관계일 뿐이니 편애의 차원에 속하며, 오직 "천도"만이 그런 차원을 벗어난다. 이는 유가에서 말하는 친친親親과 전혀 다른 차원에 속한다. 친소에 따른 감정적 혼돈이야말로 노자가 가장 힘주어 경계하는 것이기 때문이다. 그리고 "선인善人"은 노자가 이미 여러 차례 언급한 단어로, 8장의 "마음가짐은 [고요한] 연못을 최상으로 여기며, 선한 사람과 더불어 행하며(心善淵, 與善人)"라든지, 27장의 "선한 사람은 선하지 못한 사람의 스승이며(善人者, 不善人之師)"라는 문장과 비교해보면 노자가 말하는 이상적인 인간상과 맞닿아 있음을 알 수 있겠다.

2) 최진석, 앞의 책, 545쪽.

그러나 노자의 이 유명한 말은 사마천에 의해 "천도시야비야天道是邪非邪", 즉 "하늘의 도는 옳은가 그른가?"라는 의미로 재해석되면서 논란을 불러일으켰다. 사마천은 천도, 즉 하늘의 이치가 옳은지 그른지 헷갈린다며 얄궂은 세상의 이치를 한탄했다. 삶의 정도를 지키고 살아가는 사람이 오히려 벌을 받고 그렇지 못한 자들이 별 탈 없이 살기도 하는 불공정한 세태를 비판한 것이다. 사마천은 《사기》〈백이열전伯夷列傳〉에서, 공자의 제자 안연顏淵과 극악무도한 도적으로 알려진 도척盜跖의 예를 들어 청빈한 삶 속에서 스승의 말씀을 거역하지 않고 학문의 즐거움을 몸소 실천하여 현자賢者로 불린 안연은 이른 나이에 요절한 반면, 사람의 생간을 먹고 온갖 몹쓸 짓을 한 도척은 천수를 누리는 것이 지금 세상의 이치라고 말한 것이다. 사마천은 사관으로 나름의 소명 의식을 갖고 살았지만, 친구의 억울함을 대신 호소해 변호했다는 이유로 생식기를 끊어내는 궁형宮刑을 당했다. 의로운 용자勇者에게 치욕이 내려진 것이다. 사마천은 이렇게 말했다.

어떤 사람은 이렇게 말했다. "하늘의 도는 사사로움이 없어 언제나 선한 사람과 함께한다(天道無親, 常與善人)." 백이와 숙제는 착한 사람이라고 할 수 있지 않은가? 그러나 그들은 이처럼 어진 덕망을 쌓고 행실을 깨끗하게 했건만 굶어 죽었다. (……) 하는 일이 올바르지 않고 법령이 금지하는 일만을 일삼으면서도 한평생을 호강하고 즐겁게 살며 대대로 부귀가 이어지는 사람이 있다. 그런가 하면 걸음 한 번 내디딜 때도 땅을 가려서 딛고, 말을 할 때도 알맞은 때를 기다려 하며, 길을 갈 때는 작은 길로 가지 않고, 공평하고 바른 일이 아니면 떨쳐 일어나서 하지 않는데도 재앙을 만나는 사람은 그 수를 헤아릴 수 없을 만큼 많다. 이런 사실은 나를 매우 당혹스럽게 한다. 만약에 이러한 것이 하늘의 도라면, 옳은 것인가? 그른 것인가?(《사기》〈백이열전〉)

사마천의 푸념은 여전히 유효해 오늘날에도 많은 사람이 던지는 피맺힌 질문이 온 하늘에 가득하다.

80장 나라를 작게 하고 백성을 적게 해서

나라를 작게 하고 백성을 적게 해서, 열 명이나 100명이 사용하는 [좋은] 도구[1]가 있을지라도 쓰지 않고, 백성들로 하여금 죽음을 무겁게 여기고[2], 멀리 이사 가지 않게 한다.

비록 배와 수레가 있을지라도 그것을 타고 갈 일이 없고, 비록 갑옷과 병기가 있을지라도 그것으로 진을 칠 데가 없다. 백성들로 하여금 다시 새끼를 꼬아서 쓰게 한다.

그 [먹던] 음식을 달게 여기고, 그 [입던] 옷을 아름답게 여기며, 그 사는 곳을 편안히 여기고, 그 풍속을 즐거워하게 하니, 이웃 나라가 서로 바라보고, 닭 울고 개 짖는 소리가 서로 들릴지라도 백성들은 늙어 죽을 때까지 서로 오고 가지 않는다.

小國寡民, 使有什佰之器而不用, 使民重死而不遠徙.

雖有舟輿, 無所乘之, 雖有甲兵, 無所陳之, 使民復結繩而用之.

甘其食, 美其服, 安其居, 樂其俗, 隣國相望, 鷄狗[3]之聲相聞, 民至老死不相往來.

---

1) "십백지기什佰之器"를 번역한 것인데, 성능이 뛰어나고 구조가 복잡한 도구 혹은 기물로서 보통 사람보다 뛰어난 능력을 발휘하는 기물을 의미한다. 다음 문장에 나오는 배와 수레 따위를 말하는 것으로 이해된다. 한편 글자 그대로 '열 가지 백 가지의 도구(기물)'라고 번역하기도 한다.

2) 원문의 "중重"을 번역한 것으로 생명을 진정으로 아낀다는 의미다. 바로 다음 글자인 "원遠"과 상대적으로 쓰인 것이다.

【해설】

　노자가 이상적으로 생각하는 국가는 "소국과민"이다. 이는 무위
無爲 관념의 필연적 산물이며, 노자 정치사상의 구체적인 표현이니
패권 경쟁을 일삼는 당시 세태와는 전혀 상반되는 논법이다. 노자
는 국가를 발전시킬 필요가 없다고 보았다. 그가 긍정한 주체는 단
지 무위의 경계에 머물러 '반反'의 법칙을 이용하여 만물을 지배하
는 존재로, 어떤 가치를 구현하지 않는다. 노자는 문화의 가치를 긍
정하지 않았으며, 나아가 국가 활동도 가치 있다고 보지 않았다.

　노자가 내세운 이상적인 세계는 결국 소박한 사람들이 사는 세
계이다. 인위적인 문화가 없고 다양성이 꽃피고 장애와 소외도 없
는 조화로운 세계이며, 모든 사람이 건강한 자아를 유지하고 타자
他者와 조화를 이루며 하나로 융화되어 살아가는 세계다. 모든 이
기심과 허욕, 거만함 등이 녹아버리는 세계이다. 이는 사람과 사람의
유대 관계를 강화하고 친밀감을 확장하여 문명을 거부하고 인위를
배척하며 번거로운 사회제도를 제거한 국가다.

　노자는 분별 지식을 기반으로 하는 무절제한 욕망의 추구를 멈
추고 도道의 참모습과 자연의 원리를 인식하여 이에 순응하는 무
위의 정치를 주장했다. 요컨대 현실 정치의 권모술수와 투쟁을 배
척하고 아름답고 조화로운 자연의 법도대로 살아야 한다고 가르친

---

3)　"견犬" 자가 "구狗" 자로 되어 있는 판본도 있으니 하상공본이 대표적이다. 왕필본에는
　　"견犬" 자로 되어 있는데 필자는 하상공본에 따랐다. 사마천도 《사기》 〈화식열전貨殖列
　　傳〉에서 "닭과 개 짖는 소리가 서로 들리고〔鷄狗之聲相聞〕"라고 적었으니 일맥상통한다.
　　사실 이 두 글자는 함께 쓰였다. 다만 '견'은 큰 개를 말하고 '구'는 작은 개를 말한다. 우
　　리가 일반 가정에서 보는 개가 '구'에 해당한다.

것이다. 물론 작은 나라일지라도 백성의 의식주 문제가 해결되고
저마다 자기 생활에 만족하면서 안분安分의 여유를 느끼면 족하고,
이 경우 통치자가 나라를 잘 다스린다고 말할 수 있다.

81장 믿음직스러운 말은 아름답지 않고

믿음직스러운 말은 아름답지 않고, 아름다운 말은 믿음직스럽지 않다.

선한 사람은 말을 잘하지 못하고, 말을 잘하는 사람은 선하지 않다.

지혜로운 사람은 박식하지 않고, 박식한 사람은 지혜롭지 않다.

성인은 [어떤 것도] 쌓아두지 않고, 이미 다른 사람을 위함으로써 자신이 더욱더 갖게 되고, 이미 다른 사람에게 주었는데도 자신은 더욱더 많아지게 된다.

하늘의 도는 이롭게 해주면서도 해를 끼치지 않고 성인의 도는 [일을] 하면서도 다투지 않는다.

信言不美, 美言不信.

善者不辯, 辯者不善.[1]

知者不博, 博者不知.

聖人不積, 旣以爲人, 己愈有, 旣以與人, 己愈多.

天之道, 利而不害, 聖人之道[2], 爲而不爭.

---

1) 하상공본과 왕필본에 따라 이렇게 교열한다. 리링은 "변辯" 자 대신 "다多" 자로 교열해야 한다고 주장했으나 설득력이 부족하다.

2) 통행본에 따랐는데, 이 "성인지도聖人之道"를 "인지도人之道"로 교열해야 한다고 주장하는 학자(리링, 앞의 책, 210쪽)도 있으나 필자는 이 역시 취하지 않는다.

【해설】

이 81장은 덕경의 맨 마지막 장인 동시에《노자 도덕경》전체의
총결론에 해당한다. 첫머리의 "도가도, 비상도"라는 말에서 강조하
는 것도 말할 수 있느냐 없느냐 하는 문제였고, 이 장의 첫머리에
나오는 "언言" 또한 '말하다'라는 의미에서 검토해야 할 글자이다.
문학이론가 유협劉勰은 노자의 사상을 문학적으로 해석하는 데 상
당히 기여했다. 유협은 이렇게 말한다.

> 노자는 인위적인 것을 싫어했기 때문에 '번지르르한 말은 믿음직스
> 럽지 않다'고 했으나, [그의《도덕경》] 5000글자는 정묘하여 아름다움을
> 버린 것이 아니다. (……)《도덕경》의 말을 자세하게 음미하면 꾸밈과
> 본질이 성정에 부합됨을 알 수 있다.[3]

유협이 이렇게 말한 까닭은 노자의 언어 불신을 나름대로 이해
했기 때문이다. 즉 말과 도의 문제에서 노자는 도에 우월한 지위를
부여했고, 말은 별로 중시하지 않았다. 이런 사유가 유협에 의해 계
승되었다. '도'란 쉽게 개념화할 수 없기에 원래 의미를 그대로 간
직하기 위해서는 언어를 통하지 않아야 한다고 생각했기 때문이다.
즉 개념화된 도(언어로 표현된 도)는 우리의 관념 속에 고정되고 추상
화되어 본래 의미를 상실하게 된다. 그래서 노자는 언어 밖에서 혹
은 언어를 초월하여 도를 이해해야 한다고 외쳤던 것이다. 즉 앞의

---

3) "老子疾僞, 故稱 '美言不信', 而五千精妙, 則非棄美矣. (……) 硏味李老, 則知文質附乎性
情."《문심조룡》〈정채情采〉)

여섯 구에 노자의 분명한 입장이 개진되어 있다. "신언信言" "선자善者" "지자知者"에 대한 판단 기준이 제시되어 있다는 말이다. 물론 "지자"의 "지知"는 지혜 '지智'로 읽어야 한다.

이미 62장에서도 나왔듯 "아름다운 말"에 대해 노자는 상당히 부정적이다. 인위적인 가식이 개입되어 있기 때문이다. 노자에게는 조작되지 않은 순수한 상태의 말이어야 참된 말이 된다. 노자가 거부하는 것은 단순히 말이 아니고, 기존의 잘못된 관행이요 패권 경쟁 속에서 저마다 자신이 옳다고 주장하는 자들의 선동이다.

주나라가 몰락하고 절대적 가치관이 무너져 죄다 혼란에 빠져든 상황에서 시비를 가르고 선악을 구분하는 논의는 전혀 의미가 없다. 바로 이것이 노자의 일관된 생각이다. 어떤 변론을 통해 세상을 파악하고 인식하려는 태도를 지양해야 한다. 그러나 분명히 해야 할 점은, 제아무리 노자가 '도'에 대한 언어 표현이나 개념 규정 등을 부정한다 해도 이는 상반되는 개념인 '도'의 특성을 밝히려는 데서 나온 역설적 태도라는 점이다. 즉 '도'란 명명하거나 설명할 수도 없는 개념이지만, 이를 깨닫지 못한 자에게는 부득불 언어를 사용하여 설명하지 않을 수 없었던 것이다. 따라서 노자의 무위와 불언은 유위와 미언에 반대하는 제동장치의 비유로 읽을 필요가 있다.

참고문헌 · 찾아보기

참고문헌

1. 주석서(선진先秦~근대近代)

韓非子,《韓非子》〈解老〉〈喩老〉

河上公,《老子章句》

嚴遵,《道德指歸論》

王弼,《老子注》

――,《老子微旨例略》

陸德明,《老子音義》

成玄英,《道德經開題序訣義疏》

陸希聲,《道德真經傳》

王安石,《老子注》

蘇轍,《老子解》

葉夢得,《老子解》

呂祖謙,《音注老子道德經》

范應元,《老子道德經古本集注》

趙孟頫,《老子道德經》

薛蕙,《老子集解》

李贄,《老子解》

焦竑,《老子翼》

歸有光,《道德經評點》

紀昀,《老子道德經校訂》

姚鼐,《老子章義》

汪中,《老子考異》

嚴可均,《老子唐本考異》

王念孫,《老子雜志》

俞樾,《老子平議》

吳汝綸,《點勘老子讀本》

劉師培,《老子斠補》

錢穆,《莊老通辨》

余嘉錫,《四庫提要老子注辨證》

2. 단행본

高亨, 華鍾彥 校,《老子註譯》, 河南人民出版社, 1980

高明,《帛書老子校注》, 中華書局, 1996

余培林,《老子讀本》, 三民書局, 1999

陳鼓應,《老子今注今譯》, 商務印書館, 2008

嚴靈峯,《老子研究》, 中華書局, 1979

王邦雄,《老子的哲學》, 東大圖書有限公司, 1980

饒宗頤,《老子想爾注校箋》, 蘇記書莊, 1956

任繼愈,《老子新譯(修訂本)》, 上海古籍出版社, 1985

許抗生,《老子評傳》, 廣西教育出版社, 1996

———,《老子與道家》(上·下), 宗教文化出版社, 2012

張松如,《老子說解》, 齊魯書社, 1998

張舜徽,《周秦道論發微(老子疏證·管子四篇疏證)》, 中華書局, 1982

蔡尙思,《老子新注》, 啓智書店, 1934

復旦大學哲學系老子註釋組注,《老子註釋》, 上海人民出版社, 1977

陳鼓應,《老子今註今譯及評價》, 商務印書館, 1970

李零,《人往低處走》, 三聯書店, 2008

侯才,《郭店楚墓竹簡老子校讀》, 大連出版社, 1999

彭裕商,《郭店楚簡老子集釋》, 巴蜀書社, 2011

彭浩,《郭店楚簡老子校讀》, 湖北人民出版社, 2001

聶中慶,《郭店楚簡老子研究》, 中華書局, 2004

李若暉,《郭店竹書老子論考》, 齊魯書社, 2003

徐志鈞校注,《老子帛書校注》, 學林出版社, 2002

胡道靜 主編,《十家論老》, 上海人民出版社, 2006

馮天嶺,《我看老子》, 山東大學出版社, 2012

譚寶剛,《老子及其遺著研究》, 巴蜀書社, 2009

徐復觀,《中國人性論史》(先秦論), 商務印書館, 1963

김용옥,《노자와 21세기》(전3권), 통나무, 1999

김용옥 역,《길과 얻음》, 통나무, 1989

김원중,《〈노자〉텍스트에 있어서의 부정과 역설의 미학: "道可道, 非常道"를 중심으로〉,
《중국어논역총간》32집, 2013

김원중 역,《논어》, 휴머니스트, 2017

———,《한비자》, 휴머니스트, 2016

———,《손자병법》, 휴머니스트, 2017

———,《사기》(전6권), 민음사, 2015

김충렬,《김충열 교수의 노장철학강의》, 예문서원, 1995

김학목,《노자 도덕경과 왕필의 주》, 홍익출판사, 2012

김학주 역,《노자》, 연암서가, 2011

———,《장자》, 연암서가, 2010

박이문,《老莊思想》, 문학과지성사, 1985

안동림 역,《장자》, 현암사, 2002

오강남, 《도덕경》, 현암사, 1995

이강수, 《노자와 장자》, 길, 2005

임채우 역, 《왕필의 노자주》, 한길사, 2005

정세근, 《노장철학》, 철학과현실사, 2002

정세근 역, 《노자 도덕경》, 문예출판사, 2017

최재목 역, 《노자》, 을유문화사, 2006

최진석, 《노자의 목소리로 듣는 도덕경》, 소나무, 2001

하영삼, 《한자어원사전》, 도서출판3, 2014

Ryden, Edmund, *Daodejing*, Oxford U.K, 2008

Wagner, Rudolf G. *A Chinese Reading of the Daodejing-Wang Bi's Commentary on the Laozi with Critical Text and Translation*, State University of New York Press, 2003

Møllgaard, Eske *An introduction to Daoist thought : action, language, and ethics in Zhuangzi*, Routledge, 2007

Borel, Henri, *The Rhythm of Life: Based on the Philosophy of Lao-Tse*, Nabu Press, 2007

Bokenkamp, Stephen R. *Ancestors and Anxiety: Daoism and the Birth of Rebirth in China*, University of California Press, 2007

Ivanhoe, Philip J. *The Daodejing of Laozi*, Hackett Publishing Company, 2003

Csikszentmihalyi, Mark, Ivanhoe, Philip J. *Religious and Philosophical Aspects of the Laozi*, State University of New York Press, 1999

Allan, Sarah, Williams, Crispin, *The Guodian Laozi, Proceedings of the International Conference*, Dartmouth College, May 1998(Vol.5), 2002

찾아보기

294
—

298

지은이 **노자** 老子

도가의 시조로 성은 이李(혹은 老), 이름은 이耳, 자는 백양伯陽, 시호는 담聃이다. 초
楚나라에서 태어나 주周나라의 장서를 관리한 사관史官으로 알려져 있다. 노자가 언
제 태어났고 죽었는가의 문제는 확실하게 고증하기 어렵다. 공자가 노자를 찾아가
예禮를 물었다는 기록이 있으며 공자보다는 대략 열 살 혹은 스무 살 정도 연상으
로 추정된다. 그 외 행적들은 많이 알려져 있지 않다.

옮긴이 **김원중** 金元中

성균관대학교 중문과에서 문학박사 학위를 받았다. 대만 중앙연구원과 중국 문철
연구소 방문학자 및 대만사범대학교 국문연구소 방문교수, 중국 푸단대학교 중문
과 방문학자, 건양대학교 중문과 교수, 대통령 직속 인문정신문화특별위원, 한국
학진흥사업위원장을 역임했다. 현재 단국대학교 사범대학 한문교육과 교수로 재
직 중이며, 대통령 직속 국가교육위원회 전문위원과 중국인문학회 부회장을 맡고
있다.
동양의 고전을 우리 시대의 보편적 언어로 섬세히 복원하는 작업에 매진하여, 고전
한문의 웅축미를 담아내면서도 아름다운 우리말의 결을 살려 원전의 품격을 잃지
않는 번역으로 정평 나 있다. 《교수신문》이 선정한 최고의 번역서인 《사기 열전》을
비롯해 《사기 본기》, 《사기 표》, 《사기 서》, 《사기 세가》 등 개인으로서는 세계 최초
로 《사기》 전체를 완역했으며, 그 외에도 MBC 〈느낌표〉 선정도서인 《삼국유사》를
비롯해 《논어》, 《맹자》, 《대학·중용》, 《노자 도덕경》, 《장자》, 《한비자》, 《손자병법》,
《명심보감》, 《채근담》, 《정관정요》, 《정사 삼국지》(전 4권), 《당시》, 《송시》, 《격몽요
결》 등 20여 권의 고전을 번역했다. 또한 《고사성어 사전: 한마디의 인문학》(편저),
《한문 해석 사전》(편저), 《중국 문화사》, 《중국 문학 이론의 세계》 등의 저서를 출간
했고 40여 편의 논문을 발표했다. 2011년 환경재단 '2011 세상을 밝게 만든 사람들'
(학계 부문)에 선정되었다. 삼성사장단과 LG사장단 강연, SERICEO 강연 등 이 시
대의 오피니언 리더들을 위한 대표적인 인문학 강연자로도 널리 알려져 있다.

노자 도덕경 버려서 얻고 비워서 채우는 무위의 고전

1판 1쇄 발행일 2018년 9월 3일
1판 7쇄 발행일 2023년 10월 23일

지은이 노자
옮긴이 김원중

발행인 김학원
발행처 (주)휴머니스트출판그룹
출판등록 제313-2007-000007호(2007년 1월 5일)
주소 (03991) 서울시 마포구 동교로23길 76(연남동)
전화 02-335-4422 팩스 02-334-3427
저자·독자 서비스 humanist@humanistbooks.com
홈페이지 www.humanistbooks.com
유튜브 youtube.com/user/humanistma 포스트 post.naver.com/hmcv
페이스북 facebook.com/hmcv2001 인스타그램 @humanist_insta

편집주간 황서현 편집 박상경 박기효 디자인 김태형 표지글씨·전각 강병인
조판 홍영사 용지 화인페이퍼 인쇄 삼조인쇄 제본 경일제책

ⓒ 김원중, 2018

ISBN 979-11-6080-157-6 04140
ISBN 978-89-5862-322-9(세트)

명품
고전

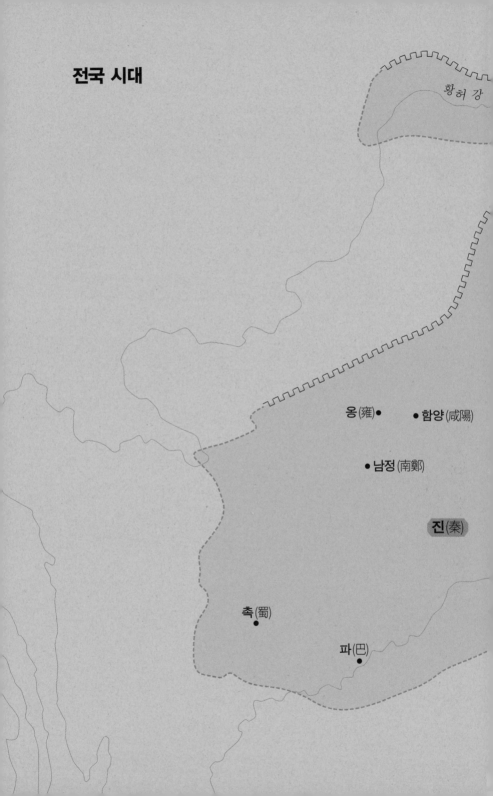

전국 시대

황허 강

옹(雍)● ● 함양(咸陽)

● 남정(南鄭)

진(秦)

촉(蜀)
●

파(巴)
●